대혼란의 시대

The Great Derangement

대혼란의 시대

기후 위기는 문화의 위기이자 상상력의 위기다

초판 1쇄 인쇄일 2021년 4월 15일   초판 1쇄 발행일 2021년 4월 20일

지은이 아미타브 고시 | 옮긴이 김홍옥
펴낸이 박재환 | 편집 유은재 | 관리 조영란
펴낸곳 에코리브르 | 주소 서울시 마포구 동교로15길 34 3층(04003) | 전화 702-2530 | 팩스 702-2532
이메일 ecolivres@hanmail.net | 블로그 http://blog.naver.com/ecolivres
출판등록 2001년 5월 7일 제201-10-2147호
종이 세종페이퍼 | 인쇄·제본 상지사 P&B

ISBN 978-89-6263-220-0 03300

책값은 뒤표지에 있습니다.   잘못된 책은 구입한 곳에서 바꿔드립니다.

대혼란의 시대

기후 위기는 문화의 위기이자 상상력의 위기다

아미타브 고시 지음 — 김홍옥 옮김

에코리브르

1978년의 토네이도를 기억하며,

무쿨 케사반(Mukul Kesavan)에게 이 책을 바칩니다.

차례

1부

문학

01

'생명이 없는(inanimate)' 듯 보이는 어떤 것이 생생하게, 심지어 위험스럽게 살아 있는 존재로 드러나는 순간은 누구라도 결코 잊을 수 없다. 양탄자에 그려진 아라베스크 문양을 밟았는데 개 꼬리로 드러나면서 발목을 물리는 경우, 손을 뻗어 무해해 보이는 덩굴을 만진 순간 벌레나 뱀으로 밝혀지는 경우, 그리고 아무렇지도 않게 물 위에 떠 있는 통나무가 끝내 악어로 드러나는 경우처럼 말이다.

〈제국의 역습(The Empire Strikes Back)〉〔스타워즈 오리지널 3부작의 두 번째 작품으로 〈새로운 희망(A New Hope)〉의 후속작이자 〈제다이의 귀환(Return of the Jedi)〉의 전작이다. 오리지널 3부작뿐 아니라 전체 9편의 스타워즈 시리즈 중 가장 높게 평가받는 작품이다—옮긴이〕에는 한 솔로(Han Solo)가 자신이 소행성이라 여기는 밀레니엄 팔콘(Millennium Falcon)에 착륙했는데, 결국 잠자고 있는 우주 괴물의 식도로 들어섰음을 깨닫는 장면이 나온다. 나는 영화 제작자들이 이 장면을 구상할 때 염두에 둔 게 바로 앞 문단에서 언급한 것과 같은 유의 충격이 아니었을까 생각한다.

누구든 이 영화가 제작된 지 35여 년이 지난 지금 그 잊히지 않는 장면을 떠올리면 그것이 불가능한 일임을 인식할 것이다. 설령 가깝거나 먼 미래에 한 솔로가 존재한다 해도, 행성 간 물체에 대한 그의 가정은 분명 그 영화를 만들 당시 캘리포니아주에 널리 퍼져 있던 가정과는 크게 다를 것이다. 지상에서 살다 간 선조들의 역사에 관해 잘 알고 있을 미래의 인류는 채 300년도 안 되는 대단히 짧은 기간 동안 지속된 어느 시대에만큼은 인간 종 상당수가 행성과 소행성이 '비활성(inert)'이라고 믿었음을 분명히 이해할 것이다.

02

내 조상들은 그 용어가 만들어지기 훨씬 전부터 이미 생태 난민(ecological refugees)이었다.

지금의 방글라데시 출신인 그들이 살던 마을은 그 지역에서 가장 장대한 수로 가운데 하나인 파드마강(Padma)의 가장자리에 위치해 있었다. 아버지가 들려주신 바에 따르면 사연인즉슨 이랬다. 1850년대 중반의 어느 날, 그 거대한 강이 느닷없이 진로를 바꾸면서 마을을 집어삼켰다. 거주민 가운데 일부만이 가까스로 높은 지대로 피신할 수 있었다. 우리 조상들이 제가 살던 보금자리를 떠나게 만든 게 바로 이 재앙이었다. 그 여파로 그들은 서쪽으로 이주하기 시작했고, 이주 물결은 그들이 다시 비하르주(Bihar: 인도 동북부 주—옮긴이)의 갠지스강 강둑에 정착한 1856년이 되어서야 비로소 그쳤다.

내가 향수 어린 가족사에 관한 이야기를 처음 들은 것은 우리가 증기선을 타고 파드마강을 따라 여행할 때였다. 당시 어린아이였던 나는 소용돌이치는 강물을 바라보면서 거대한 폭풍우를 떠올렸다. 그리고 코코넛야자수가 뒤로 쓰러지면서 이파리가 땅바닥을 후려치는 모습을 상상했다. 또한 아녀자와 아이들이 저를 향해 미친 듯이 달려드는 물을 피해 도망치는 장면을 그려보았다. 나의 조상들이 튀어나온 바위에 옹송그리고 앉아서 방금 전까지 살았던 마을이 물에 잠기는 광경을 망연히 바라보는 모습을 상상했다.

오늘까지도 내 삶에 영향을 끼친 환경에 대해 생각할 때면, 나는 언제나 우리 조상들을 삶터에서 내몰고 일련의 여정에 나서도록 이끈 자연의 힘을 떠올린다. 결국 나 자신의 여행을 가능케 해준 그 자연의 힘을 말이다. 나의 과거를 돌아보면 그 강은 마치 "어디에 있든 너는 나를 인식하는가?"라고 묻는 양 나와 눈을 맞추고 나를 지긋이 바라보는 것 같다.

인식은 모름에서 앎으로의 전환이다.[1] 따라서 인식한다는 것은 처음 알게 된다는 것과는 다르다. 게다가 말의 주고받음을 필요로 하지 않는다. 즉 대체로 우리는 말 없이 인식한다. 또한 인식한다는 것은 결코 무엇이 눈에 보이는지 이해하는 게 아니다. 이해는 인식의 순간에 아무 역할도 할 필요가 없다.

따라서 **인식**(recognition)이라는 단어에서 가장 중요한 요소는 바로 과거의 무언가, 즉 모름에서 앎으로의 전환을 가능케 하는 과거의 의식을 상기시키는 그 단어의 첫 번째 음절(re—옮긴이)이다. 요컨대 우리 앞에서 과거의 의식이 번쩍 살아나며 우리가 바라보는 것을 이해하는 데 즉각적 변화를 일으키는 순간, 바로 그때가 인식의 순간이다. 하지만 이러한 의식의 점화가 저절로 이루어질 수는 없다. 즉 그것은 잃어버린 또 다른 한쪽이 존재하지 않는 한 결코 제 모습을 드러내지 않는다. 따라서 인식을 통한 앎은 뭔가 새로운 것을 발견할 때와는 다른 종류의 앎이다. 그것은 오히려 마음속에 깔린 잠재성을 새롭게 알아차리는 데서 비롯된다.[2]

나는 이것이 강물이 불어나서 마을을 집어삼킨 날 우리 조상들이 경험한 일이라고 생각한다. 그들은 제 삶을 형성해주었으나 마치 매일 호흡하는 공기처럼 더없이 당연하게 여겨온 존재를 새삼스레 인식하게 되었다. 물론 공기 역시 느닷없이 지극히 폭력적으로 살아 움직일 수 있다. 1986년 카메룬의 사례가 그러하다. 니오스 호수(Lake Nyos)에서 갑자기 분출한 대량의 이산화탄소가 인근 마을을 뒤덮어 주민 1700명과 막대한 수의 동물을 죽음으로 내몬 사건이다. 하지만 더 흔하게 공기는 은근슬쩍 제 존재를 과시한다. 뉴델리와 베이징(둘 다 대기 오염이 심각한 대도시의 예—옮긴이)의 거주민들은 익히 알고 있다시피, 폐와 부비강의 염증은 다시 한 번 안과 밖이, 사용하는 것(using)과 사용되는 것(being used)이 별 차이가 없음을 보여준다. 이 역시 인식의 순간으로, 우리는 그러한 인식을 통해 분명하게 깨닫는다. 우리 발밑으로나 내벽에 내장된 전선을 타고 흘러서 자동차를 굴러가게 만들고 방의 조명을 밝혀주는 에너지가 우리로서는 알 길 없는 저만의 목적을 지닌 채 모든 것을 아우르는 존재임을 말이다.

내가 비인간 존재들 역시 그와 대단히 유사하다는 걸 인식하게 된 것도 바로 이러한 방식을 통해서다. 나를 둘러싼 환경이 내게 강제한 인식의 순간을 거치면서 말이다. 나는 마침 벵골만 삼각주의 드넓은 맹그로브 숲인 순다르반스(Sundarbans)에 관한 글을 쓰고 있었다. 벵골만 삼각주에서는 물과 토사의 흐름이 어찌나 활발한지 보통 오랜 기간에 걸쳐 전개되는 지질학적 과정이 마치 주나 달 단위로 달라지는 듯 보인다. 그렇게 되면

대혼란의 시대

하룻밤 사이에 일대의 강둑이 사라지면서 가옥을 집어삼키고 사람들 목숨을 앗아간다. 하지만 다른 곳에는 얕은 모래톱이 솟아오르고 몇 주 내로 해안이 몇 미터가량 넓어지기도 한다. 물론 이러한 과정은 대개 주기를 띤다. 그러나 우리는 21세기가 시작되는 처음 몇 년 동안에조차 해안지대가 점차 줄어드는 현상, 전에 경작지이던 땅에 바닷물이 들이닥치는 현상 따위를 통해 서서히 늘어가는 비가역적인 변화의 조짐을 엿볼 수 있었다.

이는 더없이 역동적인 풍경이라서 바로 그 풍경의 변화 가능성은 헤아릴 수 없이 많은 인식의 순간을 낳는다. 나는 당시 이런 순간 가운데 몇 가지를 포착해 기록해두었다. 2002년 5월에 적어놓은 다음 글귀가 그중 한 가지예다. "나는 확실하게 믿는다. 이곳 땅이 분명하게 인식할 수 있을 정도로 살아 있다는 것을, 그것이 오직, 혹은 심지어 우연히, 인간 역사가 펼쳐지는 무대로서 존재하는 게 아니라 그 자체로 주인공이라는 사실을 말이다." 또 다른 날의 기록은 이랬다. "이곳에서는 심지어 어린아이조차 할머니에게 들은 말을 다음과 같이 읊조릴 것이다. '당시에 강은 여기 있지 않았고, 마을도 지금 있는 데가 아닌 장소에 있었다…….'"

하지만 나는 이러한 뜻밖의 만남을 인식의 예로 언급할 수 없었을 것이다. 만약 우리 가족의 조상들이 살던 마을을 돌아보러 갔던 어릴 적 경험, 다카(Dhaka: 방글라데시의 수도—옮긴이)에서 집 뒤쪽의 작은 방죽이 갑자기 호수로 변해 우리 집을 덮치게 만든 사이클론(cyclone: 인도양의 열대성 폭풍—옮긴이)에 대한 기억, 혹은 힘차게 흐르는 강의 가장자리에서 나고 자란 할머니가 들려준 이야기, 벵골의 풍경이 그 지역 예술가와 작가 그리고 영화 제작자에게 끼친 영향 등을 통해 내가 목격하고 있는 것에 대한 과거 인식이 내 속에 이미 각인되어 있지 않았다면 말이다.

하지만 이러한 지각을 창작자로서 삶의 매개, 즉 소설로 번역해내는 문제와 관련해 나는 나 스스로가 이전 작품에서 마주한 도전과는 전혀 다른 유의 도전에 직면했음을 발견했다. 그때 당시 맞닥뜨린 도전은 내가 과거에 쓴 책 《굶주린 조수(The Hungry Tide)》에만 해당되는 것처럼 보였다. 그러나 그로부터 수년이 지난 지금, 즉 점점 더 심화하는 지구 온난화의 영향이 순다르반스 같은 저지대에서 살아가는 이들의 생존 자체를 위협하기 시작한 시대에, 내게는 그 문제들이 훨씬 더 큰 함의를 지니게 된 것 같다. 나는 기후변화가 오늘날의 작가들에게 제기하는 도전은, 비록 어느 면에서 특수하다고도 볼 수 있지만, 좀더 유구하고 좀더 광범위한 어떤 것이 초래한 결과임을 깨달았다. 또한 그 도전이 궁극적으로는 대기 중에 쌓여가는 탄소가 지구의 운명을 새로 쓰고 있는 바로 그 시대에, 이야기 창작에 영향을 미친 문학 형식과 관습에서 비롯되었음을 알아차렸다.

03

기후변화가 심지어 공적 영역에보다 문학 소설 세계에 훨씬 더 옅은 그림자를 드리운다는 사실은 쉽게 확인할 수 있다. 그저 〈런던 리뷰 오브 북스(London Review of Books)〉 〈뉴욕 리뷰 오브 북스(New York Review of Books)〉 〈로스앤젤레스 리뷰 오브 북스(Los Angeles Review of Books)〉 〈리터러리 저널(Literary Journal)〉 〈뉴욕타임스 리뷰 오브 북스(New York Times Review of Books)〉 등 높이 평가받는 문학 저널과 북 리뷰를 몇 쪽만 대충 훑어보는 것으로도 족하다. 이들 출판물에서 기후변화 주제를 다룰 때면 그것은 거의 언제나 논픽션과 관련이 있다. 장편소설이나 단편소설은 이 영역에서 도통 찾아보기 어렵다. 실제로 기후변화를 다루는 소설은 거의 그 정의상 순수 문학 저널이 관심 있게 다루는 그런 유의 소설이 아니라고까지 말할 수 있다. 어떤 장편소설이나 단편소설이 그 주제를 언급하기만 해도 그 작품은 흔히 공상과학 소설 장르로 치부되기 십상이다.[3] 문학 창작 영역에서 기후변화는 마치 외계인이나 행성 간 여행 비슷한 어떤 것으로 간주되고 있는 듯하다.

이 특이한 피드백 순환 고리에는 혼란스러운 뭔가가 있다.[4] 분명 삶을 변화시킬 가능성이 있는 위험에 눈감은 진지함의 개념이란 상상하기 어렵다. 그리고 어떤 주제의 시급성이 그것을 진지하게 다루어야 할 기준이라면, 기후변화가 실제로 지구 미래에 어떤 의미를 지니는지 고려하는 것은 전 세계의 작가들이 깊이 고민해볼 주요 관심사여야 한다. 하지만 현실은 그와 거리가 멀다.

왜 그럴까? 지구 온난화 추세가 너무 거세어서 기존의 내레이션이라는 익숙한 배를 타고서는 항해를 할 수 없기 때문일까? 그러나 이제는 사람들이 널리 인정하다시피, 우리는 엄연히 거센 지구 온난화 추세가 '새 기준'으로 자리 잡은 시대에 접어들었다.[5] 만약 특정 문학 형식이 이러한 추세를 반영할 수 없다면 그것들은 실패하게 될 테고, 그 실패는 기후 위기의 핵심을 이루는 좀더 광범위한 창작적·문화적 실패의 한 축으로 간주되어야 한다.

이 문제가 정보 부족에서 비롯된 게 아님은 확실하다. 오늘날 전 세계 차원에서 기후 시스템이 혼란을 겪고 있음을 모르는 작가는 거의 없을 테니 말이다. 하지만 소설가가 기후변화에 관한 글을 집필하기로 결정할 때, 그것은 거의 언제나 소설 밖에서 이루어지는 일임이 분명하다. 거기에 딱 들어맞는 사례가 바로 아룬다티 로이(Arundhati Roy)의 작업이다. 그녀는 우리 시대의 가장 걸출한 산문 작가 중 한 사람일 뿐 아니라 기후변화 문제에 정통하고 그에 대한 열정도 남다르다. 하지만 그녀가 이 주제와 관련해 쓴 글은 모조리 다양한 형태의 비문학이다.

좀더 분명한 예는 11세기 영국을 배경으로 하는, 평이 매우 좋은 역사 소설 《더 웨이크(The Wake)》의 저자 폴 킹스노스(Paul Kingsnorth: 1972~. 영국의 작가—옮긴이)다. 그는 자신의 생애 몇 년을 기후변화 운동에 헌신했고, 그런 다음 "우리의 문명이 스스로에 대해 들려주는 이야기를 믿지 않는 작가·예술가·사상가 네트워크"인 영향력 있는 '다크 마운틴 프로젝트 (Dark Mountain Project)'를 창립했다.[6] 킹스노스는 비록 전 세계 차원의 저항 운동에 관해 강력한 비문학 저술을 집필했지만, 그 글을 쓴 시점 기준으로 아직까지 기후변화를 전면에 내세운 소설은 출간하지 못하고 있다.

오랫동안 기후변화에 남다른 관심을 기울여온 나 역시 예외가 아니어서 내가 쓴 소설에는 그 주제가 오직 간접적으로만 모습을 드러낸다. 이처럼 나의 개인적 관심사와 내가 출간한 작품 내용 간의 괴리에 대해 곰곰이 따져본 나는 그 간극이 개인적 선호의 결과가 아니라고 확신하게 되었다. 그것은 오늘날 순수 소설로 간주되는 것이 기후변화에 대해 드러내는 독특한 형태의 저항 탓이다.

디페시 차크라바르티(Dipesh Chakrabarty: 1948~. 인도의 역사가―옮긴이)는 영향력 있는 자신의 에세이 〈역사의 기후(The Climate of History)〉에서, 사가들은 인류세(Anthropocene)라 불리는 이 시대,[7] 즉 "인간이 지질학적 행위체가 됨으로써 지구의 가장 기본적인 물리 과정을 변화시키고 있는 시대"[8]에 그들이 지닌 근원적 가정과 절차를 상당수 수정해야 할 거라고 주장한다. 나는 거기서 한발 더 나아가 인류세가 예술과 인문학뿐 아니라 우리의 상식적 이해와 그를 넘어선 오늘날의 문화 전반에도 도전을 제기한다고 덧붙이려 한다.

물론 이 도전이 일면 우리가 기후변화를 이해하도록 돕는 창문 역할을 하는 기술적 언어의 복잡성에서 비롯된다는 것은 부인할 수 없다. 하지만 그 도전이 예술과 인문학을 안내하는 관례와 가정에서 기인하기도 한다는 사실 역시 의심의 여지가 없다. 나는 어쩌다 이렇게 되었는지 규명하는 일이 우리의 가장 시급한 과제라고 생각한다. 그것은 아마도 오늘날의 문화가 왜 기후변화에 대해 다루는 일을 그토록 어려워하는지 이해하는 데서 핵심 열쇠일 것이다. 실제로 이는 가장 넓은 의미의 **문화**와 맞서는 데서 가장 중요한 문제다. 분명하게 말하건대 기후 위기는 문화의 위기이고, 따라서 상상력의 위기이기도 하다.

문화는 욕망―자동차나 기기에 대한 욕망, 그리고 어떤 유의 정원과 주택에 대한 욕망―을 창출하는데, 바로 그 욕망이 탄소 경제를 이끌어가는 주된 추동력이다. 우리가 속도 빠른 컨버터블 자동차에 흥분하는 것은 금속이나 크롬 도금을 좋아하기 때문도, 자동차공학에 대한 추상적 이해 때문도 아니다. 대신 그 자동차가 원시적 풍경 속에 길게 뻗은 도로 이미지를 불러일으키기 때문이다. 즉 우리는 자유에 대해, 그리고 우리의 머리를 가르는 바람에 대해 생각한다.[9] 그리고 수평선을 향해 돌진하는 피터 폰다〔Peter Fonda: 1940~2019. 미국의 반문화 정서를 포착한 로드 무비 〈이지 라이더(Easy Rider)〉의 주인공―옮긴이〕와 제임스 딘〔James Dean: 1931~1955. 〈자이언트(Giant)〉〈에덴의 동쪽(East of Eden)〉〈이유 없는 반항(Rebel Without a Cause)〉에 출연했으며, 24세의 나이에 '포르쉐 550 스파이더'를 몰고 가다 교통사고로 사망한 비운의 미국 배우―옮긴이〕을 머릿속에 그린다. 또한 잭 케루악〔Jack Kerouac: 1922~1969. 미국 비트 세대의 대표적 작가―옮긴이〕과 블라디미르 나보코프〔Vladimir Nabokov: 1899~1977. 러시아 제국에서 태어난 미국의 소설가·번역가·곤충학자이며, 20세기 영문학을 대표하는 인물―옮긴이〕를 떠올린다. 열대 지방의 섬을 담은 사진과 낙원(paradise)이라는 단어를 연관 짓는 광고를 볼 때 우리 안에서 점화되는 갈망은 대니얼 디포〔Daniel Defoe: 1660~1731. 《로빈슨 크루소(Robinson Crusoe)》를 쓴 영국의 소설가―옮긴이〕와 장자크 루소〔Jean-Jacques Rousseau: 1712~1778. 스위스 제네바공화국에서 태어난 프랑스의 사회계약론자, 공화주의자, 계몽주의 철학자. 《에밀(Émile ou de l'éducation)》《사회계약론(Du Contrat Social ou Principes du droit politique)》 등 18세기의 사상계를 자극한 수많은 작품을 발표했다―옮긴이〕로 거슬러 올라가는 일련의 전송 과정을 거친다. 우리를 그 섬으로 수송하는 비행기는 한낱 그 불꽃의 잔재에 지나지 않는다. 아부다비(Abu Dhabi: 아랍에미리트의 수도―옮긴이)나 캘리포니아주 남부 혹은 그와 비슷한 환경에서 사람들이 푸른 잔디밭에 담수화한 바닷물을 마구 뿌려대는 광경을 볼 때(과거에는 사람들이 그저 덩굴식물 하나, 관목 한 그루를 키우기 위해 물을 아껴 쓰는 데 만족하던 곳이다), 우리는 제인 오스틴〔Jane Austen: 1775~1817. 섬세한 시선과 재치 있는 문체로 18세기 영국 중·상류층 여성의 삶을 조명한 영국 소설가. 《이성과 감성(Sense and Sensibility)》 《오만과 편견(Pride and Prejudice)》이 대표작이다—옮긴이]의 소설들이 산파역을 맡았을 갈망의 표현을 보고 있는 셈이다. 이러한 갈망이 만들어낸 인공물과 상품은 어느 면에서 그 욕망을 낳은 문화적 기반의 표현물이기도 하고 그 은폐 장치이기도 하다.

이러한 문화는 물론 그간 세상을 주조해온 더 넓은 제국주의 및 자본주의 역사와 긴밀히 연관되어 있다. 하지만 이 사실을 안다 해도 여전히 그 토대가 다양한 양식의 문화 활동—시, 미술, 건축, 영화, 산문 소설 등—과 상호 작용하는 구체적인 방법에 대해서는 거의 알 길이 없다. 전 역사에 걸쳐 이러한 여러 문화 영역은 전쟁, 생태적 재난, 그리고 다양한 형태의 위기에 반응해왔다. 그런데 기후변화는 어째서 그러한 관례와 그토록 특이하다 할 만치 불화하는가?

이런 관점에서 볼 때, 오늘날의 작가와 예술가들이 직면한 문제는 탄소 경제의 정치 문제에 그치는 게 아니다. 그 상당수는 좀더 넓은 문화의 은폐에 연루되도록 만드는 우리의 관례나 방식과도 관련이 있다. 예를 들어보자. 만약 오늘날의 건축 추세가 심지어 탄소 배출량이 급증하는 시기임에도 유리와 금속으로 장식한 으리으리한 고층 빌딩을 선호한다면, 우리는 응당 이런 태도에 의해 충족되는 욕구 유형이 무엇인지 물어야 한다. 만약 소설가인 내가 등장인물을 묘사하는 요소로서 상표명을 사용하기로 결정한다면, 나는 스스로에게 이것이 나를 어느 정도로까지 시장의 조작에 가담하도록 만드는지 물어야 하지 않을까?

마찬가지로 나는 다음과 같이 질문해볼 필요가 있다고 생각한다. 기후변화라는 주제는 순수 소설 영역으로부터 배척당하는 결과를 낳는다는 사실을 우리는 어떻게 받아들여야 하는가? 또한 이것이 광의의 문화와 그 회피 형태에 대해 우리에게 말해주는 바는 무엇인가?

해수면 상승으로 순다르반스의 맹그로브 숲이 물에 잠기고 콜카타 (2001년 캘커타에서 콜카타로 이름이 공식 변경되었다—옮긴이)·뉴욕·방콕 같은 도시가 거주 불능 장소로 전락하는 등 몰라보게 바뀐 세상에서[10] 책을 읽는 독자나 박물관을 찾는 관람객이 우리 시대의 예술과 문학에 기댈 때, 그들은 맨 먼저 그리고 가장 시급하게 제가 물려받게 될 세상이 달라지리라고 말해주는 조짐과 흔적을 찾지 않을까? 그런데 만약 그런 것을 발견하지 못한다면 그들로서는 우리 시대가 대다수 예술 및 문학 형식의 은폐 양식에 의존함으로써 우리로 하여금 스스로가 처한 곤경의 실상을 인식하지 못하도록 막는다고 결론 내릴 수밖에 없다. 그들은 대체 무슨 일을 할 수 있을까? 스스로의 자기 인식을 더없이 자랑스러워하는 우리 시대는 '대혼란(Great Derangement)'의 시대로 알려지게 될 가능성이 크다.[11]

05

1978년 3월 17일 오후, 델리 북부 지역에서 난데없이 날씨가 이상스럽게 변했다. 인도의 이 지역에서 3월 중순은 흔히 한 해 중 날씨가 가장 좋은 때다. 겨울의 스산함이 가시고 타는 듯한 무더위는 아직 오기 전이다. 하늘은 화창하고 몬순 시기까지는 한참이 남았다. 하지만 어쩐 일인지 그날은 검은 구름이 난데없이 몰려들고 비바람이 몰아쳤다. 이어서 더욱 놀라운 일이 벌어졌다. 우박을 동반한 폭풍우가 쏟아진 것이다.

당시 나는 시간제 저널리스트로 일하는 한편, 델리 대학(Delhi University)에서 문학 석사 과정을 밟고 있었다. 우박을 동반한 폭풍우가 발생했을 때 나는 도서관에 있었다. 늦게까지 남아서 공부를 할 계획이었지만, 계절에 어울리지 않는 날씨 탓에 마음을 고쳐먹고 가방을 챙겨 도서관을 나섰다. 집으로 돌아오는 도중 얼떨결에 방향을 바꾸어 친구 집에 들렀다. 친구와 이야기를 나누고 있을 때 계속 날씨가 나빠졌다. 그래서 몇 분 뒤 평소 잘 다니지도 않는 길을 따라 곧장 집으로 걸어가기로 결심했다.

모리스 나가르(Maurice Nagar)라는 이름의 북적이는 교차로를 막 지나고 있을 때, 위쪽 어딘가에서 우르릉거리는 소리가 들렸다. 어깨 너머로 언뜻 검은 구름의 아랫부분에 관 모양의 회색 기둥이 보였다. 내가 지켜보는 동안 그 형상은 빠른 속도로 커졌고, 마침내 갑자기 회전하면서 땅을 내리치며 내가 있는 쪽으로 달려왔다.

길 건너에 커다란 건물이 있었다. 나는 그 건물의 출입문처럼 보이는 방향을 향해 전속력으로 달렸다. 하지만 앞이 유리로 된 문은 굳게 닫혀 있고, 일군의 사람들이 문 밖의 건물 지붕 처마 밑에 옹기종기 모여 있었다. 끼어들 자리가 없어 보였다. 돌아선 나는 그 건물 앞쪽으로 달려갔다. 그곳에 작은 발코니가 있었다. 난간을 뛰어넘은 다음 바닥에 몸을 웅크렸다.

갑자기 소리가 커지더니 찢어질 듯한 굉음이 들리고, 바람이 내 옷을 세차게 잡아당기기 시작했다. 난간 너머를 힐끗 내다보니, 놀랍게도 흙먼지가 휘몰아치면서 사방이 어두워졌다. 위에서 아래로 비치는 희미한 빛 사이로 온갖 희한한 물건들이 날아가는 모습이 보였다. 자전거, 스쿠터, 가로등 기둥, 골함석 조각이 스쳐 지나갔다. 심지어 티 스톨(tea stall: 차를 판매하는 커다란 사각기둥 모양의 가판—옮긴이)이 통째로 크게 맴을 돌았다. 그 순간 중력 자체가 무슨 영문 모를 힘의 손가락 끝에서 회전하는 바퀴로 바뀐 게 아닌가 하는 생각이 들었다.

두 팔로 머리를 감싸고 숨죽인 채 가만히 있었다. 얼마 뒤 소음이 잦아들고 으스스한 침묵이 뒤따랐다. 이윽고 발코니에서 기어 나온 나는 전에 한 번도 본 적 없는 폐허의 현장과 마주했다. 버스들이 뒤집힌 채 패대기쳐져 있고, 스쿠터들이 나무 꼭대기에 매달려 있었다. 건물에서 벽이 떨어져나가고, 그 사이로 드러난 내부에는 천장 환풍기가 튤립 모양의 나선형 꼴로 비틀어져 있었다. 애초에 몸을 피하려고 생각했던 장소인, 앞면이 유리로 된 출입문도 부서졌다. 그 인근은 날카롭게 깨진 유리 조각이 널브러져 아수라장이 되었다. 판유리가 박살나고 수많은 사람이 유리 조각에 찔려 상처를 입었다. 그 자리에 있었더라면 나도 다치는 사태를 면하기 어려웠겠구나 싶었다. 멍한 상태로 그곳을 빠져나왔다.

언제 어디서였는지는 확실치 않지만 한참 시간이 지난 뒤, 3월 18일 자 〈인도 타임스(Times of India)〉 뉴델리 판을 찾아보았다. 나는 여전히 그때 복사해둔 기사를 보관하고 있다.

머리기사 제목은 이랬다. "델리 북부를 덮친 사이클론으로 30명 사망, 700명 부상."

다음은 그에 이어진 기사에서 발췌한 내용이다. "델리, 3월 17일: 적어도 30명이 목숨을 잃고 700명이 다쳤다. 부상자 상당수는 중상이다. 오늘 저녁 비를 동반한 깔때기 모양의 묘한 회오리바람이 불어서 델리의 모리스 나가르, 킹스웨이 캠프(Kingsway Camp) 일부, 로샤나라 로드(Roshanara Road), 캄라 나가르(Kamla Nagar)에서 수많은 사람이 죽고 그 지역이 폐허가 되었다. 부상자들은 델리의 여러 병원에 입원해 치료를 받고 있다."

"회오리바람은 거의 직선을 그리면서 움직였다. 일부 목격자들은 그 바람이 야무나강(Yamuna)을 강타했고, 그로 인해 파도가 6~9미터 높이로 솟구쳤다고 증언했다. ……모리스 나가르 도로는 살풍경으로 변했다. 그곳에는 뿌리 뽑힌 기둥, 나무 둥치와 가지, 전선, 건물을 경계 짓는 벽에서 떨어져 나온 벽돌, 직원 숙소와 다바(dhaba: 펀자브 음식을 파는 작고 저렴한 식당—옮긴이)의 양철 지붕, 수십 대의 스쿠터, 버스와 자동차 몇 대가 여기저기 널브러져 있었다. 길 양쪽으로 멀쩡하게 서 있는 나무가 한 그루도 없었다."

기자가 어느 목격자의 말을 인용했다. "그 끔찍한 순간, 도로에 세워둔 제 스쿠터가 마치 연처럼 바람에 실려 날아가는 광경을 봤어요. 이 모든 일이 우리 주변에서 일어나고 있는 걸 두 눈으로 보면서도 도무지 실감이 나지 않고 말문이 막혔어요. 사람들이 죽어가는 모습을 보면서도 …… 그들을 도와줄 방법이 없었어요. 모리스 나가르에서는 한쪽에 놓여 있던 티 스톨 두 채가 흔적도 없이 어디론가 날아가버렸어요. 이곳에 최소 12~15명이 잔해 아래 깔려 있는 게 틀림없어요. 불과 4분 만에 불같은 분노가 잦아들자, 우리 눈에 죽은 이들과 폐허로 변한 주변 풍경이 보였어요."

기사에 쓰인 어휘는 이 재난이 얼마나 이례적이고 생소한 것인지를 보여준다. 너무 낯선 현상이라 기사는 그야말로 그것을 무엇이라 불러야 할지조차 몰랐다. 그들은 어떤 용어를 써야 할지 난감해하면서 그저 '사이클론'이나 '깔때기 모양의 회오리바람'이라고 표현했다.

다음 날이 되어서야 기사들은 알맞은 용어를 찾아냈다. 3월 19일 자

머리기사는 이렇게 적었다. "당국은 매우 매우 희귀한 현상이라고 밝히고 있다." "어제 인도 수도 북부 지역을 강타한 것은 다름 아닌 토네이도였다. 그런 유형으로는 최초다. ……인도기상청(Indian Meteorological Department)에 따르면, 이 토네이도는 약 50미터 폭으로 2~3분 동안 5킬로미터 정도에 걸쳐 영향을 끼쳤다."

실제로 이는 기상 관측을 시작한 이래 델리—그리고 사실상 그 인근 지역—를 강타한 최초의 토네이도였다.[12] 그리고 그 도로를 한 번도 걸어본 적이 없으며, 모리스 나가르의 델리 대학 부속 건물이 자리한 바로 그 지역을 거의 방문해본 적 없는 나는 무슨 영문인지 몰라도 토네이도가 지나간 그 자리에 있었다.

한참이 지난 뒤에야 그 토네이도의 눈이 정확히 내 머리 위를 관통했음을 알게 되었다. 나는 그 은유에 등골이 오싹할 정도로 적절한 무언가가 있는 것 같은 느낌을 받았다. 다시 말해, 그 순간 내게 일어난 일이 이상하게도 시각적으로 접촉 가능한, 볼 수 있고 보여지는 하나의 종(species, 種)처럼 여겨졌다. 그리고 그것과 접촉하는 순간, 내 마음속 깊이 무언가가 아로새겨졌다. '단순화할 수 없을 만큼 신비로운(irreducibly mysterious)' 무언가, 당시 내가 처해 있던 위험이나 목격한 파괴와는 거리가 먼 무언가가 말이다. 그건 그 물체 자체의 특성이 아니라 그것이 내 삶과 교차하는 방식과 관련이 있었다.

06

뜻하지 않은 예측 불허의 사건을 겪은 이들에게는 흔한 일이지만, 그 후로 몇 년 동안 내 마음은 거듭해서 그 토네이도와 마주한 순간으로 돌아가곤 했다. 나는 왜 하필 거의 걸어본 적 없는 그 도로에 들어섰으며, 역사적 전례가 없는 그 현상을 맞닥뜨리게 되었을까? 그 경험을 그저 우연의 일치라고만 치부하고 말기에는 어쩐지 미진한 것 같았다. 마치 단어의 수를 헤아림으로써 시를 이해하고자 노력하는 것이나 진배없어 보였기 때문이다. 나는 그게 아니라 나 스스로가 의미라는 스펙트럼의 반대편 끝에 닿았음을 발견했다. 이례적이고 불가해하고 혼란스러운 지점에 말이다. 하지만 이러한 표현으로도 그 순간의 내 기억을 온전히 담아낼 수 없기는 매한가지다.

소설가는 글을 쓸 때 어쩔 수 없이 제 자신의 경험을 발굴하게 마련이다. 이례적인 사건은 응당 그 수가 많지 않을 테니, 아직 발견하지 못한 광맥을 찾아냈으면 하는 바람에서 그런 사건을 채굴하려는 시도는 더없이 자연스럽다.

여느 작가와 마찬가지로 나도 소설을 쓸 때면 나 자신의 과거를 뒤적이곤 한다. 이성적으로 생각해보면, 내가 토네이도와 조우한 경험은 광물이 아주 풍부한 주맥(mother lode, 主脈), 마지막 작은 덩어리까지 샅샅이 긁어내야 하는 선물이 되었어야 옳다.

폭풍우·홍수 같은 기상 이변이 내 책에 거듭 등장하는 것은 분명한 사실이다. 그리고 이는 필시 그 토네이도가 미친 영향일 것이다. 하지만 참으로 희한하게도 정작 토네이도 자체는 내 소설에 단 한 번도 중요하게 등장하지 않았다. 내 편에서의 노력 부족 탓도 아니다. 사실 내가 〈인도 타임스〉의 기사 스크랩을 보관하고 있으면서 지난 몇 년 동안 수시로 꺼내본 것은 그것을 소설에 써먹었으면 하는 바람 때문이었으니까. 하지만 나는 그때마다 번번이 실패했다.

그렇더라도 그러한 사건을 소설에 담아내는 게 그리 어려울 까닭은 없다. 좌우간 수많은 소설에는 기이한 사건들이 가득 차 있지 않은가? 그렇다면 나는 왜 그토록 애를 썼음에도 곧 토네이도의 습격을 받게 될 도로로 소설의 등장인물을 내려보내는 데 실패했을까?

이 문제를 돌아볼 때마다 나는 스스로에게 자문해보곤 한다. 내가 만약 다른 누군가가 쓴 소설에서 그런 장면을 만난다면 과연 어떻게 받아들일까? 모르긴 해도 나 자신의 반응은 불신에 가까울 것이다. 나는 그 장면을 궁여지책으로 쥐어짜낸 부자연스러운 장치라고 여길 것이다. 창작의 자원이 완전히 바닥난 작가만이 전혀 **있을 법하지 않은** 그런 상황에 의존하는 거라고 생각할 게 분명하다.

여기서는 '있을 법하지 않은'이 핵심어이므로, 그것이 무슨 의미인지 따져보아야 한다.

있을 법하지 않은(improbable)은 **있을 법한**(probable)의 반대말이라기보다 그것의 어형 변화 꼴로, 확률(probability)의 연속선상에 있는 하나의 지점이다. 그렇다면 수학적 개념으로서 확률은 픽션과 얼마만큼 관련이 있을까?

전적으로라고 할 만큼 관련이 있다는 게 그 질문에 대한 답이다. 왜냐하면 그 개념에 정통한 저명 역사가 이언 해킹(Ian Hacking)이 언급한 대로, 확률은 "우리가 의식하지 못한 채로 세계를 그려내는 방식"이기 때문이다.[13]

실제로 확률과 근대 소설은 같은 사람들 사이에서 같은 종류의 경험을 담는 그릇으로 기능하게끔 정해진 운명을 공유하며 거의 동시에 태어난 쌍생아다. 근대 소설이 태동하기 전에는 이야기가 있는 곳마다 픽션이 전례 없는 일이나 있을 법하지 않은 일을 다루었다. 《아라비안나이트(The Arabian Nights)》《서유기(西遊記)》《데카메론(The Decameron)》 같은 내러티브는 하나의 기이한 사건에서 또 다른 기이한 사건으로 유쾌하게 넘나들면서 이야기가 펼쳐진다. 스토리텔링이 '일어난 일'에 대해 들려주는 것이라면 모름지기 그렇게 전개되어야 한다. 이러한 탐색은 색다른 뭔가와의 관련성 속에서만 이루어질 수 있기 때문이다. 이는 그저 '예외적인 것' 혹은 '있을 법하지 않은 것'에 대해 말하는 또 다른 방법일 뿐이다. 내러티브란 본질적으로 어느 면에서 나머지와 다르거나 그로부터 두드러지는 순간 또는 장면을 서로 연결하면서 전개된다. 당연히 이러한 순간이나 장면은 예외적인 것들의 예다.

소설 역시 이런 식으로 펼쳐지지만, 다른 것과 구별되는 형식상의 특징이 있다. 다름 아니라 내러티브의 동력으로 기여하는 그러한 예외적 순간들에 대한 은폐. 이는 이탈리아의 문학 이론가 프랑코 모레티(Franco Moretti)가 '필러(fillers)'라고 부른 것을 끼워 넣음으로써 성취할 수 있다. 모레티에 따르면, "필러는 흡사 제인 오스틴에게 더없이 중요했던 '훌륭한 예절(good manners)'처럼 작용한다. 필러도, 훌륭한 예절도 모두 삶의 '서사성(narrativity)'을 통제하고 존재에 정규성(regularity), 즉 '양식(style)'을 부여하고자 고안된 기제다. 소설은 바로 이 같은 기제를 통해 세상을 만들어낸다. **내러티브의 정반대**로 기능하는 나날의 일상적 디테일을 통해서 말이다".

이렇게 근대 소설은 "전례 없는 사건은 배경(background)으로 밀어내고 나날의 일상을 전경(foreground)으로 끌어내는" 식의 변화를 겪었다.[14]

그에 따라 전 세계적으로 있을 법하지 않은 일을 추방하고 일상을 부각하는 소설이 태동하기에 이른다. 이 과정을 더없이 분명하게 보여주는 것이 바로 19세기에 활약한 벵골 출신의 작가이자 비평가 반킴 찬드라 차테르지(Bankim Chandra Chatterjee: 1838~1894−옮긴이)−그는 자의식적으로 사실주의적 유럽풍 소설을 인도의 토속 언어로 집필할 수 있는 공간을 개척하고자 했다−의 작업이다. 도회지 중심의 주류로부터 멀리 떨어진 맥락에서 추진된 반킴의 기획은 예외적인 환경이 사고 및 관습 체계와 관련한 진짜 삶을 드러내는 사례들 가운데 하나다.[15]

실제로 반킴은 고대 인도 서사시에서부터 불교의 본생경(Jataka: 부처의 전생을 기록한 설화집−옮긴이), 대단히 비옥한 이슬람교의 우르두어 설화(Urdu dastaans) 등 매우 강력하고 유구한 수많은 소설 형식을 대체하고자 안간힘을 써왔다. 시간이 가면서 이러한 내러티브 형식은 상당한 무게감과 권위를 축적해왔고, 그 무게감과 권위는 인도 아대륙을 넘어서까지 퍼져나갔다. 따라서 새로운 형식을 띤 소설의 영역을 확보하려 한 그의 분투는 나름대로 영웅적인 시도였다. 이것이 바로 반킴의 탐색이 유독 흥미로운 이유다. 즉 새로운 소설 영역을 구축하려는 그의 노력은 서구의 소설과 그보다 더 오래된 그 밖의 내러티브 형식을 훨씬 더 극명하게 대비되도록 만들었다.

1871년 벵골 문학에 대해 쓴 긴 에세이에서, 반킴은 전통적인 스토리텔링 형식을 모범 삼아 작품을 집필한 작가들을 전면에서 공격하기 시작했다. 이른바 산스크리트학파에 대한 그의 공격은 정확히 "한낱 내러티브에 지나지 않는 것(mere narrative)"이라는 개념에 초점을 맞췄다. 그가 그 대신 지지한 것은 "벵골인의 생활 특성과 풍경을 그리는 데" 주력하는 저술 양식이었다.[16]

실제로 이것이 의미하는 바는 1860년대 초 영어로 쓴 반킴의 첫 번째 소설 《라지모한의 아내(Rajmohan's Wife)》에 더없이 잘 드러나 있다.[17] 그 책에는 이런 구절이 나온다. "마투르 고스(Mathur Ghose)의 집은 시골의 장엄함과 시골이 요청하는 말쑥함을 진정으로 잘 보여주는 표본이었다. ……당신은 먼 곳의 논에서 나뭇잎 사이로 그 집의 높은 울타리와 새까만 벽을 볼 수 있다. 좀더 가까이 다가가면, 풍파에 시달린 그들의 낡은 공동 주택에 작별을 고할 준비가 된 유서 깊고 고색창연한 회반죽 파편들이 보일 것이다."

이를 귀스타프 플로베르(Gustave Flaubert)의 소설 《보바리 부인(Madame Bovary)》에 나오는 다음 구절과 비교해보라. "우리는 계곡이 보이는 곳에서 …… 간선 도로를 떠난다. ……불룩하게 솟은 얕은 구릉들 아래로 보이는 초원은 뒤쪽으로 브레이(Bray) 마을의 목초지와 만난다. 그 동편으로 완만하게 경사진 드넓은 평원에는 눈 닿는 곳까지 금빛 옥수수밭이 펼쳐져 있다."[18]

이 두 구절에서 독자는 눈을 통해, 그리고 눈이 보는 것을 통해 '풍경' 속으로 이끌린다. 즉 우리는 '보도록(descry, view, see)' 안내받는다. 다른 내러티브 형식들과 비교해볼 때 이는 사실상 새로운 무언가다. 우리는 '일어난 일'에 대해 듣는 대신 우리가 무엇을 보는지 알게 된다. 반킴은 어느 면에서 사실주의 소설이 지닌 '모사 열망(mimetic ambition)'의 핵심부로 곧장 나아간다. 따라서 일상생활의 세세한 묘사(즉 필러)는 그가 새로운 형태로 벌이는 실험에서 가장 중요한 부분이다.

그렇다면 어째서 일상이라는 레토릭(rhetoric)은 정확히 '있을 법함(probability)'과 '있을 법하지 않음(improbability)'이라는 개념에 좌우되는 통계 체제가 사회에 새로운 형태를 부여하기 시작할 때 등장하게 되었을까? 다시 말해, 필러가 왜 그렇듯 갑자기 중요해졌을까? 모레티의 답은 이렇다. "필러가 **부르주아적 삶의 새로운 규칙성과 양립 가능한 모종의 내러티브적 즐거움을 선사하기** 때문이다. 즉 필러는 소설을 '차분한 열정'으로 바꿔준다. ……필러는 막스 베버(Max Weber)가 말한 이른바 현대 생활에 대한 '합리화'의 일부다. 경제와 행정에서 비롯되었지만 결국에 가서는 자유 시간, 사생활, 오락, 감정 따위의 영역에서 만연해진 과정이다. …… 다시 말해, 필러는 소설적 세계를 합리화하기 위한 하나의 시도다. 그 세계를 놀라움이 거의 없고 모험은 그보다 더 없으며 기적은 아예 없는 세계로 바꿔주는 시도 말이다."[19]

이러한 사고 체제는 예술뿐 아니라 과학에도 부과되었다. 이것이 바로 점진설(gradualism)과 격변설(catastrophism)을 다룬 스티븐 제이 굴드(Stephen Jay Gould: 1941~2002—옮긴이)의 빼어난 지질학 이론서 《시간의 화살, 시간의 순환(Time's Arrow, Time's Cycle)》이 본질적으로 내러티브에 관한 연구서인 까닭이다. 책에서 굴드가 지구 역사에 대한 격변설적 설명 방식을 취하는 예로 소개한 것은 토머스 버넷(Thomas Burnet: 1635?~1715—옮긴이)의 《신성한 지구론(Sacred Theory of the Earth)》(1690)이다. 이 책에서 내러티브는 '반복될 수 없는 독특한' 사건을 중심으로 한다. 그와 반대로 점진설적 접근법을 옹호하는 이는 제임스 허튼(James Hutton: 1726~1797)과 찰스 라이엘(Charles Lyell: 1797~1875)인데, 이들은 오랜 기간에 걸쳐 균일하게 예측 가능한 속도로 펼쳐지는 느린 과정을 지지한다. 이 주장의 핵심 골자는 "현재 우리가 보는 상황 변화 방식과 다른 변화란 일어날 수 없다"는 것이다.[20] 한마디로 "자연은 도약하지 않는다"는 말이다.[21]

그러나 골치 아프게끔 자연은 도약(leap)하지는 않을지 몰라도 분명 점프(jump)하기는 한다.[22] 지질학 기록은 수많은 시간적 틈새가 존재함을 분명하게 보여준다. 그 가운데 일부는 대멸종 같은 사태를 초래하기도 했다. 공룡을 죽게 만든 것도 아마 칙술루브(Chicxulub) 소행성 형태의 그 같은 틈새였을 것이다. 어쨌거나 재난이 지구와 거기서 살아가는 개별 거주자들에게 예측 불가능한 간격으로, 전혀 있을 법하지 않은 방식으로 영향을 미친다는 데는 논란의 여지가 없다.

그렇다면 예측 가능한 과정과 있을 법하지 않은 사건 가운데 현실 세계에서 더 우선권을 가지는 것은 어느 쪽일까? 굴드는 "그에 대해 유일하게 가능한 답은 '둘 다이거나 둘 다가 아니다'"라고 대꾸한다.[23] 즉 미국 국립연구소(National Research Council)가 언급한 대로, "지구 표면의 물질에 대한 재배치를 지배하는 것이 느리지만 지속적인 항구적 변화인지, 아니면 단기적이고 격변설적 사건이 일어나는 동안 이루어진 스펙터클한 대변화인지는 알려져 있지 않다".[24]

지질학이 이 같은 불가지론에 합의한 것은 비교적 최근 일이다. 지질학—그리고 근대 소설—이 발달 상태에 이르게 된 시기의 상당 기간 동안 점진설〔혹은 동일과정설(uniformitarianism: 과거의 지질 현상은 현재와 같은 작용으로 이루어졌다고 보는 이론—옮긴이)〕적 관점이 절대적 영향력을 발휘했고, 격변설은 주변부로 밀려났다. 점진설 지지자들은 근대성의 가장 효과적인 무기—즉 근대성이 다른 지식 형태를 모조리 쓸모없는 것으로 만들어버렸다는 근대성 자신의 주장―를 사용함으로써 승기를 굳혔다. 따라서 굴드가 더할 나위 없이 멋지게 보여주었듯이, 라이엘은 다음과 같이 원시적이라고 비난하는 방식을 통해 자신의 적수들을 상대로 승리했다. "수많은 자연 현상을 이해하지 못했던 진보의 초기 단계에는 일식과 월식, 지진, 홍수, 혜성의 접근이―훗날 규칙적으로 전개되는 사건에 속하는 것으로 드러난 다른 수많은 현상과 더불어―불가사의한 것으로 간주된다. 도덕 현상과 관련해서도 그와 동일한 착각이 널리 만연한데, 이에 따르면 그 현상의 상당수는 악마, 유령, 마녀 그리고 형체가 없는 데다 초자연적인 행위체의 개입 탓이다."[25]

이것이 정확히 반킴이 '산스크리트학파'를 공격하면서 써먹은 수사다. 즉 그는 그러한 작가들이 전통적인 표현 방식과 환상적인 인과관계 형태에 의존한다고 비판한다. "만약 사랑을 주제로 한다면 항상 꽃으로 장식한 화살 5개를 갖고 다니는 마다나(Madana: 인도 신화에 나오는 사랑의 신―옮긴이)가 등장한다. 그리고 전제적인 봄의 왕은 사랑의 분위기가 무르익도록 그의 꿀벌 무리, 부드러운 산들바람, 기타 에스러운 부속 장치들을 동원할 것이다. 이별의 아픔을 노래해야 하는가? 그렇다면 느닷없이 저주받고 파문당한 달이 가엾은 피해자에게 차가운 빛을 내리쬘 것이다."[26]

플로베르는 젊은 에마 루오(Emma Rouault)를 매혹시킨 내러티브 양식을 비꼬면서 그와 대단히 유사한 말을 한다. "그녀의 수녀원에 몰래 밀반입된 소설은 온통 사랑, 연인들, 애인들, 외따로 떨어진 파빌리온(pavilions)에서 정신을 잃은 박해받는 여인들 이야기뿐이다. 모든 단계에서 살해되는 마차 기수들, 페이지마다 너무 오랫동안 타서 죽음에 이르는 말들, 음습한 숲, 심적 고통, 사랑의 맹세, 흐느낌, 눈물과 키스, 달빛을 받은 작은

대혼란의 시대

배, 그늘 짙은 나무에서 우짖는 나이팅게일……."[27] 이 모든 게 에마 보바리가 살아가도록 되어 있는 질서 정연한 부르주아 세계에는 매우 낯선 것들이다. 이처럼 환상적인 소재들은 그녀가 살아가고자 열망하는 '주신(酒神) 찬양의 땅'에 속한 것이다.

에마는 내러티브에 대한 자신의 취향을 분명하고도 압축적으로 보여주는 것으로서 이렇게 선언한다. "나는 …… 숨 가쁘게 전개되고 우리를 놀라게 만드는 이야기를 정말이지 좋아한다. 반면 평범한 영웅들, 이를테면 자연에서 볼 수 있는 것 같은 온건한 감정들은 극도로 혐오한다."

'평범함'? '온건함'? 자연이 대체 어떻게 이런 단어들과 함께 연상되기에 이르렀을까?

오늘날 우리가 이러한 연상에 불신감을 드러내는 것은 지구 온난화가 인간 문명을 꽃피우게 한 시기―즉 홀로세(Holocene)―에 누린 상대적인 기후 안정성을 토대로 구축된 수많은 가정을 얼마나 엉망으로 만들어버렸는지 보여주는 하나의 징표다. 그와 반대되는 우리 시대의 관점에 의하면, 부상하는 부르주아적 질서의 현실 안주와 자신감은, 지구가 인류에게 스스로의 운명을 자유로이 주조할 수 있다고 가정하도록 허락함으로써 인류를 농락했음을 보여주는 기묘한 사례 가운데 하나인 것 같다.

오늘날은 그렇지 않지만 19세기는 실상 소설에서도, 지질학에서도 자연을 온건하고 질서 정연한 것으로 가정하던 시대였다. 이야말로 새로운 '근대적' 세계관의 확연한 특징이었다. 반킴은 자연을 온건하지 않게, 극단적으로 묘사했다는 이유로 동시대 시인 마이클 마두수단 다타(Michael Madhusudan Datta)를 비난하는 데 비상한 노력을 기울인다. "다타 씨는 …… 안식을 원한다. 그런데 한줄기 바람조차 필요하지 않은 때에도 바

람이 미친 듯이 세차게 불어온다. 그럴 필요가 전혀 없는 순간에 먹구름
이 몰려오고 폭우가 내리친다. 그리고 모두가 바다의 개입에 분개하는 순
간에도 바다가 분노로 들끓는다."[28]

마찬가지로 과학에서도 점진설적 관점이 격변설을 근대적이지 않은 것
으로 치부하면서 승리를 거두었다. 지질학에서는 점진설적 사고의 승리
가 어찌나 기세등등했던지 알프레트 베게너(Alfred Wegener)의 대륙이동
설―상상할 수 없는 갑작스러운 맹렬한 힘에 의한 대격변을 가정했다―
이 수십 년 동안 평가 절하되고 조롱당했을 정도다.

이러한 마음의 습성들이 20세기 말까지, 특히 대중들 사이에서 영향
력을 행사했다는 사실은 상기해볼 가치가 있다. 역사가 존 브룩(John L.
Brooke)이 썼다시피, "1960년대 중엽, 지구의 역사 및 진화와 관련해서는
점진설 모델이 …… 주도권을 잡았다".[29] 심지어 1985년에조차 〈뉴욕타
임스〉 사설란은 공룡 멸종과 관련한 소행성 학설을 다음과 같은 말로 거
세게 공격했다. "천문학자들은 별에서 일어난 사건의 원인을 밝히는 작업
을 점성술사들에게 맡겨야 한다."[30] 엘리자베스 콜버트(Elizabeth Kolbert)는
전문적인 고생물학자들이 소행성 학설과 그 창시자인 루이스 앨버레즈
(Luis Alvarez) 및 월터 앨버레즈(Walter Alvarez)를 매도한 사실을 이렇게 소
개한다. "한 고생물학자가 말했다. '백악기(공룡이 생존하던 1억 4600만~6500만
년 전―옮긴이)에 이루어진 멸종은 점진적이었으며 격변설은 잘못이다. 하
지만 앞으로도 지나치게 단순한 이론들이 속속 등장해서 일부 과학자를
현혹하고 통속 잡지의 표지를 더욱 흥미롭게 만들 것이다.'"[31]

다시 말해, 점진설은 '눈가리개'가 되었다. 하지만 결국에 가서는 "어떤
순간들을 뚜렷이 구별되도록 해주는 독특성(uniqueness), 그리고 이해도의

기초를 이루는 법칙성(lawfulness), 이 두 가지 요구 사항"을 인식하는 관점에 자리를 내주어야 했다.[32]

뚜렷이 구별되는 순간들은 다른 어느 내러티브 형식—지질학적인 것이든 역사적인 것이든—에서만큼이나 근대 소설에서도 중요하다. 아이러니하게도 이 점을 가장 분명하게 볼 수 있는 작품이 바로 《라지모한의 아내》와 《보바리 부인》이다. 두 작품에서는 생각지도 못한 우연이 내러티브에서 가장 중요한 요소다. 예를 들어, 플로베르의 소설에서는 보바리 씨가 장차 제 아내의 연인이 될 사람과 오페라 극장에서 우연히 마주치는 순간을 중심으로 내러티브가 펼쳐진다. 그녀가 열정적인 오페라 장면을 보면서, 리드 싱어가 "그녀를 바라보고 …… 그녀가 그의 품속으로 달려가길 갈망하고, 마치 사랑의 화신인 양 그의 힘 속에서 안식을 구하고, 그리고 그에게 '나를 데려가줘요! 당신과 함께 가게 해줘요!'라고 외치는" 광경을 상상한 직후였다.[33]

물론 그러지 않을 수 없었을 것이다. 즉 소설이 예외적 순간이라는 토대 위에 세워지지 않으면, 작가들은 세계를 완전히 새롭게 창조해야 하는 보르헤스식 과업(Borgesan task: 보르헤스는 아르헨티나의 소설가이자 시인. 놀라운 상상력으로 20세기 후반의 사상계에 큰 영향을 미쳤다—옮긴이)에 직면할 것이기 때문이다. 하지만 근대 소설은 지질학과 달리, 결코 '있을 법하지 않은 것'의 중요성과 마주하는 상황에 내몰린 적이 없다. 즉 근대 소설의 기능에서는 사건의 토대를 은폐하는 작업이 시종 가장 중요한 요소였다. 바로 이것이 특정 유형의 내러티브를 근대 소설의 특징으로 만들어주었다.

여기에 '사실주의' 소설의 아이러니가 있다. 사실주의 소설이 현실을 구축하는 방식은 실상 현실적인 것의 은폐이기 때문이다.

이는 실제로 소설이라는 창작 세계에서 활용하는 확률의 셈법이 그 세계의 바깥에서 쓰이는 확률의 셈법과 같지 않음을 의미한다. 흔히들 "이것이 소설에 나온다면 아무도 믿지 않을 것"이라고 말하는 이유가 바로 그 때문이다. 실생활에서는 '오직 조금만(only slightly)' 있을 법하지 않은 사건—가령 오래 잊고 지내던 어릴 적 친구와의 우연한 만남—을 소설에서 보게 되면 그 사건은 '너무나(wildly)' 있을 법하지 않은 일로 여겨진다. 그러므로 그 사건을 설득력 있게 보이도록 하려면 작가는 각별히 노력해야 한다.

이것이 작은 우연에 해당한다면, 실생활에서조차 '너무나' 있을 법하지 않은 장면을 만들어낼 경우 작가가 얼마나 더 각별히 노력해야 하는지 쉽게 짐작할 수 있다. 소설 속 등장인물이 전례 없는 기후 현상을 맞닥뜨린 바로 그 순간에 문제의 도로를 따라 길을 걷고 있는 장면이 바로 그러한 예다.

이러한 사건을 소설에 끌어들이는 것은 기실 순수 소설이 오랫동안 기거해온 대저택으로부터 축출되길 애써 자처하는 꼴이다. 다시 말해, 대저택을 에워싸고 있는 한층 초라한 주택들로 추방당하는 처분을 감수하는 일이다. 그 변두리 주택들은 과거에 '고딕 소설' '연애 소설' '멜로드라마' 같은 이름으로 알려져 있었으며, 오늘날에는 '공상 소설' '괴기 소설' '공상과학 소설'로 불리게 되었다.

07

내가 아는 한 기후변화는 1978년 델리에서 토네이도를 일으킨 원인이 아니었다. 오늘날의 기이한 기상 이변과 같은 점이라면, 그것이 지극히 있을 법하지 않은 사건이었다는 것뿐이다. 그리고 우리는 이제 정확히 우리가 정상이라고 생각하는 현재 기준에 비추어볼 때 '대단히(highly)' 있을 법하지 않은 것처럼 보이는 사건들―이를테면 느닷없는 홍수, 100년에 한 번 일어날까 말까 한 대규모 폭풍우, 지루하게 이어지는 가뭄, 전례 없는 무더위, 갑작스러운 산사태, 파괴된 빙하호(氷河湖)에서 쏟아져 내리는 성난 물줄기, 그리고 내가 경험한 기이한 토네이도 등―에 의해 규정받는 시대를 살아가고 있는 듯하다.

2012년 뉴욕을 강타한 초대형 폭풍우 허리케인 샌디(Sandy)가 '대단히 있을 법하지 않은' 사건의 한 가지 예다. **전례 없는**(unprecedented)은 결코 기상 사건을 묘사할 때 그리 자주 등장하는 단어가 아니었다. 그런데 기상학자 애덤 소벨(Adam Sobel)은 허리케인 샌디를 다룬 훌륭한 연구서에서, 그 폭풍우가 미국 동부 연안에 밀려들 때 그 경로는 전례 없는 것이었다고 주장한다. 대서양 중부에서 허리케인이 서쪽으로 급격히 진로를 바꾼 예가 한 번도 없었다는 것이다. 허리케인 샌디는 방향을 틀면서 겨울 폭풍과 합류한 결과 '거대한 혼합체(mammoth hybrid)'가 되었고, 과학의 역사에서 유례를 찾아볼 수 없는 규모를 띠었다. 그것이 촉발한 폭풍 해일은 그 지역에서 기상학 기록을 시작한 이래 최대 높이에 도달했다.[34]

실제로 샌디는 고도로 있을 법하지 않은 사건이었던지라 통계적 기상 관측 모델을 혼란스럽게 만들었다. 그러나 물리 법칙에 기반한 역학 모델은 그 파급력뿐 아니라 궤도까지를 정확하게 예측할 수 있었다.[35]

하지만 관리들이 위기 시 의사 결정에 참고하는 위험 계산은 주로 확률에 기초를 두고 있다. 소벨에 따르면, 샌디는 기본적인 그 현상의 '있을 법하지 않음'으로 인해 관리들로 하여금 그 위험을 과소평가하고, 따라서 긴급 조치를 지연하도록 만들었다.

다른 수많은 사람들과 마찬가지로 소벨 역시 한 걸음 더 나아가 인간은 본질적으로 그처럼 희귀한 사건에 대비할 수 없다고 주장했다. 그렇다면 그의 주장은 실제로 인류 역사 전체에 해당하는가? 혹은 '부르주아적 삶의 규칙성'에 대한 믿음 증가와 함께 우위를 차지한 무의식적 사고 유형―즉 '상식'―의 한 측면인가? 나는 인간이 내심으로는 대개 격변론자였지만, 지구의 예측 불가능성에 대한 본능적 인식이 서서히 동일과정설에 대한 믿음으로 대체되었다고 생각한다. 동일과정설은 라이엘을 비롯한 이들의 과학 이론, 그리고 통계 및 확률 등의 형태로 알려져 있는 다양한 정부 관례의 지지를 받는 사고 체계다.

실제로 2009년 대규모 지진이 발생하기 직전, 수차례의 미진이 이탈리아 마을 라퀼라(L'Aquila)에 충격을 주자 많은 주민들은 본능이 시키는 대로 지진 빈발 지역에 거주하는 이들을 탁 트인 공간으로 이동시켰다. 그런데 공황 사태를 막으려는 정부가 개입해서 그들을 다시 집으로 돌려보냈다. 그 결과 정작 지진이 일어났을 때 수많은 사람이 실내에 갇히고 말았다.

샌디가 발생했을 때는 그와 같은 본능이 작동하지 않았다. 소벨이 지적한 대로, 뉴욕에서는 사람들이 대개 "허리케인으로 목숨을 잃는 것은

······ 먼 나라 이야기"라고 믿었기 때문이다. ('먼 나라' 대신 '주신 찬양의 땅'이라고 말했으면 더 좋았을 것이다.)[36] 브라질에서도 그와 비슷하게, 허리케인 카타리나(Catarina)가 2004년 그 나라 해안을 때렸을 때 수많은 이들이 대피하지 않았다. "브라질에 허리케인이 일어날 수 있다고 믿기를 거부했기 때문이다."[37]

하지만 지구 온난화 시대에는 정말이지 나와 무관한 일이 아무것도 없다. 즉 부르주아적 삶에 대한 평화로운 기대감이 변함없이 지배하는 장소란 없는 것이다. 마치 우리 지구가 문학 비평가가 되어 플로베르·반킴 같은 이들을 비웃고, 전기 소설(傳奇小說: 초현실적이거나 비현실적인 세계를 다룬 소설―옮긴이)이나 서사시에 그토록 자주 등장하는 '불가사의한 사건들'에 대한 **그들의** 조롱을 되레 조롱하는 것만 같다.

그리고 이는 지구 온난화 시대가 문학 소설과 당대 상식 둘 다에 도전하는 수많은 방법 가운데 가장 첫 번째 것이다. 즉 우리 시대의 기상 사건은 고도의 있을 법하지 않음을 특징으로 한다. 실제로 어떤 사람들은 이 시대를 '재앙대(catastrophozoic, 災殃代)'라고 명명해야 한다고까지 제안했다.[38] 〔또 다른 사람들은 '기나긴 긴급 사태(long emergency)'나 '반그늘의 시대(Penumbral Period)' 같은 구절을 선호한다.〕[39] 어떻게 부르든 평범한 시대가 아닌 것은 분명하다. 그러니만큼 그 시대를 특징 짓는 사건들은 순수 소설이 기거하는 정교한 산문의 세계에는 도통 들어맞지 않는다.

그에 반해 시는 오랫동안 기후 사건과 긴밀한 관계를 맺어왔다. 제프리 파커(Geoffrey Parker)가 지적한 바와 같이, 존 밀턴(John Milton)은 이례적으로 추운 겨울 동안 《실낙원(Paradise Lost)》을 쓰기 시작했으며, "예측 불가능하고 무자비한 기후변화가 그 이야기의 핵심이었다. 밀턴이 그리는 허구의 세계는 그가 살아가는 현실 세계와 마찬가지로 추위와 더위의 처분에 맡겨진 '죽음의 세계'였다".[40] 이는 오늘날의 문학 소설과는 판이한 세계다.

나는 물론 대단히 큰 붓으로 그림을 그리고 있다. 소설이 태동한 것은 오래전 일이고, 소설의 형식은 지난 200년 동안 다채로운 방식으로 변화를 겪어왔다. 하지만 문학 소설은 놀라울 정도로 처음 태동할 당시 계획된 운명에 충실한 상태를 시종 유지해왔다. 20세기의 문학 운동이 거의 한결같이 줄거리와 내러티브를 경멸했다는 사실, 그리고 양식과 '관찰'—그것이 나날의 디테일에 관한 것이든, 등장인물의 특징에 관한 것이든, 아니면 감정의 뉘앙스에 관한 것이든—을 한층 더 강조했다는 사실을 떠올려보라. 이게 바로 창조적 저술에 대해 가르치는 교사들이 학생들에게 "말하지 말고 보여주라(show, don't tell)"고 호소한 이유다.

하지만 다행스럽게도 전례 없는 것과 있을 법하지 않은 것을 칭송하는 운동도 이따금 일어나곤 했다. 초현실주의가 그 예다. 가장 주목할 만한 것으로 마술적(magical) 사실주의도 빼놓을 수 없다. 마술적 사실주의에는 확률의 셈법과는 아무 관련 없는 사건이 수두룩하다.

하지만 우리가 지금 경험하는 기상 사건은 초현실주의나 마술적 사실주의 소설에 등장하는 그것들과 중요한 점에서 차이가 난다. 우리가 겪고 있는 기상 사건은 있을 법하지 않음에도 불구하고 초현실적이지도 마술적이지도 않은 것이다. 오히려 대단히 있을 법하지 않은 이러한 현상은 압도적으로, 다급하게, 놀라울 정도로 현실적이다. 이러한 사건을 마술적으로, 혹은 은유적으로, 혹은 우화적으로 다루는 데서 야기되는 윤리적 난점은 분명해 보인다. 하지만 작가 입장에서 볼 때, 기상 사건에 그런 식으로 접근하는 시도가 도움이 안 되는 데는 또 다른 이유가 있다. 그 사건을 마술적이거나 초현실적인 것으로 취급하면 그것을 그토록 긴급하고 강렬하게 만들어주는 바로 그 특성 자체를 없애버리는 꼴이 되기 때문이다. 오늘날 우리 지구에서 실제로 일어나고 있는 일이 바로 그와 같다.

08

순다르반스는 문학에 주로 등장하는 숲과는 전혀 다르다. 초록빛 나뭇잎은 빽빽하고 낮게 자라며 서로 얽히고설켜 있다. 나무의 지붕은 당신 머리 위가 아니라 당신 키 높이에 펼쳐진 채 끊임없이 당신의 피부와 옷을 할퀸다. 맹그로브가 어지럽게 뒤엉켜 있는 순다르반스의 숲속으로는 산들바람도 파고들 수 없다. 대기의 흔들림이 있다면 파리를 비롯한 곤충들의 윙윙거림 탓이다. 발아래는 부드럽게 썩어가는 낙엽 양탄자 대신 무릎까지 올라오는 미끌미끌한 진흙밭이 펼쳐져 있다. 거기에는 맹그로브 나무뿌리에서 튀어나온 뾰족뾰족한 끝부분이 여기저기 구멍을 뚫어놓은 모습이 보인다. 그 어떤 풍경도 제 모습을 드러내지 않는다. 당신이 그 풍경 속을 누비고 다니는 수백 개의 시내와 수로 가운데 하나에 서 있지 않는 한 말이다. 심지어 그럴 때조차 스스로를 내보이는 것이라곤 물뿐이다. 숲은 그 안에 자리한 진흙 성벽 뒤에 단단히 몸을 숨긴 채 아무것도 보여주지 않는다.

순다르반스에는 호랑이가 어디에나 있지만 또한 아무데도 없다. 해안가에 가면 당신은 펄밭에 갓 찍힌 호랑이 발자국을 흔히 발견하곤 하지만, 정작 그 동물 자체는 코빼기도 볼 수 없다. 호랑이를 힐끗이라도 보는 경우는 극히 드물고, 그럴 때조차 그저 순식간의 일에 지나지 않는다. 하지만 찍힌 지 얼마 되지 않은 호랑이 발자국은 너무나 선명해서 그 녀석이 어딘지는 모르지만 필시 지척에 있음을 의심하지 않을 수 없다. 게다가 당신은 호랑이가 거의 틀림없이 당신을 지켜보고 있다는 것을 느낀다. 이 정글에서는 몸을 숨기는 일이 쉬워서 동물이 바로 몇 미터 떨어진 곳에 웅크리고 있을 가능성도 얼마든지 있다. 만약 그 동물이 돌격해오면 당신은 마지막 순간까지도 그를 보지 못한다. 설사 보았다 하더라도 도망치는 일은 불가능하다. 진흙이 당신을 옴짝달싹 못하게 만들 테니 말이다.

그 숲에서는 군데군데 나뭇가지에 붉은 천 조각이 펄럭이는 모습을 볼 수 있다. 사람들이 호랑이에게 희생된 지점을 나타내는 표식이다.[41] 매년 그와 같은 죽음이 수도 없이 일어나지만 정확히 얼마나 많은 사람이 호랑이 밥 신세가 되는지는 아무도 모른다. 통계를 믿을 수 없기 때문이다. 이는 전혀 새로울 게 없는 이야기다. 19세기에는 수만 명이 호랑이에게 죽임을 당했다. 몇몇 마을의 경우 모든 가정에 호랑이에게 목숨을 잃은 가족원이 적어도 한 사람씩은 있다고 말하면 충분히 사정을 짐작할 수 있을 것이다. 호랑이와 관련해서는 다들 사연이 있다.

이러한 이야기에서는 많은 것이 눈에 달려 있다. 즉 보는 것(seeing)이 그 이야기의 가장 중요한 주제 가운데 하나다. 보지 **못하는** 것(not seeing)도 또 하나의 핵심 주제다. 호랑이는 당신을 지켜보고 있다. 당신은 항상 그렇듯이 호랑이가 당신을 응시하고 있다는 것을 의식하지만 녀석을 보지는 못한다. 당신은 호랑이가 돌진해오기 시작할 때까지도 그 사실을 알아차리지 못하며, 그것을 깨닫는 순간에는 충격에 휩싸여 미동도 못한 채 그 자리에 얼어붙고 만다.

순다르반스에 관한 민속 서사시 〈본 비비의 기적(Bon Bibir Johuranama)〉은 서로 눈이 마주친 순간에 절정을 이룬다. 호랑이 악령 도킨 라이 (Dokkhin Rai)가 주인공인 두케이(Dukhey)라는 소년에게 시선을 고정한 장면이다.

> 그 악령이 두케이를 본 것은 멀리서였다……
>
> 한참을 굶주린 그 앞에 오랫동안 기다려온 성찬이 나타났다. 그는 순식간에 호랑이로 변신했다.
>
> '인간의 살맛을 본 게 대체 언제냐? 이제 두케이라는 소년의 형상을 한 축복이 나를 기다리고 있다.'
>
> 멀리 떨어진 진흙밭에서 두케이는 그 짐승을 보았다. '저 호랑이는 악령이고 나는 그의 밥이다.'
>
> 호랑이는 머리를 치켜들고 거대한 등을 세웠다. 공격하기 위해 뛰어올랐을 때, 그의 처진 목살이 마치 돛처럼 시야를 가득 채웠다.
>
> 이 무시무시한 장면을 본 순간, 소년의 목숨은 풍전등화였다.[42]

호랑이와의 조우를 담은 수많은 이야기는 이처럼 서로를 알아보는 순간을 중심으로 펼쳐진다. 호랑이의 눈을 들여다본다는 것은 당신이 진즉부터 의식하고 있는 존재를 인식한다는 것이다. 그리고 그 만남의 순간에 당신은 그 존재 역시 비록 인간은 아닐지라도 당신을 의식하고 있음을 깨닫는다. 이처럼 무언의 시선 교환은 당신과 그 존재 간에 이루어질 수 있는 유일한 의사소통이다. 하지만 그 역시 의사소통임은 두말할 나위 없다.

그러나 당신 마음이 전에 한 번도 겪어본 적 없는 극도의 위험을 느끼는 순간, 당신이 의사소통하고 있는 것은 무엇인가? 이따금 제공되는 그와 비슷한 경험은 이 세상 것이 아닌 존재인 유령을 볼 때다.

앞서 지적했다시피 순다르반스의 호랑이 이야기에는 토네이도에 대한 나의 경험에서처럼 '단순화할 수 없는 신비로운(irreducibly mysterious)' 요소가 깃들여 있다. 하지만 내가 말하려는 것은 아마도 다른 단어로 더 잘 표현될 수 있을 듯하다. 프로이트(S. Freud)와 하이데거(M. Heidegger)의 번역물에서 거듭 등장하는 단어다. 바로 **불가사의한**(uncanny)이라는 단어다. 토네이도와 관련한 나의 경험은 다음과 같은 구절에 담아내면 정말이지 불가사의할 정도로 정확하다. "흔히 말하듯 우리는 두려움 속에서 불가사의한 무언가를 느낀다. 이 문장에서 '우리'와 '무언가'는 정확히 어떤 것을 지칭할까? 아무도 '무엇'이 '우리'에게 그 같은 불가사의한 감정을 안겨주는지 말할 수 없다. '우리'는 그저 일반적으로 그 감정을 느낄 따름이다."[43]

'불가사의한'이라는 단어가 기후변화와 관련해 그보다 훨씬 더 자주 쓰이기 시작했다는 것은 결코 우연이 아니다. 우리 시대의 기이한 사건과 사물에 관해 글을 쓰면서 티머시 모턴(Timothy Morton)이 묻는다. "(익숙지 않은) 폭우, 기이한 사이클론, 석유 유막 등이 우리에게 안겨주는 결과는 불가사의한 어떤 것 아닌가?"[44] 조지 마셜(George Marshall)은 이렇게 쓴다. "기후변화는 본래 불가사의하다. 기상 조건과 그것을 변화시키는 고탄소 생활 방식은 지극히 익숙하지만 이제 우리에게 새로운 위협과 불확실성을 부여한다."[45]

그 어떤 다른 단어도 지금 우리를 둘러싸고 전개되는 낯섦(strangeness)을 그보다 더 잘 표현할 수 없다. 이러한 변화는 미지의 것이라거나 생경한 것이라는 의미에서 낯선 데 그치는 게 아니기 때문이다. 그 불가사의함은 정확히 그러한 변화와 마주하면 우리가 그간 외면해온 무언가—비인간 대화 상대가 지척에 버티고 있다는 것—를 알아차리게 된다는 사실과 관련이 있다.

하지만 이제 우리의 시선은 되돌아가고 있는 것 같다. 우리의 문을 두드리는 불가사의하고 있을 법하지 않은 사건들이 인식(recognition)이라는 감각을 일깨워준 듯하다. 즉 인간은 결코 혼자가 아니라는 사실, 우리는 늘 스스로가 더없이 분명하게 우리 것이라 여겨온 요소—의지·사고·지각과 관련한 능력—를 공유하는 온갖 유의 존재에 둘러싸여 있다는 사실을 의식하게 해준 것이다. 그것 말고 달리 어떻게 지난 10년 동안 인문학 및 다양한 학문 영역에서 비인간에 대한 관심이 급증한 현상을 설명할 수 있겠는가? 즉 그것 말고 달리 어떻게 범심론(汎心論: 만물에 마음이 있다는 생각—옮긴이)에 새롭게 관심이 생기고, 앨프리드 노스 화이트헤드(Alfred North Whitehead, 1861~1947: 영국의 철학자이자 수학자—옮긴이)의 형이상학, 사물 지향적 존재론, 행위자 연결망 이론(actor-network theory), 뉴 애니멀리즘(new animalism)의 중요성이 부상하는 현상을 설명할 수 있겠는가?

이러한 새로운 인식의 타이밍은 그저 우연일까? 혹은 그 동시 발생(synchronicity)은 인간의 사고 과정에 그들 자신을 끼워 넣을 수 있는 능력을 지닌 독립체들이 숲과 같은 세계에 존재한다는 것을 말해주는가?[46] 만약 그렇다면 지구 자신이 직접 개입해서 데카르트식 이원론—지력과 행위 주체성을 온통 인간에게만 귀속시키고 다른 유의 존재에게는 그것이 부재하다고 여긴다—에 기반을 둔 사고 습성을 바로잡아왔다고도 말할 수 있을까?

이러한 가능성이 기후변화가 계몽주의 이념에 도전하고 그를 반박하는 다양한 방식 가운데 가장 중요한 것은 물론 아니다. 하지만 분명 가장 불가사의한 것이기는 하다. 비인간의 힘이 인간 사고에 직접적으로 개입할 수 있는 능력이 있음을 암시해주기, 아니 실제로 증명해주기 때문이다. 그리고 이러한 개입에 대해 긴장의 끈을 늦추지 않는다는 것은 우리의 대화에는 늘 다른 참여자가 있음을 불가사의하게 의식한다는 의미이기도 하다. 즉 이는 마치 우리의 전화가 수년 동안 도청당해왔다는 사실, 혹은 이웃이 오랫동안 우리 가족의 대화를 엿들어왔다는 사실을 발견하는 것과 비슷하다.

하지만 그것은 어느 면에서 그보다 훨씬 더 나쁘다. 미지의 존재들이 실제로 우리가 의식하지도 못한 채로 우리의 논의를 형성하는 데 모종의 역할을 해왔을지 모르기 때문이다. 만약 그럴 가능성이 실제로 있다면 우리는 늘 스스로가 비활성으로 보이는 사물들에 관해 '생각하고' 있다고 여기는 내내 다른 독립체에 의해 '생각되고' 있었던 셈이다. 마치 스타니슬라프 렘(Stanislaw Lem: 1921~2006, 폴란드 작가—옮긴이)이 자신의 작품《솔라리스(Solaris)》에서 그려낸, 정신 변화를 가져오는 행성이 마치 우리 자신에게 낯익은 지구가 아닌가 하는 느낌마저 들 정도다. 무엇이 이보다 더 불가사의할 수 있을까?

이러한 가능성은 주로 내가 여기서 관심을 기울이는 주제, 즉 문학 소설에 많은 함의를 준다. 나는 그 함의 가운데 일부를 나중에 다룰 예정이지만, 지금 여기서는 오직 불가사의함이라는 측면에 대해서만 주목하고

자 한다.

하나의 형식으로서 소설은 겉보기에 불가사의한 것의 본고장인 것 같다. 어쨌거나 위대한 소설가 가운데 일부는 줄곧 불가사의한 이야기를 써오지 않았는가? 이 대목에서는 곧바로 찰스 디킨스(Charles Dickens), 헨리 제임스(Henry James), 그리고 라빈드라나트 타고르(Rabindranath Tagore)의 유령 이야기가 떠오른다.

하지만 환경적 불가사의함은 초자연적 불가사의함과는 다르다. 정확히 비인간 세력이나 존재와 관련되기 때문이다. 물론 문학 소설에 나오는 유령들도 인간은 아니지만, 그들은 분명 한때 생존했던 인간이 투영된 존재로서 표현된다. 그러나 순다르반스의 호랑이 같은 동물들, 그리고 델리의 토네이도 같은 해괴한 기상 사건들은 인간과의 관련성이 전혀 없다.

그런데 기후변화가 촉발한 사건에는 불가사의한 부가 요소가 있다. 델리의 토네이도를 겪은 내 경험에서는 잘 드러나지 않은 요소다. 그것은 바로 오늘날 볼 수 있는 기이한 기상 사건은 비록 기본적으로는 비인간의 속성을 띠지만 그럼에도 축적된 인간 활동이 빚어낸 결과라는 점이다. 그런 의미에서 기후 온난화에 의해 시작된 사건은 과거의 기후 현상보다는 인간과 좀더 직접적인 연관성을 띤다. 우리 모두가 크든 작든 그 현상을 초래하는 데 기여했기 때문이다. 오늘날의 기후 현상은 우리가 직접 만들어낸 미스터리한 작품으로, 생각할 수 없는 형태와 방식으로 되돌아와서 우리를 괴롭히고 있다.

이에 따라 기후변화 사건은 그동안 문학이 '자연'에 적용해온 관습적 틀에 유독 저항한다. 그 사건들은 너무나 강력하고 괴기스럽고 위험하고 게다가 비난의 소지도 많아서, 서정적이거나 애상적이거나 낭만적으로 표현될 수 없다. 실제로 이러한 사건은 전적으로 '자연(Nature)'—자연을 무엇으로 보든 간에—의 것이라고만 볼 수 없다는 점에서 '자연 문학 (Nature writing)' 혹은 '생태 문학(ecological writing)'이라는 개념을 혼란스럽게 만든다. 오히려 그러한 사건은 우리가 비인간 존재들과 불가사의할 정도로 긴밀한 관계를 맺고 있음을 보여주는 사례다.[47]

빌 매키번(Bill McKibben: 1960~. 미국의 작가, 환경 운동가—옮긴이)이 "우리는 '탈자연(post-natural)의 세계'에 살고 있다"고 쓴 때로부터 25여 년의 세월이 흘렀다.[48] 그런데 과연 그와 같은 의미의 '자연'이 존재한 적이 있었던가? 아니면 그 자연이란 물론 환상에 지나지 않지만 자연을 우리 자신에게서 분리시킨 인간에 대한 신성화의 결과였을까? 비인간 행위체들이 그 환상을 깨뜨린 결과, 우리에게는 난데없이 새로운 과업, 즉 생각할 수 없는 우리 시대의 존재와 사건을 상상하는 다른 방법을 찾아내는 과업이 주어졌다.

09

나의 소설 《굶주린 조수》 말미에는 사이클론이 순다르반스로 거대한 폭풍 해일을 몰고 오는 장면이 나온다. 그 사건으로 주요 등장인물 가운데 한 사람이 목숨을 잃는다. 다른 이의 목숨을 구하기 위해 자신의 목숨을 바친 것이다.

이 장면은 쓰기가 유난하다 할 정도로 어려웠다. 그 장면을 준비하면서 쓰나미뿐 아니라 폭풍 해일 같은 파괴적인 파도에 관한 자료를 수도 없이 찾아보았다. 소설을 집필하다 보면 흔히 있는 일이지만, 그 과정에서 책의 등장인물들이 거대한 파도와 마주쳤을 때 처하게 될 곤경이 놀라울 정도로 생생해졌다.

《굶주린 조수》는 2004년 여름에 출간되었다. 책을 출간하고 몇 달 뒤인 12월 25일 밤, 나는 가족이 살고 있는 콜카타의 집으로 돌아왔다. 이튿날 아침, 인터넷에 접속한 나는 인도양 해저에서 대규모 지진이 발생해 엄청나게 파멸적인 쓰나미가 시작되었음을 알았다. 리히터 규모 9.0을 기록한 지진의 진앙지는 인도네시아 수마트라 북단과 안다만·니코바르제도(Andaman and Nicobar Islands)의 최남단 섬 사이에 놓여 있었다. 재난이 어디까지 영향을 미쳤는지 아직 알려지지 않았지만 인명 피해가 막심하리라는 것만은 이미 분명했다.

그 뉴스는 나에게 깊은 불안감을 안겨주었다. 《굶주린 조수》를 집필하는 동안 내 마음에 아로새겨진 이미지가 거의 압도적인 방식으로 텔레비전에서 실시간으로 보도되는 쓰나미 장면과 겹쳤기 때문이다. 나는 제정신이 아니었다. 아무 일도 손에 잡히지 않았다.

며칠이 지난 후 한 신문에 기고를 했는데, 거기서 안다만·니코바르제도에 그 쓰나미가 어떤 영향을 미쳤는지에 대해 글을 써달라는 의뢰를 받았다. 내가 가장 먼저 들른 곳은 그 제도의 수도 포트블레어(Port Blair)였다. 그곳에는 피란민이 모여 있었지만 도시 자체가 큰 피해를 입은 것은 아니었다. 포트블레어는 보호받는 작은 만 위쪽에 자리한 덕에 피해를 면했다. 거기서 며칠을 보낸 뒤 보급품을 실어 나르는 인도 공군기에 탑승해 니코바르제도에서 가장 심하게 파괴된 곳 가운데 하나를 방문할 수 있었다.

바다 위로 높이 솟아 있는 안다만과 달리 니코바르는 낮게 자리한 제도다. 지진의 진앙지 가까이에 위치한 니코바르제도는 대단히 심각한 타격을 입었다. 많은 거주지가 파괴되었다. 나는 말라카(Malacca)라 부르는 해안 마을을 방문했다. 그야말로 앙상한 흔적뿐이었다. 주택들은 바닥만 남았고, 여기저기 부서진 건물 잔해가 널려 있었다. 그런데 그 장소는 마치 특별히 인간과 관련된 것만 파괴하도록 고안한 폭탄의 폭격을 맞은 것 같았다. 그 장면의 가장 기이한 점 중 하나가 그 섬의 코코넛야자수는 대체로 아무 영향을 받지 않았다는 것이었기 때문이다. 그 나무들은 폐허의 풍경 속에 고요히 서 있었는데, 햇살을 받아 반짝이는 바다에서 불어오는 산들바람에 이파리가 가볍게 살랑거렸다.

나는 공책에 이렇게 적었다. "피해는 그 해안가의 지름 800미터 지역에 집중되었다. 섬의 내륙은 온통 고요하고 평화롭다. 정말이지 놀라울 정도로 아름답다. 그곳에는 키 크고 녹음 짙은 소중한 숲, 아름다운 인도자단나무 서식 지대가 있고, 그 사이 작은 공터들에는 기둥 위에 세운 오두막들이 보인다. ……이런 상황에서 느끼는 아이러니 가운데 하나는 섬에서 가장 빠르게 신분이 상승하는 이들은 하나같이 섬 가장자리에 살고 있었다는 점이다."

거주 형태가 그렇다 보니 토착 원주민은 주로 섬 내륙에 살았고, 쓰나미의 피해를 거의 입지 않았다. 반면 해안가에 정착한 이들은 대개 본토 출신으로 상당수가 교육받은 중산층이었다. 그들은 해안가에 정착할 때 암묵적으로 '대단히 있을 법하지 않은' 사건은 현실 세계가 아닌 판타지에서나 일어난다는 스스로의 믿음을 표현한 셈이다. 다시 말해, 중산층의 생활 양식에 영향을 미친 대도시 중심지에서 가능한 한 멀리 떨어진 이곳

섬에서조차 정착 유형은 '부르주아적 삶의 규칙성'에 뿌리를 둔 동일과정설적 기대감을 반영했던 것이다.

나를 태운 비행기가 착륙한 공군 기지에는 이 점을 보여주는 또 한 가지, 훨씬 더 극적인 측면이 있었다. 그 기지에서 항공기와 기계류를 보관하는 기능적 역할을 맡은 장소는 물에서 멀리 떨어진 안쪽에 위치했다. 예쁘고 아담한 2층짜리 주택으로 이뤄진 거주 지역은 해안에 훨씬 더 가까이, 즉 야자수가 늘어선 아름다운 해안 가장자리에 들어섰다. 군대와 관련해서는 으레 그렇듯 서열 규약이 철저히 준수되었다. 따라서 고위급 장교일수록 사는 주택이 바다와 더욱 가까웠다. 그래야 그들과 그 가족이 더 좋은 경관을 누릴 수 있기 때문이다.

기지를 이런 식으로 설계했으므로 쓰나미가 거주지를 덮쳤을 때, 그들이 살아남을 가능성은 희박했다. 설사 생존 가능성이 남아 있다 하더라도 서열과는 반비례 관계를 띠었다. 따라서 사령관의 주택이 맨 먼저 피해를 입었다.

처참하게 부서진 주택들이 연출하는 광경을 보고 혼란스러웠던 것은 쓰나미라는 생생한 비극과 그로 인해 목숨을 잃은 수많은 사람을 뛰어넘는 이유 때문이었다. 즉 그 기지의 설계는 현실 안주가 그 자체로 일종의 미친 짓임을 말없이 웅변했다. 이러한 건축 부지 선정은 흔히 볼 수 있는 즉흥적이고 혼란스러운 인도의 거주 지역 패턴 탓이 아니었다. 그 기지는 정부 기관이 설계하고 건설했다. 분명 빈틈없는 군인과 정부가 임명한 엔지니어들이 부지를 선정하고 승인한 것이다. 국가가 그 장소를 채택했을 때 세계의 규칙성에 대한 부르주아적 믿음이 '혼란(derangement)'이라 할 만한 수준으로까지 치달은 것 같다.

나는 혼자 속으로 생각했다. 주변 환경을 신중하게 고려하지 않은 채 건물을 짓는 계획자들을 위해 지옥에 따로 장소를 마련해두어야 한다고 말이다.

그 후 얼마 지나지 않아 뉴욕시의 '존 F. 케네디 공항(JFK 공항)'으로 비행기를 타고 날아가는 동안, 창문 밖을 내려다보다 그 공항과 대서양 사이에 놓인, 인구가 조밀한 롱아일랜드의 파로커웨이(Far Rockaway)와 롱비치(Long Beach) 지역을 발견했다. 상공에서 두 지역을 내려다보니 길게 줄지은 아파트 단지가 과거 보초도(堡礁島)였던 곳에 들어서 있다는 것을, 그리고 만약 대규모 폭풍 해일이라도 일어나면 그 단지가 물에 잠기리라는 것을 단박에 느낄 수 있었다. (이것이 바로 2012년 허리케인 샌디가 그 지역을 덮쳤을 때 실제로 일어난 일이다.) 하지만 이들 거주 지역이 무계획적으로 들어선 게 아니라는 것 또한 분명하게 확인할 수 있었다. 기하학적인 도로의 질서 정연한 구조로 보아 국가가 승인한 결과임을 부인하기 어려웠다.

그제야 니코바르제도에 들어선 공군 기지가 결코 예외적인 게 아니라는 생각이 들었다. 그 기지를 건설한 이들은 어떤 의미에서든 전 세계적으로 인정받는 규범에서 결코 뒤처진 적이 없었다. 외려 그들은 봄베이(1995년 뭄바이로 이름이 바뀌었다―옮긴이)·마드라스(1996년 첸나이로 이름이 바뀌었다―옮긴이)·뉴욕·싱가포르·홍콩 같은 도시―하나같이 바닷가에 인접해 있다―를 건설한 유럽 식민주의자들의 전례를 충실히 따랐을 따름이다. 내가 니코바르제도에서 본 것은 단지 오늘날 전 세계적으로 주도적인 거주 유형의 축소판에 지나지 않음을 나는 깨달았다. 바다 가까이 들어선 주택에 산다는 것은 부유하고 교육받은 사람임을 나타내는 징표였다. 바닷가라는 위치는 지위 상징이다. 만약 부동산이 바다 전망을 끼고 있을

　　　　　　　　　　　　　　　　　　대혼란의 시대

경우 값어치는 훌쩍 뛴다. 바다에 가깝다는 것이 권력, 안보, 지배 그리고 정복을 나타낸다는 식민지적 세계관은 이제 전 세계 차원에서 중산층 생활 유형의 기반으로 자리 잡았다.

하지만 인류는 오늘날과 마찬가지로 과거에도 바닷가에서 살아가는 것을 선호하지 않았을까?

그렇지 않다. 인간 역사의 대부분 시기 동안 사람들은 경계심을 품은 채 바다를 바라보았다. 심지어 생계를 바다에 의탁할 때조차 대체로 해안에 대규모로 거주지를 조성하지 않았다. 런던·암스테르담·로테르담·스톡홀름·리스본·함부르크 같은 오래된 거대 항구 도시는 하나같이 만, 강어귀, 혹은 강 유역의 삼각주 등을 통해 큰 바다로부터 보호받는 위치에 들어섰다. 아시아의 유서 깊은 항구 도시, 일테면 코친·수라트·탐루크·다카·므라우크우·다카·광저우·항저우·말라카도 마찬가지로 그에 딱 들어맞는 예다. 마치 근대로 접어들기 전에는 쓰나미, 폭풍 해일 등 예기치 않은 바다의 노여움에 대비해야 한다는 일반적 동의가 존재했던 것만 같다.

그 같은 조심성과 신중함은 유럽의 전 세계적 확장이 이루어진 16세기 이후에도 얼마간 남아 있었던 듯하다. 세계 각지에서 식민지 도시가 바닷가에 들어서기 시작한 것은 17세기에 이르러서다. 뭄바이·첸나이·뉴욕·찰스턴 같은 도시는 모두 이 시기에 형성되었다. 19세기에는 싱가포르와 홍콩의 예에서 보듯 그보다 훨씬 더 확신에 찬 또 한 차례의 도시 건설 물결이 뒤따랐다. 식민지화 과정에서 등장한 이 두 도시는 이제 기후변화에 의해 가장 직접적으로 타격을 받을 도시로 손꼽히고 있다.

10

뭄바이와 뉴욕은 많은 측면에서 서로 크게 다르다. 하지만 그들의 운명이 거의 비슷한 시기인 1660년대의 대영제국과 관련 있다는 공통점을 지닌다.

조반니 다 베라차노(Giovanni da Verrazzano: 1485~1528. 북아메리카를 탐험한 이탈리아 탐험가—옮긴이)가 1524년 맨해튼에 상륙했음에도 불구하고, 최초의 유럽인 정착지들은 오늘날의 뉴욕주에서 허드슨강 상류로 한참 거슬러 올라간 올버니(Albany: 현재의 뉴욕주 주도—옮긴이) 부근 지역에 들어섰다. 네덜란드인이 맨해튼섬에 암스테르담 항구를 건설한 것은 1625년에 이르러서다. 이곳이 나중에 뉴암스테르담, 그 후에는— 영국이 1660년대에 처음 그 정착지를 점령했을 때—뉴욕이 되었다.

오늘날의 뭄바이가 들어선 지역이 처음으로 유럽의 지배 아래 놓인 것은 1535년의 일이다. 구자라트(Gujarat)의 지배자가 포르투갈인에게 그곳을 양도했을 때다. 강 하구에 흩어져 있는 군도로 이루어진 곳이었다. 본토에 가까운 북쪽으로는 지대가 높은 몇 개의 큰 섬이, 남쪽으로는 주로 지대가 낮은 섬들이 무리 지어 있었다. 그 군도는 강 하구에 조성된 지역이라 육지와 바다의 경계가 그리 명확하지 않아서 조수와 계절에 따라 그때그때 지형이 달라졌다.[49]

수천 년 동안 남부 섬들에는 성소, 마을, 항구, 포구, 그리고 상점가 네트워크가 꾸려졌다. 하지만 그곳은 심지어 유럽이 점령한 초기에조차 결코 엄밀한 의미의 도시 중심지가 아니었다. 포르투갈인은 그 섬들에 몇 개의 교회와 요새를 지었다. 하지만 그들의 주요 정착지는 본토에 가까운

바세인(Bassein)이나 살세테섬(Salsette)에 있었다.[50]

그 군도의 남쪽 부분은 1661년 영국 국왕 찰스 2세가 브라간자(Braganza) 왕조의 왕녀 캐서린(Catherine)과 혼인하면서 영국의 통제 아래 들어갔다. 그녀가 건네준 결혼 지참금의 일부였던 것이다. (그 결혼 지참금에는 홍차 상자도 하나 있었는데, 이는 영국인에게 홍차라는 음료를 널리 알린 판도라의 상자였다.[51] 그로 인해 대규모 무역이 이루어졌고, 뭄바이는 19세기에 세계 최대의 아편 수출항으로 떠올랐다.) 남쪽 섬들이 난개발되는 도시 복합체의 중심지로 재편된 것은 바로 그 지역이 영국인의 손에 넘어간 이후다. "식민지 열강의 영향 아래" 측량 기술을 적용함으로써 육지와 바다를 가르는 명확한 선이 그어진 것도 바로 그때다.[52]

뭄바이와 뉴욕의 매력은 한편으로 심해 항구와의 근접성에, 다른 한편으로 그 도시들이 지닌 전략적 이점에 있었다. 두 도시는 섬으로서 스스로를 보호하기 쉽고, 대도시에서 물품을 공급하기도 용이했다. 하지만 그 기원이 식민지 지배와 연관된 까닭에 두 도시에는 처음부터 모종의 불안정성이 깔려 있었다.[53]

뭄바이 남쪽의 섬들은 얼마 지나지 않아 영국인에게 넘어갔을 때의 모습을 완전히 잃어버렸다. 18세기에 둑길, 교각, 제방, 간척 사업 등의 형태로 섬들을 연결하는 공사가 진행되었기 때문이다. 강어귀 풍경을 개조하는 작업이 어찌나 빠른 속도로 이루어졌던지 1860년대에 마라티어(Marathi: 인도 마하라슈트라주의 공용어―옮긴이)를 사용하는 연대기 작가 고빈드 나라얀(Govind Narayan)은 확신에 차서 "머잖아 뭄바이가 한때 섬이었다는 사실을 누구도 떠올릴 수 없게 될 것"이라고 예측했을 정도다.[54]

오늘날 그 도시 가운데 과거 섬들에서 살세테 남쪽에 위치해 있던 지역에는 약 1180만 명의 인구가 살아간다. 〔그레이터뭄바이(Greater Mumbai: 식민지 시절의 섬 도시 뭄바이는 68제곱킬로미터의 좁은 행정 구역이었으나 동부 및 서부 외곽까지 경계가 넓어지면서 그레이터뭄바이가 조성되었다―옮긴이) 지역의 인구는 1900만~2000만 명이다.〕 길이가 채 20킬로미터도 되지 않는 이 곳(串)은 인도의 금융 산업을 포함해 수많은 산업의 중심지다. 그 옆에 들어선 항구는 인도에서 컨테이너로 수송되는 수하물의 절반 이상을 취급한다. 이 뭄바이 지역은 또한 수많은 백만장자와 억만장자의 거처이기도 하다. 당연히 그들 가운데 상당수는 아라비아해를 굽어보는 멋진 풍광의 인도반도 서쪽 해안가에서 살아간다.

높은 인구 밀도, 유치 기관과 산업의 중요성 때문에 뭄바이는 이례적인, 아마도 독보적인 '위험의 집결지'로 떠올랐다.[55] 와글거리는 대도시, 거대한 경제·금융·문화 활동의 중심지가 전면적으로 바다에 노출된, 대충 꿰맞춘 쐐기 모양의 땅에 들어서 있기 때문이다. 지도를 언뜻 보기만 해도 우리는 이런 점을 대번에 알아차릴 수 있다. 하지만 대규모 폭풍우 샌디가 2012년 10월 29일 뉴욕에 들이닥치고서야 나는 비로소 뭄바이가 지형적으로 위험하다는 생각을 하기 시작했다.

사실 그때 나는 아내와 함께 고아(Goa: 인도 중서부 아라비아해에 면한 작은 면적의 주―옮긴이)에 머물고 있었다. 하지만 뉴욕 또한 우리의 터전이기에 둘은 인터넷과 TV를 통해 그 폭풍우를 예의 주시했다. 샌디가 뉴욕시를 덮쳐, 우리를 태운 비행기가 JFK 공항에 착륙하기 위해 진입을 시도할 때마다 수없이 지나치곤 했던 해안가 마을들을 쑥대밭으로 망가뜨리는 광경을 불신과 우려를 품은 채 지켜보았다.

사건이 전개되는 모습을 바라보는 동안, 만약 그와 비슷한 폭풍우가 뭄바이를 덮친다면 어떻게 될까 문득 궁금해졌다. 하지만 나는 그런 일은 거의 일어날 것 같지 않다고 고개를 가로저으면서 스스로를 안심시켰다. 뭄바이나 고아는 아라비아해를 바라보고 있는데, 벵골만과 달리 아라비아해는 역사적으로 지금껏 사이클론의 활동이 활발하지 않았던 것이다.[56] 인도의 동부 연안과 달리 서부 연안은 쓰나미를 겪은 일도 없었다. 일례로 서부 연안은 동부 연안의 상당 지역을 초토화시킨 2004년의 쓰나미에도 끄떡없었다.

하지만 그 문제는 점차 내 관심을 끌었고, 나는 그 지역의 지진 및 사이클론 기록에 관해 더 많은 정보를 찾아 나서기 시작했다. 결국 얼마 지나지 않아 서부 연안의 커다란 행운은 그저 하늘이 도운 지질학적 시간의 연장 덕이었을 따름이라고 생각하게 되었다. 아라비아해도 결코 지진의 안전지대가 아니었던 것이다. 과거에는 잘 알려지지 않았지만 대단히 활동적일 가능성이 있는 단층계(fault system, 斷層界)가 몇 년 전 오만 해안으로부터 약간 떨어진 아라비아해에서 발견되었다. 800킬로미터 길이의 그 단층계는 인도의 서부 연안을 바라보고 있다.[57] 이는 어느 기사에 실린 내용이었는데, 다음과 같은 절제된 표현으로 마무리하며 느긋함을 과시했다. "이러한 결과는 인도양 북서쪽에서 지진과 쓰나미의 위험을 재평가해보도록 동기를 부여할 것이다."[58]

나는 머잖아 사이클론이며 아라비아해에 대한 나 스스로의 가정을 재고해봐야 했다. 허리케인 샌디에 관한 글을 읽으면서, 기후변화가 실제로 전 세계 차원에서 사이클론 활동의 패턴을 바꿔놓을 수 있음을 보여주는 증거를 점점 더 많이 발견했기 때문이다. 일례로 애덤 소벨의《폭풍 해일(Storm Surge)》은 앞바다에 상당한 변화가 있을 것임을 암시한다. 나는 특히 아라비아해에 관한 정보를 찾아보며 지난 몇십 년 동안 이 해역에서 사이클론 활동이 점차 증가해왔음을 깨달았다. 1998~2001년에만 사이클론이 세 차례나 인도 아대륙으로 밀려들어 뭄바이 북쪽에 피해를 안겨주었다. 그로 인해 모두 1만 7000명이 목숨을 잃었다. 2007년에는 아라비아해에서 기록된 역사상 가장 강력한 폭풍우인 사이클론 고누(Gonu)가 발생했다. 고누는 '카테고리 5등급 허리케인'으로 그해 6월 오만, 이란 그리고 파키스탄을 덮쳐 해당 지역에 광범위한 피해를 남겼다.

이러한 폭풍우는 무엇의 전조일까? 나는 그 답을 찾았으면 하는 바람에서 컬럼비아 대학교의 대기과학과 교수 애덤 소벨과 연락을 취했다. 그가 기꺼이 인터뷰에 응하겠다고 허락했으므로 2015년 10월의 어느 화창한 날, 맨해튼에 있는 그의 아파트를 찾아갔다. 그는 가장 최신 연구에 따르면 아라비아해가 사이클론 활동이 점차 증가할 가능성이 있는 세계의 여러 지역 가운데 하나임을 내게 분명히 확인해주었다. 2012년 일본 연구진이 발표한 논문은 다음 세기 말에 아라비아해에서는 열대성 사이클론의 발생 빈도가 46퍼센트 늘어나는 반면, 벵골만에서는 그 수치가 31퍼센트 줄어들 거라고 예측한다. 그 논문은 또 한 가지 변화에 대해서도 다음과 같이 내다본다. 즉 과거에는 인도양 북부의 바람 흐름이 몬순 계절에 사이클론을 형성하는 데 적절하지 않았으므로 그 기간에 사이클론이 발생하는 사례가 극히 드물었지만, 이제 패턴이 달라져서 몬순 기간 동안과 그 이후에 사이클론의 발생 가능성이 더욱 커지고 있다고 말이다.[59] 미국 연구진이 발표한 또 하나의 논문도 오늘날 인도 아대륙과 그 주변 수역 위에 드리운 먼지구름과 오염 물질 탓에 아라비아해에서 사이클론 활동이 강화될 가능성이 있고, 이 역시 그 지역의 바람 패턴 변화에 영향을

미친다고 결론 내렸다.[60]

이 같은 연구 결과를 확인한 나는 곧바로 애덤에게, 변화하는 기후 패턴이 뭄바이에 제기하는 위험을 평가한 글을 짧게라도 써줄 의향이 있는지 물었다. 그는 그러겠노라고 답했다. 그렇게 그와 나 사이에 흥미로운 서신 교환이 시작되었다.

우리가 만나고 몇 주가 지난 뒤, 애덤이 다음과 같은 메시지를 보내왔다.

> 뭄바이의 폭풍 해일 위험을 주제로 연구를 조금 진행해보았습니다. 그런데 그에 관해 다룬 글이 거의 없는 것 같아요. 그로 인한 위험이 존재한다는 것을 막연히 인정하는 내용은 많지만, 그것을 수량화한 연구는 없음을 알게 되었습니다.
>
> 어쨌거나 1882년 뭄바이에서 사이클론이 발생했었다는 사실을 알고 계시는지요? 현재까지 그 사건에 대해 언급된 내용은 극히 적다는 것을 확인했지만, 그로 인한 사망자 수는 10만~20만 명에 이르렀던 것 같아요. 그리고 한 가지 출처에 따르면 높이가 6미터나 되는 폭풍 해일이 일었는데, 그 높이의 폭풍 해일은 너무나 심각한 규모라서 저는 그 사실이 사건에 대해 모든 것은 아니라 해도 상당히 많은 것을 설명해주리라고 봅니다. 그 사실을 언급한 것은 절판된 듯 보이는 어느 책에서였어요. 온라인에서는 그보다 더 중요한 출처를 아직 발견하지 못했습니다. 대부분의 자료는 치명적인 폭풍우의 목록을 딱 한 줄 언급한 것들이었습니다. 선생님께서는 그 문제를 좀더 소상하게 다룬 자료를 보신 적이 있는지 궁금하네요.
>
> 인도 폭풍 해일의 위험성에 대해 알아보고자 다양한 학문적 연구물을 훑어봤지만, 거기에 대해 언급한 게 전혀 없다는 사실을 알고 정말이지 놀랐습

니다.

구글에서 '1882년 봄베이 사이클론'으로 검색을 해보니 순식간에 수많은 자료가 떴다. (심지어 어떤 자료는 사진까지 곁들여놓았다.) 사망자 수가 10만 명이 넘는다고 언급한 경우도 여러 건 있었다.

나는 그 수치를 보고 놀랐다. 뭄바이 인구가 당시 약 80만 명이었으니, 그것은 도시 전체 인구 가운데 8분의 1 혹은 그 이상이 사망했다는 의미이기 때문이다. 당시의 10만 명은 오늘날의 뭄바이 인구로 추산하면 대략 100만 명에 해당한다.

하지만 이어서 더욱 놀라운 일이 벌어졌다. 애덤이 다시 편지를 보내 1882년의 사이클론은 사기이거나 헛소문이기 십상이라고 말한 것이다. 그는 끝내 그에 관해 믿을 만한 기록을 찾아낼 수 없었다. 그가 편지를 띄운 그 어떤 기상학자나 역사가도 마찬가지였다. 그래서 나는 19세기의 봄베이 전문가 무랄리 랑가나탄(Murali Ranganathan)에게 편지를 보냈다. 그는 봄베이에 본사를 두고 파르시교도(Parsi: 인도에 거주하는 페르시아 계통의 조로아스터교도—옮긴이)들이 운영했던 구자라트어 주간지 〈카이저-이-힌드(Kaiser-i-Hind)〉의 1882년 호들을 찾아보았다. 그 결과 1882년 6월 4일에 강한 바람과 폭우를 동반한 폭풍우가 발생했다는 간단한 기술을 발견했지만, 인명 피해에 관한 언급은 없었다. 아무래도 1882년에 대규모 폭풍우는 일어나지 않은 듯했다. 그것은 그저 저절로 생명을 얻게 된 신화였다.

하지만 검색을 계속해보니 식민지 시대의 봄베이가 과거 사이클론의 습격을 수차례 받았다는 사실은 분명하게 확인할 수 있었다. 1909년에 발간한 그 도시의 〈가제티어(Gazetteer)〉는 심지어 이렇게 적었다. "기록된 역사가 전설을 대체한 이래 봄베이에는 대규모 허리케인과 소규모 사이클론이 자주 들이닥쳤던 것 같다."[61]

뭄바이가 경험한 강력한 폭풍우에 관한 최초의 기록은 1618년 5월 15일의 것이다. 예수회 일원인 한 역사가는 그에 대해 이렇게 기록했다. "하늘에 먹구름이 끼었고 천둥이 쳤으며 거센 바람이 일었다. 어둠이 깔리고 회오리바람이 불면서 파도가 높이 치솟자 두려움에 떨며 사색이 된 사람들은 파도가 자신들이 살던 도시를 집어삼킬지 모른다고 우려했다. …… 모든 상황이 끝났을 때 도시는 마치 폐허처럼 변했다."[62] 또 다른 포르투갈인 역사가는 그 폭풍우에 대해 이렇게 적었다. "바람을 실은 바닷물이 도시를 뒤덮었다. 파도가 위협적으로 으르렁거렸다. 교회 지붕이 날아갔으며 거대한 바윗덩어리가 멀리까지 떠내려갔다. 2000명이 목숨을 잃었다."[63] 만약 수치가 정확하다면 이는 그 폭풍우가 당시 그 군도에 살고 있던 인구의 20퍼센트를 죽음으로 몰아갔다는 얘기다.

1740년 또 한 차례의 '무시무시한 폭풍우'가 발생해 그 도시에 커다란 피해를 안겨주었다. 1783년 들이닥친 폭풍우는 "그 경로를 항해하던 모든 선박에 치명타를 입혔으며" 봄베이 항구에서 살아가는 400명의 목숨을 앗아갔다. 그 도시는 19세기에도 수차례 사이클론의 습격을 받았다. 그중 최악은 1845년에 발생한 사이클론이다. "4시간 만에 50만 파운드스털링(pounds sterling)의 재산"이 파괴되고 1000명이 숨졌다.[64]

19세기 말 이후 그 지역에서 사이클론은 "수적인 면에서나 강도 면에서 약화"한 듯하지만,[65] 지금은 다시 상황이 달라지고 있는 것 같다. 2009년 뭄바이는 사이클론을 경험했으나 다행히 최대 풍속이 약 시속 85킬로미터였다. '사피어심슨(Saffir-Simpson) 허리케인 강도'로 볼 때, 카테고리 1등급보다도 훨씬 낮은 수치다.[66] 하지만 앞으로 그보다 강도가 센 폭풍우들을 맞을 일이 기다리고 있을지도 모른다. 2015년은 벵골만보다 아라비아해에서 폭풍우가 더 자주 발생했다고 알려진 최초의 해다. 과거 수세기 동안 발생한 폭풍우가 되풀이되는 추세로 흘러갈 소지도 있다.

실제로 애덤과 내가 메시지를 주고받을 때조차 아라비아해에서 강력한 폭풍우인 사이클론 차팔라(Chapala)가 형성되고 있었다. 서쪽으로 이동한 차팔라는 11월 3일 예멘 연안을 덮쳐 기록으로 남은 역사상 최초의 카테고리 1등급 사이클론이 되었다. 차팔라는 단 이틀 만에 수년 동안 흔히 봐온 것보다 훨씬 더 많은 비를 뿌림으로써 예멘 연안을 물에 잠기게 만들었다. 그리고 앞의 예측을 확실히 해주기라도 하듯, 심지어 차팔라가 여전히 예멘을 휘젓고 있는 동안 아라비아해에서 형성된 또 하나의 사이클론 메흐(Megh)가 비슷한 경로를 따라 움직이기 시작했다. 며칠 뒤에는 벵골만에서 또 다른 사이클론이 만들어지면서 인도 아대륙은 동서 양편으로 사이클론을 거느리게 되었다. 좀처럼 보기 힘든 사건이었다.

갑자기 인도를 둘러싼 해역이 있을 법하지 않은 사건들로 소용돌이치고 있었다.

11 ───

만약 시간당 풍속이 240킬로미터 이상인 카테고리 4등급 혹은 카테고리 5등급 폭풍우가 뭄바이로 직접 들이닥친다면 어떤 일이 벌어질까? 과거

뭄바이가 강력한 사이클론을 겪은 것은 그 도시 인구가 100만 명에 한참 못 미칠 때였다. 반면 오늘날 뭄바이는 세계에서 두 번째로 인구가 많은 도시로 거주민이 무려 2000만 명에 달한다. 도시가 성장함에 따라 인공 환경(built environment) 또한 달라져서 전혀 이례적이지 않은 기후도 더러 심각한 결과를 낳는다. 예컨대 오늘날에는 몬순 시기의 폭우가 물난리로 이어지는 일도 잦다. 하물며 이례적인 기상 사건이 일어난다면 그 결과는 가히 파괴적일 것이다.

그 같은 사건의 예가 바로 2005년 7월 26일 발생했다. 뭄바이에서 관련 기록을 시작한 이래 전례 없던 폭우가 그 도시에 쏟아졌다. 뭄바이 북부 교외 지역에 14시간 동안 944밀리미터의 비가 내린 것이다. 단 하루 사이에 내린 강우량 가운데 그 어느 곳의 기록도 훌쩍 뛰어넘는 수치였다.[67] 난데없는 재난이 닥친 그날, 뭄바이 시민은 3세기 동안 강어귀 생태에 개입해온 데 따른 대가를 톡톡히 치렀다.[68]

경관을 재구성하면서 지세가 크게 달라져 오늘날에는 그 지역의 자연 배수 채널들이 오물로 막힌 도랑과 다를 바 없다.[69] 대대적으로 과거의 물길을 다른 방향으로 틀거나 메운 다음 그 위에 건물을 세운지라 그들의 물 운반 능력이 대폭 줄어들었다. 게다가 천연 싱크(natural sinks: 싱크는 지리학 용어로 '물이 괴는 낮은 땅'을 의미한다─옮긴이) 노릇을 했을 습지대나 맹그로브 숲, 기타 여러 수역이 흡수 능력을 크게 잃어버리는 지경으로까지 파괴되었다.[70]

2005년 7월 26일에 겪은 것과 같은 극심한 폭우는 심지어 대단히 효율적으로 작동하는 배수 체계까지 시험대에 오르게 할 수 있다. 뭄바이의 막힌 시냇물과 강들은 그 같은 맹렬한 공격에 그야말로 속수무책이었다.

시냇물과 강물이 순식간에 불어나 물난리를 일으켰는데, 그 물이 엄청난 양의 하수 및 위험한 산업용 오수와 한데 뒤섞였다. 허리까지, 심지어 가슴까지 차는 홍수로 인해 도로와 철길도 사라졌다. 폭우가 주로 집중된 북부 지역에서는 모든 동네가 범람 피해를 입었으며, 250만 명이 "몇 시간 동안 완전히 물에 잠겨 있었다".

주중에 뭄바이의 교외 철도망은 660만 명 가까운 승객을 실어 나른다. 버스는 150만 명을 감당한다.[71] 그 폭우는 화요일 오후 2시부터 내리기 시작했다. 지역의 기차 서비스는 곧바로 중단되었고, 오후 4시 30분경에는 한 대도 운행하지 못했다. 몇몇 간선 도로와 교차로가 거의 동시에 홍수로 인해 끊겼다. 점점 더 많은 탈것들이 도로로 쏟아져 나오면서 상황은 더욱 난장판이 되었다. 도시 대부분 지역에서 교통이 완전히 마비되었다. 200킬로미터에 달하는 도로가 온통 물에 잠겼다. 일부 자동차 운전자들은 차에 탄 채로 물속에 갇혔다. 전기 장치가 합선되어 운전자들이 차 문과 창문을 열 수 없었던 탓이다. 스쿠터·오토바이·자동차·버스 수천 대가 물에 잠긴 도로에 그대로 방치되었다.

오후 5시경에는 전화 통신망이 끊겼다. 대부분의 일반 전화선도 작동을 멈추었다. 이내 도시 대부분 지역에서 전력 공급마저 중단되었다. (그러기 전에 몇 사람이 감전 사고를 당하기도 했다.) 도시의 일부 지역은 며칠 동안 전기가 들어오지 않은 채로 남아 있었다. 다수의 학생을 포함한 200만 명의 사람이 집으로 돌아갈 수단이 없어 꼼짝없이 있던 자리에 갇혔다. 직장에 출퇴근하는 이들 15만 명은 그 도시의 중요한 두 철도역으로 몰려들었다. 돈이 떨어진 이들은 자동인출기 서비스가 먹통이 되는 바람에 현금을 인출할 수 없었다.[72]

대혼란의 시대

도로·철로·항공 서비스는 이틀 동안 중단되었다. 500명 이상이 사망했다. 그중 상당수는 홍수에 쓸려갔으며, 일부는 산사태로 목숨을 잃었다. 2000채나 되는 주거용 건물이 부분적으로, 혹은 완전히 파괴되었다. 9만 채 넘는 상점, 학교, 병원, 기타 건물이 피해를 입었다.[73]

뭄바이의 가난한 사람들, 특히 일부 무허가 정착지에서 살아가는 사람들이 가장 큰 피해를 입었지만, 부자나 유명 인사들도 피해를 면하지는 못했다. 그 도시에서 가장 유력한 정치인도 집에서 구조되어 고기잡이배로 피신했다.[74] 수많은 발리우드〔Bollywood: 인도의 영화 산업을 일컫는 말로, 그 산업의 중심지가 뭄바이(옛 이름 봄베이)여서 봄베이와 할리우드를 합해 만든 이름―옮긴이〕 스타나 기업가도 예외 없이 홍수에 갇혀 오도 가도 못했다.[75]

이 모든 과정에서 뭄바이 시민은 엄청난 관용과 탄성 회복력을 보여주었다. 식량과 식수를 서로 나누었고, 낯선 사람들에게 자신의 집을 개방했다.[76] 하지만 어느 관찰자가 적었다시피, 2005년 7월 26일에 "뭄바이에서 살아가는 수백만 시민에게는 삶이 결코 이전과 같아질 수 없다는 사실이 명확해졌다. 이례적인 폭우가 마침내 오랫동안 널리 만연한 통설, 즉 뭄바이는 그 어떤 유의 충격을 받아도 결코 파괴될 수 없는 탄성 회복력을 지녔다는 통설을 여지없이 무너뜨렸다".[77]

2005년 폭우를 겪은 뒤 시민 단체, 비정부 기구, 심지어 주 의회들조차 다투어 수많은 권고 사항을 내놓았다.[78] 하지만 그로부터 정확히 10년 뒤인 2015년 6월 10일 또 한 차례 폭우가 발생했을 때, 그들의 권고 사항 가운데 이행된 조치가 거의 없다는 사실이 드러났다. 강우량이 2005년의 3분의 1에 불과했음에도 그 도시의 상당 부분이 다시 홍수에 잠기고 만 것이다.[79]

2005년에 뭄바이가 겪은 폭우는 심한 폭풍우가 도시를 강타할 경우 무슨 일이 벌어질지에 대해 우리에게 어떤 시사점을 제공하는가? 물론 폭풍우라는 기상 사건은 폭우와는 꽤 다르게 전개된다. 무엇보다 사이클론은 홍수처럼 몇 시간 전에 통보되는 게 아니라 며칠의 경고 기간을 두고 당도한다. 오늘날 폭풍우는 생성된 시기부터 줄곧 면밀한 추적을 거치므로 비상조치를 취할 수 있는 말미가 며칠쯤 주어지는 게 보통이다.

이러한 비상조치 가운데 단연 효과적인 것은 아마 소개(疏開)일 것이다. 인도 동부나 방글라데시처럼 역사적으로 사이클론이 빈발하는 지역에서는 큰 폭풍우가 다가올 때 수백만 명을 연안 지역으로부터 대피시키는 시스템이 잘 갖춰져 있다. 이러한 조치는 근자에 사상자 수를 극적으로 낮춰주었다.[80] 하지만 아라비아해에서의 사이클론 활동 증가는 너무 최근 일이라 인도 아대륙의 서부 연안에는 대규모 소개 시설이 제대로 갖춰져 있지 않은 상태다. 소개 체제를 잘 구축할 수 있는지 여부는 아직 해결되지 않은 문제다. 뭄바이는 지난 100여 년 동안 큰 폭풍우의 습격을 단 한 차례도 받지 않았다는 점에서 지금껏 운이 좋았다. 아마 그 때문에 그럴지도 모를 개연성을 재난 계획에서 충분히 고려하지 않는 듯하다.[81] 더욱이 여기서도 "대부분의 메가시티에서처럼 재난 관리는 재난 후 대처에 집중되어 있다".[82]

뭄바이에서, 재난 계획은 주로 지진이나 홍수처럼 전혀 혹은 거의 경고 없이 일어나는 기상 사건을 중심으로 이루어지는 것 같다. 소개는 대체로 이런 유의 재난에서 사전적 조치라기보다 사후적 조치다.[83] 사이클론의 경우에는, 사전에 며칠의 경고 기간이 주어지므로 폭풍우가 도착하기 전에 도시의 대부분 지역에 사는 시민을 소개하는 일이 수송 면에서

대혼란의 시대

불가능하지는 않다. 도시의 철도와 항만 시설은 분명 수백만 명을 본토의 안전한 장소로 이동시킬 수 있을 것이다. 그렇더라도 그 같은 규모의 소개 작업이 성공하려면 수년에 걸친 계획과 준비가 필요하다. 위험 지대에서 살아가는 사람들 또한 자신들이 맞닥뜨릴지도 모를 위험에 대해 교육받을 필요가 있다. 이것이 정확히 뭄바이가 안고 있는 난점이다. 뭄바이에도 마이애미를 비롯한 다른 수많은 해안 도시에서와 마찬가지로 광범위한 건설 계획을 새롭게 추진 중인 지역이 존재하기 때문이다.[84] 만약 거주민들이 위험 가능성에 대해 경고를 듣게 된다면 그곳의 자산 가치는 필경 떨어진다. 이것이 바로 건설업자나 개발업자들이 재난 정보를 널리 퍼뜨리려는 노력을 한사코 저지하고자 하는 이유다. 지난 20년간의 세계화가 빚어낸 결과 가운데 하나는 부동산 이해 집단이 어마어마한 권력을 획득했다는 점이다. 이는 비단 뭄바이만이 아니라 세계 차원의 현상이다. 특히 개발도상국에서는 공공의 안전과 관련한 경우에조차 건설업계 로비를 억제할 만한 시민 단체가 거의 없다. 실상 오늘날 전 세계적인 수많은 연안 도시의 '성장'은 위험에 질끈 눈을 감은 결과라고 할 수 있다.

　광범위한 계획과 준비가 이루어져 있다 해도 대도시의 소개는 극도로 어려운 일이다. 비단 수송과 관련한 이유 때문만은 아니다. 우리는 허리케인 카트리나가 닥치기 전 며칠 동안의 뉴올리언스, 샌디가 밀려오기 전 며칠간의 뉴욕, 혹은 하이얀(Haiyan)이 도달하기 전 며칠 동안의 타클로반(Tacloban: 필리핀제도 중부 레이테섬 동북부의 항구 도시—옮긴이)에서 경험한 바를 통해, 더없이 심각한 경고에도 불구하고 수많은 사람이 소개령을 따르지 않고 버틴다는 것, 또한 많은 이들이 심지어 강제 소개 명령조차 거부한다는 것을 알게 되었다. 뭄바이 같은 메가시티의 경우, 이는 사이클론이 상륙하면 (수백만 명은 아니라 해도) 수십만 명이 위험에 빠질 거라는 의미다. 필경 많은 이들이 가까운 과거의 홍수를 다루어본 경험에 비추어 폭풍우 역시 잘 이겨낼 수 있으리라고 가정할 것이다.

하지만 카테고리 4등급 혹은 5등급 사이클론의 파급력은 뭄바이가 역사적 기억 속에서 경험한 그 어느 홍수와도 판이할 것이다. 2005년과 2015년의 폭우 기간 동안 비는 그 도시의 일부 지역에는 심하게, 나머지 지역에는 가볍게 쏟아졌다. 두 경우 다에서 북부 교외 지역은 폭우로 가장 큰 타격을 입었다. 홍수가 안겨주는 영향을 가장 크게 느낀 것은 낮게 자리한 지역의 지면 높이에 위치한 주택 및 아파트의 거주민이다. 높은 고도에서 살아가는 사람들과 높은 빌딩의 고층에서 거주하는 이들은 그리 심각한 타격을 입지 않았다.

반면 사이클론의 바람은 높은 곳과 낮은 곳을 가리지 않는다. 그에 따른 강풍은 오히려 높은 고도에 사는 사람들이 훨씬 더 강하게 느낄 것이다. 뭄바이의 고층 건물들은 커다란 유리 창문을 달고 있는데, 그 대부분은 강화 유리가 아니다. 사이클론이 들이닥칠 때 이처럼 밖으로 드러나 있는 넓은 통유리는 허리케인 세기의 바람뿐 아니라 날아드는 조각들을 견뎌내야 한다. 뭄바이의 무허가 정착지들에서 볼 수 있는 대다수 주택은 지붕을 금속판과 골함석으로 이었다.[85] 사이클론 세기의 바람은 그 지붕들과 도시를 뒤덮은 수천 개의 옥외 광고판을 치명적인 무기로 바꿔놓는다. 그것들이 도시 위에 치솟은, 유리로 뒤덮인 고층 건물을 향해 전속력으로 날아들 것이다.

사이클론은 뭄바이에서 과거에 최악의 홍수 피해를 비껴간 부분들도

양전히 지나치지 않을 것이다. 도리어 그 부분들은 가장 먼저, 가장 심각하게 타격을 입을 게 분명하다. 과거에 인도 서부 연안을 덮친 사이클론은 하나같이 아라비아해 남쪽 사분면에서 북동쪽 경로를 따라 위로 이동했다.[86] 이 방향으로 이동하는 사이클론은 뭄바이시와 인도 정부의 주요 기관이 대거 포진해 있는 뭄바이 남부를 곧바로 때릴 것이다.

뭄바이 최남단은 혓바닥 모양의 좁고 길쭉한 저지대 땅으로 이루어져 있는데, 그 상당 부분이 개척지다. 거기에는 대여섯 개의 주요 군사 및 해군 시설이 들어서 있다. 그 나라에서 가장 중요한 과학 기관인 타타 기초 연구소(Tata Institute of Fundamental Research)가 그중 하나다. 2~3미터 높이의 폭풍 해일은 그 지역의 상당 부분을 물에 잠기게 만들 것이다. 즉 단층 건물은 거의 지붕까지 수몰될 수 있다. 그리고 훨씬 더 높은 폭풍파가 밀어닥칠 가능성도 얼마든지 있다.

여기서 그리 멀지 않은 곳에 그 도시에서 가장 유명한 랜드마크와 기관들이 들어선 지역이 있다. 그중 가장 유명한 것이 바로 상징적인 마린 드라이브(Marine Drive: 정식 명칭은 '네타지 수바스 찬드라 보스 로드(N. S. C. Bose Road)'로, 인도의 급진적 독립운동가 수바스 찬드라 보스(Subbhas Chandra Bose)의 이름에서 유래했다―옮긴이)다. 바다를 굽어보는 호텔이 늘어선 이 도로는 일몰 경관이 아름답기로, 또한 목걸이 모양의 아르데코(art deco: 1920~1930년대에 유행한 장식 미술의 한 양식으로, 기하학적 무늬와 강렬한 색채가 특징이다―옮긴이) 양식으로 지은 건물이 즐비한 거리로 유명하다. 이곳에서는 만조 때 파도가 방파제 너머로 쏟아지는 일도 흔하다. 만약 폭풍 해일이 무서운 기세로 동진하면 거의 속수무책일 것이다.

약 4킬로미터에 이르는 거리가 바다를 내다보는 남부 뭄바이의 두 해안 지역을 갈라놓는다. 동편으로는 그 도시의 항구 시설, 전설적인 타지마할 호텔(Taj Mahal Hotel), 그리고 진즉부터 점점 더 홍수 피해를 크게 입고 있는 게이트웨이 오브 인디아(Gateway of India) 광장이 들어서 있다. 그 너머는 이용자들이 많은 어업 항구다. 안전한 장소로 옮기지 않은 선박은 모두 폭풍 해일에 붙잡혀 게이트웨이 오브 인디아와 타지마할 호텔 쪽으로 떠밀려올 것이다.

이 지점에서 파도는 바다를 바라보는 두 해안 지역으로부터 남부 뭄바이를 향해 쏟아져 들어올 것이다. 2개의 폭풍 해일 전선이 만나 하나가 되는 것을 알아차리지 못하기는 어렵다. 그럴 경우 남부 뭄바이의 언덕과 곶(串)들은 다시 예전처럼 거세게 요동치는 드넓은 바다에 떠 있는 섬으로 변할 것이다. 또한 그 도시의 가장 중요한 기관들은 고층 건물 위쪽만 간신히 파도 위로 모습을 드러낼 것이다. 예컨대 시청, 주 의회, 차트라파티 시바지 철도역(Chhatrapati Shivaji Railway Terminus), 우뚝 솟은 인도준비은행 본부, 그리고 인도에서 가장 크고 가장 중요한 주식 거래소가 있는 초고층 건물 등이 그렇다.

뭄바이 남부의 상당 부분은 낮게 자리한 지역이다. 사이클론이 지나가고 난 뒤에조차 수많은 동네는 분명 며칠 동안 물에 잠겨 있을 것이다. 이는 그 도시의 다른 부분들도 마찬가지일 터이다.[87] 만약 도로와 철로가 얼마간 끊긴다면 식량과 식수 부족 사태가 이어지고, 필시 시민 소요가 뒤따를 것이다. 뭄바이에서 도시 침수는 종종 질병 확산으로 번지곤 한다.[88] 도시의 의료 인프라는 현재 인구의 절반에 맞게끔 구축된 상태다. 즉 뭄바이에서 운영되는 병원들의 병상은 총 4만 개에 불과하다.[89] 수많은 병원이 폭풍우 전에 소개될 테니 아프거나 다친 환자들이 의료적 처치를 받기는 어려워질 수 있다. 만약 뭄바이의 준비은행과 주식 거래소가 문을 닫는다면 인도의 금융 및 상업 시스템 역시 마비될 것이다.

하지만 또 한 가지, 훨씬 더 놀라운 위험이 존재한다. 다름 아니라 세계의 메가시티 중 뭄바이는 도시 경계 내에 핵 시설—트롬베이(Trombay)의 바바 원자력연구소(Bhabha Atomic Research Centre)—을 보유한 몇 안 되는 도시 가운데 하나다.[90] 그 도시의 경계에서 북쪽으로 94킬로미터 떨어진 타라푸르(Tarapur)에도 또 하나의 핵 시설이 있다. 두 발전소는 세계적으로 수많은 다른 핵 시설과 마찬가지로 해안가에 위치한다. 이러한 입지를 선택한 까닭은 그 시설이 물에 접근하기 쉽도록 하기 위함이다.

오늘날 전 세계의 수많은 원자력 발전소는 기후변화에 의한 해수면 상승으로 위협받고 있다.[91] 〈원자과학자 회보(Bulletin of the Atomic Scientists)〉에 실린 한 기사는 이렇게 말한다. "대규모 폭풍우가 발생하면 핵발전소에서는 전원이 꺼질 가능성이 급증하는데, 이는 안전에 커다란 위협을 야기한다."[92] 중요한 냉각 장치가 작동하지 않거나, 안전장치가 파괴되거나, 오염 물질이 발전소에 스며들거나, 방사성 물(radioactive water)이 유출될 가능성이 있다. 이것이 정확히 일본의 '후쿠시마 다이치 원자력발전소'에서 실제로 일어난 일이다.

커다란 폭풍우가 뭄바이 인근에 있는 것과 같은 원자력 발전소에 제기할 수 있는 위협은 무엇인가? 나는 프린스턴 대학 산하 '과학 및 세계 안전에 관한 프로그램(Program on Science and Global Security)'의 핵 안전 전문가 라마나(M. V. Ramana)에게 이 질문을 던졌다. 그의 답은 다음과 같다. "제가 가장 크게 우려하는 문제는 액체 방사성 폐기물을 저장하는 탱크와 관련이 있습니다. 탱크는 고농도 핵융합 산물을 담고 있는데, 방사성 붕괴로 인해 다량의 열이 발생합니다. 탱크에서는 폭발성 화학 물질, 특히 수소 가스도 만들어질 수 있습니다. 일반적으로 폐기물 저장 시설은 폭발을 방지하기 위한 몇 가지 안전장치를 포함합니다. 하지만 큰 폭풍우가 닥치면 이들 장치 가운데 일부 혹은 전부가 동시에 작동하지 않을 위험이 있습니다. 연쇄적 고장은 작업자들이 그 어떤 수리 작업에도 임하기 어렵게 만들 소지가 있습니다. 물론 큰 폭풍우가 발생하는 기간에 이용 가능한, 그리고 수리를 할 만한 능력이 있는 작업자들이 존재한다는 전제하에 말이죠. 이 같은 탱크에서 폭발이 일어나면 폭발 에너지와 때맞춘 기상 조건에 따라 수백 제곱킬로미터 넘는 면적으로 방사성 물질이 확산할 가능성이 있습니다. 이는 다시 크게 오염된 지역을 대상으로 대규모 소개 혹은 장기적 농업 중단을 요구하게 될지도 모릅니다.”

다행히 어떤 특정한 해에 사이클론이 뭄바이를 타격할 가능성은 낮다. 하지만 늘어나는 강수량과 해수면 상승 같은 다른 기후변화의 효과 때문에 그 도시가 위험에 빠질 소지가 있음은 분명하다. 만약 기후 모델의 예측처럼[93] 강수량이 앞으로 수십 년 동안 크게 늘어난다면 파괴적인 홍수가 점점 더 잦아질 것이다. 해수면과 관련해서는 이렇게 말할 수 있다. 즉 만약 일부 기후과학자들이 두려워하는 시나리오대로 해수면이 이번 세기 말에 1미터 혹은 그 이상 증가한다면, 뭄바이 남부의 일부 지역은 점차 거주 불능 상태가 될 것이다.[94]

뭄바이와 같은 시기에 건설된 두 식민지 도시도 같은 운명에 직면해 있다. 역시 2015년에 트라우마를 남길 정도로 극심한 폭우를 겪은 첸나이, 그리고 나의 가족과 관련이 있는 콜카타가 그곳이다.

콜카타는 첸나이나 뭄바이와 달리 바닷가 해안에 위치해 있지 않다. 하지만 지표면의 상당 지역이 해수면보다 낮아서 정기적으로 홍수 피해를 입기 쉽다. 콜카타에 산 적이 있는 사람이라면 으레 그렇듯 나 역시 엄청난 홍수와 관련해 생생한 기억을 가지고 있다. 하지만 오랫동안 홍수에 익숙해온 경험은 둔감 효과를 낳는 경향이 있다. 내가 세계은행이 제출한 어떤 보고서를 통해 콜카타가 기후변화로 인해 가장 큰 위험에 처한 세계적 메가시티 중 하나임을 알게 되었을 때, 그 사실이 커다란 충격으로 다가온 것만 봐도 알 수 있다. 그만큼이나 충격적이었던 것은 나의 모친과 여자 형제 한 명이 살고 있는 내 가족의 집이 그 도시에서 가장 위험한 동네 가운데 하나와 지척에 있다는 사실이었다.[95]

그 보고서는 나로 하여금 기후변화와 관련한 정보를 알아내고자 수고를 아끼지 않는 모든 이들이 종국에 가서 마주하게 될 문제를 생각해보도록 이끌었다. 우리 앞에 무엇이 놓여 있는지 아는 나는 가족과 사랑하는 이들을 보호하기 위해 무슨 일을 할 수 있을까, 하는 문제다. 우리 어머니는 연로한 데다 점점 더 쇠약해지고 계시다. 만약 우리 집이 홍수로 망가지고 의료적 도움도 무기한 받지 못하게 된다면 어머니가 어떻게 살아갈지 알 길이 없다.

깊이 고심한 끝에 어머니에게 이사를 가도록 말씀드리기로 결심했다. 나는 그 주제를 설득력 있게 들려드리고자 노력했지만 거의 소용이 없었다. 어머니는 지금 제정신이냐, 하는 표정으로 나를 바라보았다. 나 역시 그런 어머니를 탓하기는 어려웠다. 고작 세계은행의 보고서에 개략적으로 언급된 위험 때문에 갖은 추억을 떠오르게 하는 사랑스러운 집을 떠나라니, 필시 미친 소리처럼 들렸을 것이다.

선선하고 햇살이 내리쬐는 화창한 날이었다. 나는 어머니를 설득하는 일을 관두었다.

하지만 그때의 경험을 통해 그 일이 없었더라면 인정하기 싫었을 무언가를 깨달았다. 내가 생각하고 싶어 한 바와 달리 삶은 논리가 이끌어가지 않는다는 것을 말이다. 그보다 삶은 습관적인 행동이라는 관성의 지배를 받는다. 이는 정말이지 대다수 인간의 조건이다. 이 때문에 우리에게 요청되는 변화를 만들어내는 일이 개체로서 개인 각자에게 맡겨진다면, 우리 가운데 지구 온난화에 제대로 적응할 수 있는 이는 거의 없을 것이다. 정확히 거의 미친 것처럼 보이는 강박적이고 편집적인 사람들만이 스스로 뿌리째 변화하고 올바르게 준비할 수 있다.

만약 모든 사회와 정책이 지구 온난화에 적응하려면, 마치 전시나 국가 비상사태처럼 그에 요구되는 결정을 정치 제도 내에서 집단적으로 이끌어낼 필요가 있다. 어쨌거나 그것이 바로 가장 기본적인 형태로서 정치가 해야 할 몫 아닌가? 집단의 생존과 정치적 통일체의 보존 말이다.

하지만 오늘날의 세계를 돌아보면, 네덜란드나 중국 같은 주목할 만한 몇몇 예외를 제외하고는 취약한 지역에서의 조직적 도피를 시행할 수 있는, 혹은 심지어 고려라도 해볼 수 있는 정책이나 공공 기관이 거의 없음을 깨닫게 된다. 대부분의 정부나 정치인은, 개체로서 우리 대부분과 마찬가지로, 애착을 느끼고 추억을 간직한 장소를 떠난다는 것, 우리 삶에 소속감·안정감·의미를 부여해주는 집을 저버린다는 것을 생각조차 할 수 없다.

12

뭄바이·뉴욕·보스턴·콜카타 같은 식민지 도시들이 하나같이 초기 세계화의 흐름 속에서 등장했다는 사실은 결코 우연이 아니다. 그 도시들은 건설 환경을 통해서뿐 아니라 서구 경제를 확장하고 가속화한 교역(trade) 유형을 통해 서로 관련을 맺었다. 그러므로 이들 도시는 오늘날 파괴력을 지닌 채 그들을 위협하는 바로 그 과정을 만들어낸 장본인이다. 이런 의미에서 그 도시들이 처한 곤경은 오늘날 보편화한 난관을 유독 잘 보여주는 하나의 예에 불과하다.

이제 와서 돌이켜보면 그 도시들 가운데 일부의 부지 선정은 지극히 무모한 짓처럼 보인다. 하지만 과거에도 그 같은 시각이 아예 없지는 않았다. 뭄바이에 최초로 거주한 파르시교도들은 수라트(Surat)나 나브사리(Navsari) 같은 좀더 오래되고 좀더 보호받는 항구를 떠나는 걸 내키지 않아 했다. 그들은 새로 건설한 도시에 이주하는 조건으로 금전적 인센티브를 제공받았다. 마찬가지로 중국 청 왕조의 고관들은 영국인이 홍콩섬에 도시를 건설할 계획임을 알고 깜짝 놀랐다. 지구의 변덕에 그토록 대책 없이 노출된 장소에 정착지를 세우려 하다니, 그 까닭을 알 도리가 없었던 것이다.

그런데 급기야 어떤 풍경 속에서 살아가며 수세대 동안 쌓아온 지식을 집단적으로 내팽개치는 일이 벌어졌다. 사람들이 바다에 더 가까이 더 가까이 이주하기 시작한 것이다.

어쩌다 이런 일이 일어났을까? 후쿠시마 인근 해안과 관련해서도 같은 질문을 던져볼 수 있다. 중세 시대에 쓰나미를 경고하기 위해 해안선을 따라 석판을 세워둔 후쿠시마에는 분명 "이 지점 아래에 집을 짓지 말라!"
는 경고문이 후대까지 전해졌다.[96]

　다른 민족과 마찬가지로 일본인도 필시 조상들의 경고에 무심하지 않
았다. 그런데도 그들은 하지 **말라**고 경고한 **정확히** 그 장소에 집을 지었을
뿐 아니라, 한술 더 떠서 원자력 발전소를 세우기까지 했다.

　이 역시 환경과 관련한 우리의 역사에서 참으로 불가사의한 측면이다.
그것은 우리가 미리 경고를 받지 않아서가 아니다. 그 위험을 무시해서
도 아니다. 인간 실존의 위태로움에 대한 인식은 모든 문화에서 찾아볼
수 있다. 즉 그 인식은 《성경》이나 《쿠란》에 나오는 종말 이미지, 북유럽
신화에 형상화된 핌불윈터(Fimbul-winter: 접두사 fimbul은 '극심한', '커다란'이라
는 뜻—옮긴이) 이미지, 산스크리트 문학의 프랄라야(pralaya: 우주의 궁극적 해
체 단계—옮긴이) 이야기 등에 반영되어 있다. 어느 곳에서나 문학적 창작은
이러한 종말론적 인식으로부터 영향을 받아왔다.

　그렇다면 이러한 직관이 어쩌다 식민지 도시 건설자들의 마음속에서뿐
아니라 문학적 창작의 최전선에서까지 뒷전으로 밀리게 되었을까? 심지
어 서구에서조차 지구를 온건하고 질서 정연하다고 여기게 된 것은 근대
성이 도래하고도 한참 후의 일이다. 시인이나 작가들에게 자연이 '숭고함
(sublimity)'과 관련한 경외와 두려움의 형태로 소환되는 힘을 잃어버린 것
은 19세기 말에 이르러서다.[97] 하지만 식민지를 경영하고 도시를 건설하
는 실무자들은 분명 그보다 훨씬 더 일찌감치 지구의 파괴적인 힘에 무관
심한 태도를 보였다.

　어떻게 이런 일이 가능했을까? 어떻게 이런 정신적 마비 상태에 빠져서
수백만 명이 그토록 바다에 위험하게 노출된 장소로 이주할 수 있었을까?

이들 도시의 건설 역사를 살펴보면 지구 및 지구의 자원과 관련한 유럽 계몽 시대의 약탈적 오만을 지적하고 싶은 유혹을 떨쳐내기 어렵다. 하지만 이는 우리에게 니코바르제도에 기지를 건설하고자 계획하고 실제로 이를 실행에 옮긴 이들의 생각에 대해서는 거의 말해주는 바가 없다. 만약 오만과 약탈이 그들의 부지 선정과 관련이 있다고 말한다면 한참 잘못 짚은 것이다. 내가 생각하기에 그들과 이전 시대의 지도 제작자 및 측량사들 사이에는 훨씬 더 직접적인 유사성이 있다. 바로 불연속성(discontinuities: 혹은 '단절'―옮긴이)을 낳는 생각의 습성이다. 다시 말해, 그들은 문제를 점점 더 작은 조각들로 나누어서 해법 자체가 스스로 모습을 드러내도록 훈련받았다. 이는 당면한 문제의 지평 너머에 존재하는 상황이나 힘(즉 '외부성')을 고의로 배제하는 사고방식이다. 즉 가이아(Gaia: 하나의 거대한 유기체로 여겨지는 지구―옮긴이)의 상호 관련성을 '생각할 수 없는(unthinkable)' 것으로 치부하는 관점이다.

뱅골(원래 인도 북동부의 한 주였으나 현재는 그 일부가 방글라데시 영토임―옮긴이)의 도시 역사는 내가 알아내고자 노력하고 있는 바를 보여주는 흥미로운 예다. 영국의 인도 식민 통치 시기에 오랫동안 수도였던 캘커타는 17세기 말 후글리강(Hooghly: 인도 동북부 웨스트벵골주에 있는 강. 갠지스강이 벵골만으로 흘러 들어가는 가장 서쪽의 수로―옮긴이) 강둑에 건설되었다. 캘커타는 후글리강을 토사가 막고 있다는 사실이 밝혀지고서야 오랜 부재의 세월에서 벗어나 등장하기 시작했다. 19세기 초 동인도회사는 원칙적으로 벵골만과 가까운 위치에 새로운 항구를 건설해야 한다고 결정했다. 1840년대에 부지가 선정되었다. 캘커타에서 남동쪽으로 약 55킬로미터 떨어진 곳인데, 마틀라(Matla, 벵골어로 '발광하는' 혹은 '술에 취한'이라는 의미다)라고 부르는 강의 강둑이었다.

당시 캘커타에는 헨리 피딩턴(Henry Piddington)이라는 이름의 영국인이 살고 있었다. 직업이 선적 감독관인 그는 문학·문헌학·과학 따위를 잡다하게 기웃거리다가 급기야 자신의 진짜 소명이 무엇인지 말해주는 연구서를 접했다. 미국 기상학자 헨리 리드(Henry Reid) 대령이 쓴 《폭풍우의 법칙을 밝히기 위한 시도(An Attempt to Develop the Law of Storms)》였다. 1838년에 발간한 이 책은 열대성 폭풍우의 순환 운동을 다룬 야심적인 연구서였다. 리드 대령의 책은 피딩턴에게 엄청난 열정을 불어넣었고, 그는 나머지 인생을 그 분야에 헌신했다. **사이클론**이라는 용어를 처음 만든 것도 그였으며, 그는 오늘날 그 사실로 가장 유명하기도 하다. 하지만 피딩턴이 특히 흥미를 보인 것은 폭풍 해일(당시에는 '폭풍파'라고 불렸다)이라는 현상이었다. 그는 마침내 뱅골만 연안에서 발생하는 폭풍 해일과 그것이 야기하는 참상을 소상하게 정리하기에 이르렀다.[98]

그 주제에 정통했던 피딩턴은 마틀라강에 건설하기로 한 항구가 극심한 사이클론의 위험에 노출될 수 있음을 간파했다. 이런 상황을 우려한 그는 1853년 소책자를 발간해 당시의 총독에게 보냈다. 피딩턴은 그 책자에 이처럼 불길한 경고를 담았다. "모든 이들, 그리고 모든 것이 허리케인이 몰아치는 공포의 와중에 거대한 바닷물이 밀려들거나 자신들을 향해 덮치는 광경을 지켜보게 될 날, 그 속도가 너무 빨라서 거주지 전체가 1.5~4.5미터 높이의 물로 뒤덮이게 될 날에 대비해야 한다."[99]

하지만 피딩턴의 경고는 가뿐하게 묵살당했다. 새로운 도시의 건설 작업을 진행하던 건축업자와 관리들에게 그의 말은 미치광이가 떠들어대는 헛소리처럼 들렸음이 분명하다. 그들이 속해 있던 상당히 중요한 별개의 세상에, 수백 킬로미터 떨어진 곳에서 벌어지는 데다 마치 (피딩턴의 말마따나) "멋진 유성(wonderful meteor)"처럼 바다 위로 들이닥치는 현상을 위한 공간 따위는 없었다.

'부르주아적 삶의 규칙성'에 익숙한 지극히 실무적인 사람들이 그것을 '생각할 수 없는' 현상으로 치부한 까닭은 아마도 바로 피딩턴이 상기시킨 그 규모 때문이었을 것이다. 그 항구는 심지어 1857년 대규모 항쟁(인도인 용병을 중심으로 일어난 세포이 항쟁을 말함—옮긴이)을 겪었음에도 불구하고 꾸준히 성장했다. 그 도시는 은행, 호텔, 철도역, 위풍당당한 공공건물을 거느린 호화로운 규모로 건설되었다. 그리고 1864년 장대한 의례를 치르면서 공식 출범했으며, 전 총독의 이름을 따서 포트캐닝(Port Canning)이라 불렀다.

그러나 포트캐닝의 호화로움은 그리 오래가지 않았다. 건립된 지 불과 3년 만에 정확히 피딩턴이 예언한 대로 사이클론의 습격을 받은 것이다. 게다가 사이클론이 동반한 폭풍 해일은 높이가 약 1.8미터에 불과한 약한 규모였음에도 엄청난 피해를 낳았다. 그 도시는 이후 4년 동안 그대로 버려졌다. (포트캐닝은 오늘날 작은 하항(河港)으로, 순다르반스에 접근하기 위한 장소로 쓰인다.) 따라서 피딩턴은 기후과학 분야 최초의 카산드라(Cassandra: 불길한 일을 미리 예언하는 자—옮긴이) 가운데 한 명이었던 셈이다.

13

내가 이 문제에 제법 긴 지면을 할애한 것은 지금까지 언급한 불연속성이 소설에서 세상이 창조되는 방식과도 관계가 있기 때문이다. '배경(setting)' 은 대부분의 스토리가 펼쳐지도록 해주는 장치다. 배경과 행위의 관계 는 무대와 연극의 관계와 흡사하다. 《미들마치(Middlemarch)》〔조지 엘리엇 (George Eliot)이 1871년 출간한 소설로, 제목은 작품의 무대인 지방 도시의 이름이다— 옮긴이〕, 《부덴부르크가의 사람들(Buddenbrooks)》〔토마스 만(Thomas Mann)이 1901년 출간한 소설—옮긴이〕, 《워터랜드(Waterland)》〔그레이엄 스위프트(Graham Swift)의 소설—옮긴이〕 혹은 위대한 벵골어 소설 《티타시라는 이름의 강(A River Called Titash)》〔아드와이타 말라바르만(Adwaita Mallabarman)의 소설—옮긴이〕 을 읽을 때면, 우리는 그 소설의 배경이 우리에게 진짜처럼 여겨질 때까 지 그 속으로 들어간다. 즉 우리가 직접 그 배경에 자리하게 된다. 잘 알 려져 있다시피, 이것이 정확히 '장소에 대한 감각'이 한 가지 형식으로서 소설이 지닌 위대한 마법의 하나인 까닭이다.

소설의 배경 역시 측량사가 측정하는 장소와 마찬가지로 불연속성으 로부터 건설된다. 모든 배경은 저마다 특수하므로 각각의 배경이 그 너 머 세계와 맺고 있는 관련성은 부득이 희미해질 수밖에 없다. 〔가령 제인 오스틴과 샬럿 브론테(Charlotte Brontë: 1816~1855. 영국의 소설가이자 시인이며 《제 인 에어》의 작가—옮긴이)가 그려낸 세계를 가능케 한 제국주의 네트워크의 경우처럼 말 이다.〕 서사시와 달리 소설은 대체로 여러 세계를 결합하지 않는다. 또한 소설의 배경은 예컨대 《오디세이(Odyssey)》의 이타카(Ithaca)나 《라마야나 (Ramayana)》의 아요디야(Ayodhya)처럼 그들의 맥락 밖으로 운반할 수 있는 것도 아니다.

소설에서 불연속성을 띠는 장소는 그와 같은 성격의 장소들을 대표하 기도 한다. 《앵무새 죽이기(To Kill a Mockingbird)》〔미국 작가 하퍼 리(Harper

Lee)의 소설—옮긴이]의 공간적 배경인 앨라배마주 메이컴(Maycomb)은 최남동부(Deep South: 조지아·앨라배마·미시시피·루이지애나·사우스캐롤라이나 주를 아우르는 표현—옮긴이) 전체의 대역이 된다. 《모비딕(Moby Dick)》[허먼 멜빌 (Herman Melville)의 소설—옮긴이]에 나오는 작은 난터켓(Nantucket: 미국 매사추세츠주 동남 해안 앞바다에 있는 섬—옮긴이) 포경선 피쿼드호(Pequod)는 미국을 나타내는 상징이다. 이런 식으로 소설의 배경은 불연속성의 빼어난 사례, 즉 국민 국가에 대한 탐구를 담아내는 그릇이 된다.

소설에서 공간의 불연속성은 시간의 불연속성을 수반한다. 배경은 대체로 '시기'를 필요로 한다. 다시 말해, 특정 시계(time horizon, 時界) 내에서 구현된다. 흔히 여러 이온(eon: 지질학 용어로, 100억 년을 지칭—옮긴이), 여러 세(epoch, 世)에 걸쳐 펼쳐지는 장대한 서사시와 달리, 소설은 몇 세대 이상을 포괄하는 경우가 드물다. 장기간(longue durée)은 소설의 영역이 아닌 것이다.

소설이라는 세계는 다름 아니라 이러한 시간과 공간의 경계를 부과함으로써 구축된다. 페이지의 여백처럼 이러한 경계는 공간을 읽을 수 있는 텍스트로 만들어준다. 그 과정을 잘 보여주는 것이 바로 《티타시라는 이름의 강》 도입부다. 1956년 출간된 이 주목할 만한 소설은 가난한 달리트[Dalit: 토착 원주민 아디바시(Adivasi)와 함께 인도 최하층을 이루는 불가촉천민—옮긴이] 어부 계급에 속해 있던 아드와이타 말라바르만이 발표한 유일한 소설 작품이다. 소설은 뱅골 지역의 전원에 자리한 가공의 티타시강 해안가에 들어선 마을을 배경으로 한다.

앞서 말한 바와 같이 뱅골은 거대한 강들의 땅이다. 말라바르만은 그 풍광의 광대함을 이렇게 묘사했다. "흰 거품을 머금은 파도가 줄무늬를 이루는 강과 그 지류들이 마치 실타래처럼 얽히고설킨 채 벵골의 가슴을 수놓고 있다."

하지만 거의 느닷없다 싶게 그는 소설의 배경을 좀더 큰 풍경으로부터 도려내기 시작한다. 그가 우리에게 말한다. "모든 강은 같지 않으며, 어떤 강들은 마치 작업에 열중인 조각가와 같아서 열렬한 즐거움 속에서 쉼 없이 파괴와 창조를 거듭하며 가공할 에너지를 지닌 채 높이 그네를 탄다. 이는 일종의 예술이다."

그런 다음 어느 빼어난 구절에서 자신의 의도와 전제에 대해 이렇게 밝힌다. "또 다른 종류의 예술도 있다. ……이 예술을 구현하는 존재는 장대한 창조와 파괴의 춤을 추는 마하칼(Mahakaal: 파괴의 신 '시바')을 그릴 수 없다. 이 예술가는 똬리를 튼 덩어리에서 떨어져 나온 헝클어진 갈색 머리카락이라는 굉장한 형상을 그리지 않을 것이다. 그는 티타시강 옆에서 쉼터를 마련하기 위해 파드마강, 메그나강(Meghna), 달레스와리강(Dhaleswari)을 떠났다."

"이 예술가가 그리는 그림은 마음을 즐겁게 해준다. 작은 마을들이 강가에 여기저기 흩어져 있다. 마을 뒤로는 농경지가 펼쳐져 있다."[100]

이런 표현을 통해 독자는, 비록 광대한 물길들로 이루어진 풍경의 일부임에도 티타시가 그 자체로는 작고 상대적으로 온화한 강임을 알 수 있다. "티타시강의 강둑에는 어떤 도시도 큰 마을도 생겨난 적이 없다. 거대한 돛을 단 상인의 배는 그 강물 위로 여행하지 않는다. 그 이름은 지리책 어디서도 찾아볼 수 없다."[101]

말라바르만은 이런 식으로 일련의 연속적인 배제를 통해 근대 소설의 기법에 충실한 공간을 만들어낸다. 그 풍경을 뺀 나머지를 점점 더 배경으로 밀어냄으로써 마침내 내러티브를 전달할 수 있는 무대를 마련하는 것이다. 그 무대는 어느 면에서 자기 완결적인 생태계가 된다. 즉 강은 삶뿐 아니라 내러티브를 지속하도록 해주는 무대다. 소설의 추동력과 신랄함은 티타시강 자체에서 유래한다. 등장인물의 삶을 좌우하는 것은 다름 아니라 강이 서서히 말라가는 현상인 것이다. 물론 티타시는 광대한 수많은 강 네트워크라는 '헝클어진 머리카락(tangled locks)' 가운데 한 가닥에 불과하며, 그 흐름은 필연적으로 그 풍경의 역학에 지배당한다. 하지만 소설은 정확히 상상할 수 없을 만큼 거대한 힘들을 배제하는 방식을 통해, 그리고 그 변화를 제한된 시계(時界)라는 기간만으로 한정하는 방식을 통해 구현된다.

이를 다른 산문 내러티브 형식이 만들어내는 무한한 시공의 세계와 비교해보라. 예를 들어보자. 다음은 16세기 중국의 민속 서사시 《서유기》의 시작 부분에서 따온 구절이다. "이 시점에서 하늘은 처음으로 그 기반을 획득했다. 또다시 5400년이 흐른 뒤 자회〔子會: 중국 북송(北宋) 시대의 학자 소옹(邵雍)은 천지 순환의 한 주기를 일원(一元, 12만 9600년)이라 하고 일원을 12회(十二會, 1회는 1만 800년)로 나누었다. 12회의 처음인 자회(子會)에는 하늘, 그다음 축회(丑會)에는 땅, 그리고 인회(寅會)에는 사람이 생겨났다……. 모든 변화의 핵심은 각 회의 중앙, 즉 5400년에 일어났다―옮긴이〕가 도래했다. 신성한 기운과 빛이 솟아올라 일(日)·월(月)·성(星)·신(辰)을 이루었다. ……이어서 반고(盤古: 중국 신화에 나오는, 태고의 혼돈 속에서 태어난 신―옮긴이)는 우주를 건설했다. ……세상은 4개의 거대한 대륙으로 나뉘었다. ……그중 하나인 동승신주(東勝神洲)에 '오래국(傲來國)'이라는 나라가 있었다. 이 나라는 큰 바다를 끼고 있는데, 그 바다 한가운데 섬에 화과산(花果山)이란 이름난 산이 있었다."[102]

이는 여전히 널리 인기를 누리는 산문 내러티브의 한 형식으로, 드넓은 시간과 공간에 걸쳐 광범위하고도 자유롭게 영향을 미치고 있다. 이 산문 내러티브는 상상할 수 없을 만큼 광활한 세계를 누비고 다닌다. 소설이 그 같은 세계를 한사코 거부하는 것과 완전히 상반될 정도로 그러하다. 다시 말해, 소설은 바로 그 유한성과 특수성 때문에 지극히 현실적인 세계를 생각해낸다. 순수 소설이라는 대저택 내에서는 아무도 대륙이 어떻게 만들어지는지에 대해 논하지 않는다. 수천 년의 세월에 관해서도 언급하지 않는다. 그 같은 규모의 관련성과 사건은 그럴 법해 보이지 않을뿐더러 소설이라는 한정된 시야 내에서는 터무니없는 듯 보이기 때문이다. 그 같은 규모의 관련성과 사건이 개입되면, 이언 매큐언(Ian McEwan)의 《솔라(Solar)》에서처럼 풍자로 빠지고픈 유혹은 거의 저항할 수 없는 것이 된다.

하지만 인류세의 지구는 바로 도무지 상상하기 힘들 만큼 광대한 힘이 좌우하는, 피할 수 없는 집요한 연속성(continuities)의 세계다. 순다르반스를 침범하는 물이 마이애미 해변도 덮친다. 페루뿐 아니라 중국에서도 사막 지역이 점차 넓어진다. 미국 텍사스주나 캐나다에서처럼 오스트레일리아에서도 산불이 점차 잦아지고 거세진다.

물론 기후와 지질학이라는 힘이 우리 삶과 **무관한** 시대는 한 번도 없었다. 그렇지만 그 힘이 이렇듯 무자비하리만큼 직접적으로 우리를 압박한 시대도 없었다. 티머시 모턴의 말마따나 우리는 초과물(hyperobjects: '거대 객체'라고도 하며, 오늘날 재난의 성격을 가장 정확하게 포착한 개념이다. 초과물이란 광대한 시공간에 걸쳐 퍼져 있는 물체, 그래서 도무지 인간의 지각으로는 그 정확한 실체조차 파악할 수 없어 인식 자체를 '초과'하는 물체다. 인간은 초과물의 존재를 알지만 그것의

대혼란의 시대

초과성은 이미 인간의 통제를 벗어난다. 우리 인간은 지구 온난화 같은 초과물을 만들어내고 그 안에서 살아가지만, 그것을 완벽하게 인식하지도 제대로 통제하지도 못한다. 그러므로 초과물의 개념은 합리성과 이성에 바탕을 둔 근대적 사유 체계 밖에 존재한다—옮긴이)의 시대에 접어들었다. 그것들은 부분적으로 점점 더 확실하게 우리 삶과 밀착하는 접착력에 의해 규정된다. 그중 가장 안전한 주제인 날씨에 관해 말하는 것조차 이제 부인론자인 이웃과 입씨름을 벌일 위험을 내포한다. 초과물은 국민 국가의 경계와 불연속성을 조롱한다. 이러한 연관성은 '공간'의 구분에 도전함으로써 벵골, 루이지애나주, 뉴욕주, 뭄바이, 티베트 그리고 알래스카주를 가리지 않고 경험의 연속성을 만들어낸다.

나는 최근 파푸아뉴기니의 맹그로브 숲에 관한 글을 한 편 받아보았다. 그곳은 한때 깊은 의미에서 상호 지지와 상징주의라는 조밀한 망(web)을 통해 거기서 살아가는 거주자들을 이어준 '장소'였다. 하지만 2007년 우기에 "보초도 해안의 방어선이 무너지면서 수많은 물길이 그 호수까지 진격했다. 모래가 그 물길을 타고 밀려들었다. 조수 해일이 마을을 초토화시킨 결과, 부러진 코코넛야자수 둥치와 죽은 해안선의 나무들이 참상을 드러냈으며, 카누가 떠다니고 도랑과 계곡이 파괴되었다. 마을 거주민 전체가 소개되어야 했다". 부득이 거주자들은 자신이 살던 마을을 떠날 수밖에 없었다.[103]

인류세는 근대성의 시간적 질서를 거꾸로 돌려놓았다. 이제 주변부에서 살아가는 사람들은 우리 모두를 기다리고 있는 미래를 가장 먼저 겪는 이들이다. 소로(Henry David Thoreau: 1817~1862. 미국의 자연주의자이자 수필가이며 시인이자 철학자—옮긴이)가 지칭한 이른바 "광대하고 엄청나며 비인간적인 자연(vast, Titanic, inhuman nature: 미국 메인주의 짙게 우거진 숲을 묘사한 구절로,

그는 숲을 경이로움과 안식을 제공하는 공간이 아니라 비우호적이고 적대적인 공간으로 그린다—옮긴이)"을 가장 직접적으로 마주하게 되는 것도 다름 아닌 그들이다.[104] 심지어 한때 독특함(distinctiveness)으로 유명했던 장소들조차 더는 이러한 역학으로부터 자유로울 수 없다. 누구라도 이탈리아 베네치아에 관한 글을 쓰면서 석호의 물이 그 도시의 거리와 광장을 뒤덮는 아쿠아 알타(aqua alta: 원래 만조(high water)를 가리키는 말이지만, 베네치아에서는 1년에 며칠 동안(보통 가을과 겨울에) 거리와 광장에서 아쿠아 알타를 체험하며 거닐 수 있다. 시로코(scirocco) 바람, 아드리아해 해류, 고기압, 태양과 달의 중력 끌림 같은 자연 현상 때문에 발생하는데, 도시 저지대가 잠길 정도로 해수면이 상승하는 이상 조위(潮位) 현상이다—옮긴이)를 언급하지 않을 도리는 없다. 하지만 우리는 이것이 베네치아에서 가장 흔히 들리는 언어가 벵골어라는 사실과 맺고 있는 연관성을 무시할 수 없다. 진기한 작은 채소 가판을 늘어놓고 장사하거나 피자를 굽거나 심지어 아코디언을 연주하는 이들은 주로 방글라데시인인데, 그들 상당수는 지금 자신들이 정착한 제2의 도시(베네치아—옮긴이)를 위협하고 있는 바로 그 현상—즉 해수면 상승—으로 인해 제가 살던 곳에서 진즉에 쫓겨난 사람들이다.

이 모든 것 아래 그와 같은 연속성, 그리고 상상할 수 없을 만큼 방대한 힘들, 즉 오늘날에는 텍스트로부터 배제하는 것조차 불가능해진 힘들이 놓여 있다.

그리고 인류세가 소설과 대단히 흡사한 기법들에 대해 제기하는 또 한 가지 형태의 저항, 즉 스칼라(scalar: 에너지·밀도·전기량 따위처럼 방향의 구별 없이 하나의 수치만으로 표시되는 양—옮긴이) 형태의 저항이 있다. 이 저항의 본질은 오래전 소설이라는 영역에서 배제된 현상들, 즉 시공에 걸친 방대한

간극을 더없이 긴밀하게 이어주는 '생각할 수 없는' 규모의 힘들로 구성
된다.

14 ———————————————————

처음 시작했던 이미지, 즉 겉보기에 무생물인 물체들이 불시에 살아나는
이미지로 잠시 돌아가고자 한다. 앞서 말했다시피, 이는 인류세의 가장
기이한 효과들 가운데 하나다. 인간이 다른 수많은 존재, 심지어 지구 행
성 자체와 행위 주체성 및 인식을 공유하고 있음을 새삼스레 일깨워주는
효과 말이다.

하지만 이 말은 오직 부분적으로만 진실이다. 실은 애초부터 수많은 인
간이 그 사실을 의식하지 않은 적이 없기 때문이다. 예를 들어 순다르반
스와 관련해, 그 안에서 그리고 그 주변에서 살아가는 사람들은 호랑이를
비롯한 다른 수많은 동물이 지능이며 행위 주체성을 지니고 있음을 결코
의심해본 일이 없다. 유콘(Yukon: 유콘에서 발원해 알래스카 중앙부를 지나 베링해
로 흘러가는 강―옮긴이) 강가에 처음 정착한 이들은 심지어 빙하도 기분과
감정, 호불호를 가지고 있다고 생각한다.[105] 이는 채소, 심지어 쇳덩어리
에도 나름의 의식이 있다고 여긴 인도 벵골 출신의 과학자 자가디시 찬드
라 보스 경(Sir Jagadish Chandra Bose: 1858~1937―옮긴이), 혹은 "지구 행성에
존재하는 모든 요소―생물과 무생물―의 단일성"을 강변한 일본 영장류
학자 이마니시 긴지(今西錦司: 1902~1992―옮긴이)로서도 얼마든지 떠올릴 수
있는 발상이다.[106]

우리가 기후변화를 확실하게 의식하기 전까지 다들 데카르트식 이분법의 포로였다는 주장 역시 사실이 아니다. 우리 선조들은 분명 그에 속박되지 않았으며, 심지어 나도 그런 식의 세계관에 결코 완전히 동화되지는 않았다. 실제로 나는 이것이 서구 세계에서조차 대다수 사람에게 해당된다고 감히 주장하곤 했다. 세계 각지에서 살아가는 사람들 대부분에게 개, 말, 코끼리, 침팬지 그리고 기타 수많은 동물 역시 지능과 감정이 있다는 사실은 매순간 더없이 명확했다. 데카르트에게는 미안한 말이지만, 진실로 동물이 작은 로봇에 지나지 않는다고 믿는 이가 대체 어디 있겠는가? 인간과 동물을 구분하는 게 결코 쉬운 일이 아님을 깨달은 린네(Linnaeus: 1707~1778. 스웨덴의 식물학자로 생물분류학의 기초를 닦는 데 결정적으로 기여해 '식물학의 시조'로 불린다—옮긴이)는 "데카르트는 유인원을 한 번도 보지 못한 게 틀림없다"고 썼다.[107] 아마 가장 헌신적인 데카르트주의자조차 자신을 향해 으르렁거리는 개의 감정을 해석하는 데 아무런 어려움을 느끼지 않을 것이다.

비인간의 행위 주체성을 가장 분명하게 의식하는 것은 내러티브 전통들에서다. 인도의 서사시—오늘날까지도 생생하게 살아 있는 전통이다—에서 수많은 종류의 비인간 존재가 행위 주체성을 지니는 것은 지극히 당연하게 여겨진다. 나는 지금 신념 체계에 대해서뿐 아니라 스토리텔링의 기법에 대해서 이야기하고 있다. 즉 비인간은 인도의 서사시에 상당한 추동력을 제공한다. 그 존재들은 내러티브가 펼쳐지도록 허락하는 해법을 만들어낸다. 《일리아드(Iliad)》와 《오디세이》에서도 신·동물·환경의 개입이 내레이션의 짜임에서 중요하게 작용한다. 이는 아시아·아프리카·지중해 등 그 밖의 수많은 내러티브 전통에도 해당한다. 《히브리 성서》(《구약성서》—옮긴이) 역시 예외가 아니다. 신학자 마이클 노스콧(Michael Northcott)이 지적했다시피 "유대교의 중심에는 말과 글이 아니라 자연과 사건을 통해 만난 신이 있다. 반면 기독교와 이슬람교는 날씨, 기후, 정치 권력과의 관련이 덜하고 말과 글에 더 많은 비중을 두는 종교 형태다".[108]

하지만 심지어 그런 기독교 내에서조차 인류가 독단적인 신 앞에서 과 감하게 스스로를 고립시킴으로써 자기 신성화를 꾀할 꿈을 꾼 것은 개신 교가 도래하고 난 뒤의 일이다. 그러나 비인간을 침묵하게 만드는 그 꿈 은 결코 완벽하게 성취된 적이 없다. 심지어 오늘날 볼 수 있는 근대성의 가장 핵심부 내에서조차 아니었다. 실제로 비인간이 지닌 행위 주체성의 한 측면은 테크놀로지와 나란히 공존할 수 있는 그들의 불가사의한 능력 이다. 인간이 만든 아이패드나 아이폰 같은 물건을 능숙하게 다루는 오늘 날의 10대와 20대도 우리 환경 안에는 어디에나 그 나름의 행위 주체성 이 숨겨져 있음을 여전히 의식하고 있다. 그렇지 않다면 어째서 베스트셀 러 서적이나 많은 돈을 거머쥐는 영화가 꾸준히 늑대 인간, 뱀파이어, 마 녀, 변신 가능한 사람, 외계인, 돌연변이 종, 그리고 좀비 따위가 등장하 는 작품에 그토록 유별난 관심을 기울이겠는가?

따라서 비인간의 행위 주체성과 관련해 진정한 미스터리는, 그것을 새 삼스레 인식하게 되었다는 사실이 아니라 그런 인식이 애초에 적어도 지 난 수세기 동안 주축을 이룬 사고 양식과 표현에서 억압당한 경위다. 필 시 그 과정에서는 문학적 형식이 중요한, 아마도 결정적인 역할을 담당해 왔을 것이다. 따라서 내가 처음 시작하면서 제시한 전제—즉 급격히 변 화하는 지구는 우리로 하여금 우리 어깨너머로 바라보는 또 다른, 똑똑히 인식하고 있는 눈들이 있음을 알아차리도록 만들어준다—를 진지하게 받아들인다면, 먼저 "근대 소설에서 비인간의 위상은 무엇인가"라는 질문을 던져보아야 한다.

이 질문에 답하려면 불가사의한 인류세의 효과 가운데 또 다른 한 가지와 대면해야 한다. 다름 아니라 정확히 인간 활동이 지구 환경을 변화시켜온 그 시기에 문학적 창작 활동이 급격하게 인간 중심적으로 달라졌다는 점이다. 비인간을 다룬 글이 쓰이고는 있지만, 그것은 순수 소설이라는 대저택 내에서가 아니라 추방당한 공상과학 소설이나 판타지 소설 등이 기거하는 비주류 영역에서다.

15

공상과학 소설이 문학의 주류에서 밀려난 것은 느닷없이 경계선을 그은 결과라기보다 느리고 점진적인 과정이었다. 하지만 그 과정에 중요하게 작용한 계기는 분명 있었는데, 바로 기후 관련 사건과 연관된 것이었다.

인도네시아 발리섬에서 동쪽으로 300킬로미터 떨어진 탐보라산(Mount Tambora)에서 1815년 4월 5일 시작된 엄청난 사건은 기록 역사상 최대 규모의 화산 분출이었다.[109] 이후 몇 주 동안 그 화산은 100세제곱킬로미터의 화산 잔해를 공기 중으로 내뿜었다. 170만 톤에 달하는 먼지 기둥이 이내 전 세계로 퍼져나간 결과, 해를 가리고 기온을 섭씨 3~6도 떨어뜨렸다. 심각한 기후 교란 사태가 수년간 이어졌다. 세계 각지에서 작물 농사가 엉망이 되었고, 유럽과 중국에서는 기근이 이어졌다. 기온 변화는 인도에서 콜레라 유행병을 촉발하기도 했다. 세계의 수많은 지역에서

1816년은 '여름이 없는 해'로 알려지게 된다.[110]

그해 5월, 스캔들에 시달리던 제6대 바이런 남작 조지 고든 바이런〔George Gordon Byron: 1788~1824. 영국의 시인으로 존 키츠(John Keats), 퍼시 비시 셸리(Percy Bysshe Shelley)와 함께 낭만주의 문학을 선도한 인물―옮긴이〕은 잉글랜드를 떠나 제네바로 이주했다. 그의 주치의 내과 의사 존 폴리도리(John Polidori)가 그와 동행했다.[111] 공교롭게도 얼마 전 눈이 맞아 함께 달아난 퍼시 비시 셸리와 메리 울스턴크래프트 고드윈〔Mary Wollstonecraft Godwin: 1797~1851. 영국의 작가. 셸리와 결혼해 아래에서처럼 메리 셸리(Mary Shelley)로 불렸다―옮긴이〕도 당시 제네바에서 그와 같은 호텔에 머물고 있었다. 고드윈의 의붓자매 클레어(Claire)가 그들 커플과 동행했는데, 바이런은 잉글랜드에서 그녀와 잠깐 밀회를 즐긴 적이 있었다.

5월 27일 오후에 만난 바이런과 셸리는 그 직후 각자의 짝과 함께 제네바호(Lake Geneva) 옆에 자리한 두 빌라로 거처를 옮겼다. 거기서 그들은 산 위로 다가오는 뇌우를 지켜볼 수 있었다. 메리 셸리가 썼다. "비가 거의 끊임없이 내려서 주로 집 안에 갇혀 지내고 있다. 어느 날 밤, 우리는 과거에 본 그 어떤 것보다 멋진 폭풍우를 **즐겼다**. 칠흑 같은 어둠이 밀려들었고, 그 어둠을 타고 머리 위에서 천둥이 무서운 기세로 우르릉거렸다. 순간 호수가 빛을 받아 번쩍이고 쥐라(Jura)산맥에서 자라는 소나무들이 보였으며 모든 장면이 일순 환해졌다."[112]

어느 날, 쉴 새 없이 쏟아지는 비 때문에 집 안에 묶인 바이런은 일행에게 귀신 이야기를 써보면 어떻겠냐고 제안했다. 며칠 뒤 그는 "뱀파이어 귀족 아우구스트 다벨(August Darvell)을 주제로 한" 이야기를 쓰기 위해 아이디어의 개요를 짰다.[113] 바이런은 8쪽을 쓰다 말고 포기했고, 대신 폴리도리가 그의 아이디어를 이어받았다. 그 이야기는 결국 《뱀파이어(The Vampyre)》라는 책으로 출간되었고, 오늘날 늘 아이디어가 풍부한 판타지 글쓰기 분야를 싹트게 한 작품으로 평가받고 있다.

메리 셸리 역시 이야기를 써보기로 마음먹었다. 그리고 어느 날(당연히 비바람이 몰아치던 날) 저녁 "시체가 다시 살아날 수 있는지 여부"를 따지는 문제로 대화가 이어졌다. "갈바니즘[galvanism: 죽은 개구리 뒷다리가 전기 자극을 받고 꿈틀거리는 것을 발견한 루이지 갈바니(Luigi Galvani: 1737~1798. 이탈리아의 해부학자이자 생리학자)의 실험에서 착안한 용어로 '전기 자극 요법'을 지칭한다—옮긴이]은 그 일이 가능할 것임을 암시해주었다. 아마도 한 피조물의 부품들은 제조·조립된 뒤 생명의 온기를 부여받았을지 모른다."[114] 이튿날 그녀는 《프랑켄슈타인(Frankenstein, or The Modern Prometheus)》을 쓰기 시작했다. 1818년에 출간된 이 책은 곧바로 센세이션을 불러일으켰다. 당대의 가장 저명한 작가들 가운데 일부가 유명 잡지에 그 책에 대한 서평을 실었다. 월터 스콧 경(Sir Walter Scott)은 열정적인 비평을 썼으며 훗날 그 책을 자신이 쓴 소설들보다 더 좋아한다고 밝히기도 했다. 그때만 해도 《프랑켄슈타인》이 주류 문학에 속하지 않는다는 그 어떤 낌새조차 없었던 것 같다. 그 책이 최초의 훌륭한 공상과학 소설로 여겨진 것은 나중에서야 이루어진 일이다.

바이런은 비록 유령 소설을 쓴 적이 한 번도 없지만 〈암흑(Darkness)〉[빛이 모두 사라지고 암흑의 세계로 되돌아가는 천지창조의 역과정을 그리고 있다—옮긴이]이라는 제목의 시를 썼다. 시에는 오늘날이라면 '기후 절망(climate despair)'이라고 불렸을 법한 정서가 가득 담겨 있다.

세상은 텅 비었다.

수많은 사람들과 힘센 사람들은 모두 한 덩어리였다.

계절도 초목도 나무도 사람도 생명체도 없는

죽음의 덩어리―굳어버린 진흙의 혼돈 상태다.

강도 호수도 바다도 모두 움직임을 멈추었다.

그들의 고요한 깊은 심연 속에 휘감아 도는 것은 아무것도 없다.

　

　"습하고 불친절한 1816년 여름"과 그것이 이러한 작품들을 빚어낸 데 기여한 역할을 돌아보면서 제프리 파커는 "이 세 작품은 하나같이 몇 주 동안의 급격한 기후변화가 불러일으킬 수 있는 혼돈과 절박함을 반영한다"고 썼다. 오늘날의 문제는 기후변화가 지구 행성의 일부를 한 번 더 타격할 것인지 **여부**가 아니라 **언제** 그럴 것인지다. 따라서 우리는 우리가 원할 때 바이런의 시를 다시 읽게 될지도 모른다.[115]

16

공상과학 소설이 어쩌다가 주류 문학에서 떨어져나가게 되었는지 물어보려면 또 다른 문제를 소환해야 한다. 즉 '근대성의 본질에서 이러한 분리(separation)를 초래한 것은 무엇인가'라는 문제다. 그에 가능한 답을 내놓은 것은 브뤼노 라투르(Bruno Latour: 1947~. 프랑스의 인류학자, 사회학자, 철학자, 과학기술 연구자―옮긴이)다. 그는 근대성의 본래적 추동력 가운데 하나가 '분할하기(partitioning)', 즉 자연(Nature)과 문화(Culture)의 상상적 간극을 더욱 벌려놓는 프로젝트라고 주장한다. 자연은 전적으로 과학에 귀속되므로 문화 주변에는 얼씬거리지 못할 것으로 간주하는 식이다.

하지만 이러한 관점에서 문예 문화의 변천사를 돌아보면, 분할하기 프로젝트는 시종 이의 제기를 받아왔다는 것, 막 시작되었을 때 그리고 근대성의 전위적 장소들에서 가장 격렬하게 그래왔다는 것을 알 수 있다. 이를 보여주는 증거로서 우리는 그저 잉글랜드에 관해 노래한 윌리엄 블레이크(William Blake: 18세기 영국 시인—옮긴이)의 시〔블레이크의 예언서 《밀턴(Milton)》에 실린 〈예루살렘(Jerusalem)〉을 의미한다. 원제목은 〈아득한 옛날 저들의 발길은(And did those feet in ancient time)〉이다. 이 시는 산업혁명에 반대하는 의미를 담고 있으며, 아래의 '사탄의 맷돌들'은 '제분 공장'을 뜻한다—옮긴이〕를 생각해보기만 하면 된다.

그리고 예루살렘이 이 땅에 세워졌을까,
이 음침한 사탄의 맷돌들 사이에서?

혹은 그저 윌리엄 워즈워스(William Wordsworth)의 소네트 〈우리는 너무 홍진(紅塵)에 묻혀 산다(The World Is Too Much With Us)〉를 생각해보기만 하면 된다.

우리에게 주어진 자연도 보지 못하고
우리의 심금마저 버렸으니, 이 더러운 선물이여!
………………………
위대한 신이시여! 차라리 나는

낡아빠진 신앙 속에서 젖 빠는 이교도가 되고 싶다.

그러면 이 아름다운 풀밭에 서서

나를 덜 외롭게 해줄 풍경들을 일별하리라.

분할하기에 맞선 저항은 영국뿐 아니라 유럽과 북미 전역에서 낭만주의·전원주의·초월주의 등 다양한 기치 아래 펼쳐졌다. 횔덜린(F. Hölderlin: 1770~1843. 독일의 시인─옮긴이)과 릴케(R. M. Rilke: 1875~1926. 오스트리아의 시인─옮긴이)에서 게리 스나이더(Gary Snyder: 미국의 시인─옮긴이)와 윌리엄 스탠리 머윈(William Stanley Merwin: 미국의 시인─옮긴이) 같은 오늘날 인물로 이어지는 계보에 속한 시인들은 늘 저항의 최전선에 섰다.

하지만 나는 픽션 작가가 되었고, 내가 가장 흥미를 느낀 분야는 소설이다. 소설이라는 형식의 변천사를 살펴보면, 소설이 분할하기 프로젝트에 몰두할 것임을 예고하는 전조는 앞서 인용한 워즈워스 소네트의 다음 행에 분명하게 드러나 있음을 알 수 있다. "차라리 나는/낡아빠진 신앙 속에서 젖 빠는 이교도가 되고 싶다."

워즈워스는 기세 좋게 들이닥치는 시대를 탄식하는 때조차 바로 이러한 표현으로 그 시대의 비유 가운데 가장 강력한 것─시간은 저항할 수도 되돌릴 수도 없는 전진 운동이다─에 항복을 선언한다. 질투심 많은 신, 즉 근대성이라는 시간 신(Time-god)은 누구를 후진성이라는 그늘로, 즉 '낡아빠진(outworn)' 시간이라는 어두운 터널로 내던질지, 누구에게 나머지보다 앞서도록, 늘 앞으로(en avant) 나아가도록 은총을 베풀지 결정하는 힘을 지닌다. 소설에서 분할하기 작업이 진척되게끔 도와주는 것은 다름 아니라 시간에 대한 이 같은 이해 방식(개신교 및 헤겔·마르크스 같은 세속적인 목적론 신봉자들과 많은 공통점이 있다)이다. 이는 아방가르드(avant-garde: 문학·예술에서의 전위적 사상—옮긴이)와 공동 전선을 펼치면서 인간이 비인간과 맺고 있는 동류의식을 연상시키는 모든 옛 자취를 모조리 지워버리기 위해 서둘러 앞으로 돌진한다.

이러한 분할하기 역시는 물론 그 자체가 한편의 서사시로서 모든 독자의 입맛에 맞추기 위한 등장인물과 서브플롯(부차적 줄거리)을 제공한다. 이 대목에서 잠깐 18세기와 오늘날 사이에 완전히 뒤바뀐 한 가지 플롯에 대해 다루고자 한다. 다름 아니라 문학적 전통이 과학과 맺고 있는 흥미로운 관계다.

근대성이 태동할 무렵 문학과 과학의 관계는 대단히 밀접했으며, 그 것을 완벽하게 보여주는 예는 베르나르댕 드 생피에르(Bernardin de Saint-Pierre)라는 인물이다. 그는 초기의 베스트셀러 가운데 하나인《폴과 비르지니(Paul et Virginie)》를 집필한 작가다. 생피에르는 스스로를 주로는 자연주의자라고 여겼는데, 작가로서 소명과 과학자로서 정체성 사이에서 전혀 갈등을 겪지 않았다. 그는 소년 시절 샤르트르 대성당을 보러 갔을 때 탑 위에서 홰치고 있는 갈까마귀들밖에 알아차리지 못했다고 말한다.

괴테 역시 잘 알려져 있다시피 자신이 가진 문학적 관심과 과학적 관심 사이에서 아무런 충돌을 느끼지 못했다. 그는 광학 실험을 시행하고, 오늘날까지 설득력을 유지하고 있는 이론을 제기하기도 했다. 허먼 멜빌 역시 해양 동물 연구에 관심이 깊었으며, 그 주제에 관한 상당한 식견은 응당《모비딕》에 상세히 실렸다. 나는《전쟁과 평화(War and Peace)》의 수학에서부터《이상한 나라의 앨리스(Alice in Wonderland)》의 화학에 이르기까지 그 밖에도 수많은 예를 인용할 수 있지만 딱히 그럴 필요를 못 느낀다.

서구 작가들이 19세기 내내 과학에 깊은 관심을 기울였다는 것은 거의 논란의 여지가 없는 문제이기 때문이다.

또한 이는 일방향적 관심만도 아니었다. 자연주의자와 과학자 역시 19세기가 낳은 가장 의미심장한 문학 작품 가운데 일부를 읽었을 뿐 아니라 직접 집필하기도 했다. 찰스 다윈(Charles Darwin)의 《비글호 항해기(Voyage of the Beagle)》나 앨프리드 러셀 월러스(Alfred Russell Wallace)의 《말레이군도(The Malay Archipelago)》가 대표적인 예다. 그들의 작품은 다시 테니슨(A. Tennyson)을 비롯한 수많은 시인 및 작가에게 영감을 불어넣었다.

그렇다면 문학 창작과 과학은 어쩌다 그토록 심각하게 서로 갈라서는 지경에 이르렀을까? 라투르에 따르면, 분할하기 프로젝트는 늘 그와 유관한 기획의 지지를 받고 있다. 바로 자연을 전적으로 과학에 위임함으로써 문화와는 무관한 영역으로 남겨두려는 의도를 지니는, '정화(purification)'라고 표현되는 기획이다. 이는 혼성체(hybrid)에 대한 구별과 억압을 수반한다. 공상과학 소설을 주류 문학과 **구별되는** 장르로 규정하는 것이 정확히 그러한 예다. 그들 사이에 그어진 선은 오로지 정돈(neatness)을 위해서만 존재한다. 최근의 근대성이 지닌 시대정신은 자연-문화 혼성체를 결코 용납할 수 없기 때문이다.

그런데 이러한 패턴은 조만간 변할 것 같지도 않다. 나는 망설임 없이 예측할 수 있다. 우리를 둘러싼 바다의 수면이 올라감에 따라 위기에 처한 뭄바이나 마이애미비치의 해안가 주택처럼, 순수 소설이라는 대저택도 자신을 향해 들이닥치는 파도를 막기 위해 훨씬 더 높은 방어벽을 쌓음으로써 스스로에 대한 현재 감각을 전보다 더욱 견고하게 유지하려 들

거라고 말이다.

　그 대저택으로부터 혼성체를 추방하는 과정은 그로 인해 장르 작가라는 지위로 밀려난 수많은 이들에게 오랫동안 고통을 안겨주었다. 왠지 오염된 소재를 다루는 듯하다는 공상과학 소설에 대한 그릇된 인식은 당황스럽기 짝이 없는 것이기 때문이다. 이에 대해서는 주류 문학이 분할하기 프로젝트에 철저히 투항했다는 게 가장 정확한 표현일 것이다. 그리고 이러한 투항은 대가를 치르게 된다. 그로 인해 입지가 좁아진 것이 다름 아니라 문학 소설 그 자체이기 때문이다. 만약 오늘날까지도 여전히 영향력 있는 작품을 쓴 20세기 말의 소설가들로 목록을 작성한다면 나는 아서 클라크(Arthur C. Clarke), 레이먼드 브래드버리(Raymond Bradbury), 필립 딕(Philip K. Dick) 같은 작가들은 상위권을 차지하는 반면, 마치 거인처럼 한때 문학계를 주름잡았던 수많은 인물들은 까맣게 잊혔음을 발견하게 되리라고 생각한다.

　어쨌거나 다음과 같은 문제가 남는다. 즉 공상과학 소설이 주류 문학 소설보다 기후변화를 본격적으로 다루기에 더 적합한 형식이라는 주장은 과연 사실인가? 수많은 사람에게 그 답은 분명해 보일지도 모른다. 오늘날 '기후 소설(climate fiction)', 즉 클라이파이(cli-fi)라 불리는 새로운 공상과학 소설 장르가 등장했으니 말이다. 하지만 클라이파이는 주로 미래를 배경으로 하는 재앙 이야기로 구성된다. 나로서는 그것이 다름 아닌 난점으로 느껴진다. 미래는 인간이 만들어낸 인류세의 한 측면에 불과하며, 인류세는 가까운 과거 그리고 가장 중요하게는 현재까지를 아우르기 때문이다.

　마거릿 애트우드(Margaret Atwood: 1939~. 캐나다의 시인·소설가·평론가―옮긴이)는 공상과학 소설과 사변 소설(speculative fiction: 초자연적이며 판타지적이고 초현실적인 문학 작품. 공상과학 소설, 판타지 소설, 괴기 소설 등을 한데 아우르는 표현이다—옮긴이)에 대해 쓴 통찰력 있는 에세이에서 "모두 같은 깊이의 우물에서 기원한" 이 장르들을 다루었다. "이들은 우리의 일상 세계와 동떨어진 어딘가에 위치하는 다른 세계를 상상했다. 영적 세계로 들어서는 문을 통해 또 다른 시간 또 다른 차원의 세계를, 혹은 기지의 것과 미지의 것을 구분해주는 경계 반대편에 놓인 세계를 말이다. 공상과학 소설, 사변 소설, 검과 마법 판타지(Sword and Sorcery Fantasy), 슬립스트림 소설(Slipstream Fiction: 공상과학 소설, 판타지, 일반 문학 등이 뒤섞인 새로운 형식의 장르 문학을 말한다. 슬립스트림은 본래 고속으로 운동하는 물체 뒤에서 기류가 흐트러지는 현상을 일컫는다—옮긴이), 이 모든 것은 '경이로운 이야기(wonder tale)'라는 동일한 우산 아래 놓여 있다."[116]

이는 인류세가 공상과학 소설에 저항하는 방식 가운데 몇 가지를 놀라울 정도로 선명하게 드러내준다. 그것은 정확하게 우리 세계와 동떨어진 상상된 '다른' 세계가 아닐뿐더러 또 다른 '시간' 혹은 또 다른 '차원'에 놓인 세계도 아니다. 지구 온난화 시대에 일어나는 사건들은 '경이로운 이야기'의 소재와 결코 유사하지 않다. 하지만 우리가 오늘날 정상이라고 여기는 것에 비추어볼 때, 그 사건들이 여러 면에서 기이하고도 불가사의한 것은 사실이다. 그리고 그 사건들은 실제로 이른바 '영적 세계', 즉 비인간의 목소리가 이끌어가는 세계로 이어지는 출입문을 열어주었다.

만약 내가 이겨내기 어려운 장애보다 저항을 언급하는 데 더욱 힘을 기울였다면, 그것은 수많은 소설이 지금껏 그러한 도전을 극복해왔으며 현재도 여전히 그럴 수 있기 때문이다. 그것을 보여주는 좋은 예가 바로 리

즈 젠슨(Liz Jensen: 1959~. 영국의 소설가―옮긴이)의 《황홀(Rapture)》이다. 또
하나의 예는 바버라 킹솔버(Barbara Kingsolver: 1955~. 미국의 소설가―옮긴이)
의 놀라운 소설 《비행 행동(Flight Behavior)》이다. 두 작품은 우리 것임을
알아볼 수 있는 시대를 배경으로 하며, 둘 다 불가사의함과 있을 법하지
않음, 오늘날 진행되는 변화의 규모와 상호 관련성을 놀랍도록 생생하게
전달한다.

17

예술에 대한 지구 온난화의 저항은, 유기 물질이 우리로 하여금 화석화한
형태의 태양 에너지를 게걸스레 소비하도록 해주는 변화를 겪는 깊은 땅
속 우묵한 곳에서 시작되고 있다. **나프타, 역청, 석유, 타르, 화석 연료** 등 이
러한 물질을 연상시키는 어휘를 떠올려보라. 그 어떤 시인이나 가수도 이
음절을 귀에 가볍게 들리도록 만들 수 없다. 그리고 그 물질들 자체에 대
해서도 생각해보라. 석탄과 그것이 닿는 모든 것에 흔적을 남기는 거무스
름한 잔여물, 그리고 냄새가 고약하고 온갖 감각에 역겨움을 안겨주는 끈
끈한 석유를 말이다.

적어도 석탄과 관련해서는 그 추출 방법이 계급적 연대, 용기, 저항 등
의 이야기를 가능케 해준다. 그것을 보여주는 예가 에밀 졸라(Émile Zola:
1840~1902. 프랑스의 소설가―옮긴이)의 《제르미날(Germinal)》과 존 세일즈(John
Sayles)의 훌륭한 영화 〈메이트원(Matewan)〉〔메이트원은 미국 웨스트버지니아주
밍고(Mingo) 카운티에 있는 광산 마을 이름―옮긴이〕이다.

바로 석탄의 물질성이 기존 질서에 대한 저항을 가능케 하고 촉진한다. 석탄을 채굴해 지상으로 운송하는 과정은 광부들에게 이례적일 정도의 자율성을 요구한다. 티머시 미첼(Timothy Mitchell)의 말마따나 "이들 작업장에서 찾아볼 수 있는 투쟁성은 대체로 그 자율성을 지키기 위한 노력이었다".[117] 따라서 석탄 광부들이 19세기 말부터 20세기 중엽, 그리고 심지어 그 이후까지 정치적 권리 확대를 촉구하는 투쟁의 최전선에 섰다는 것은 결코 우연이 아니다. 심지어 광부들, 그리고 그에 따른 석탄 경제 자체는 1870년부터 제1차 세계대전 사이에 서구에서 일어난 민주적 권리의 전례 없는 신장에 크게 기여했다고까지 말할 수 있다.[118]

반면 석유의 물질성은 석탄의 물질성과는 매우 다르다. 즉 석유는 추출하는 데 수많은 노동자가 필요하지 않으며, 송유관을 통해 먼 거리에 걸쳐 이동하므로 운송이나 유통에도 방대한 작업자를 요구하지 않는다.[119] 이것이 아마도 그 정치적 효과가 석탄의 그것과 정반대인 이유이리라. 이 사실을 잘 보여주는 예가 영미 정치 엘리트 집단에 속한 윈스턴 처칠(Winston Churchill) 같은 정치 지도자들이다. 이들은 대대적인 석유 사용을 촉진하고자 무슨 짓이든 마다하지 않았다. 이러한 노력이 더욱 다급해진 것은 1910~1920년대에 광부와 석탄의 운송·유통 작업자를 중심으로 역사적인 파업이 전개된 이후였다. 실제로 노동 계급의 호전성에 대한 두려움 탓에 마셜 플랜[Marshall Plan: 정식 명칭은 '유럽 부흥 계획(European Recovery Program)'으로 제2차 세계대전 이후 유럽의 황폐화한 동맹국들을 돕기 위해 미국이 추진한 재건·원조 계획—옮긴이] 자금의 상당액이 제2차 세계대전 이후 연료를 석탄에서 석유로 전환하도록 영향을 미치는 데 쓰였다.[120] 미첼이 지적한 대로 "전후 서유럽에서는 에너지 흐름의 재조직화라는 기틀 위에 기업화한 민

주주의가 싹텄다".[121]

예술의 입장에서 볼 때 석탄과 달리 석유는 종잡을 수가 없다. 휘발유가 만들어내는 에너지는 도로와 자동차에 관한 내러티브나 이미지에서처럼 미화하기 쉽다. 하지만 그 물질 자체는 그렇지 않다.[122] 석유의 원천은 본래 비가시적이며 테크놀로지에 의해 가려져 있다. 그리고 석유 관련 작업자들은 대체로 눈에 보이지 않으므로 신화화하기도 어렵다. 석유가 추출되는 장소에 관해 말하자면, 그곳들은 가령 세바스치앙 사우가두(Sebastião Salgado: 브라질 출신의 사진작가―옮긴이)의 광산 사진에서 분명하게 드러나는 날것의 시각적 힘을 지니고 있지 못하다.[123] 정유소는 흔히 너무 요새화해 있어 그저 멀찍이서 분출되는 화염 아래 저장 탱크, 송유관, 유정탑 같은 금속이 번쩍거리는 풍경으로 비칠 따름이다.

나의 첫 소설 《이성의 순환(The Circle of Reason)》(1986)에는 그와 같은 요새 가운데 하나가 등장한다. 소설의 일부는 알가지라(al-Ghazira)라 불리는 허구적 영토[emirate: 왕·통치자(emir)가 다스리는 영토―옮긴이]에서 일어나는 석유 발견을 다룬다. "모래 위에 갑자기 오일타운(Oiltown)의 철조망 울타리가 세워졌다. 울타리의 다른 편에서는 온갖 얼굴들―필리핀인, 인도인, 이집트인, 파키스탄인의 얼굴, 심지어 이슬람 국가에서 온 소수의 얼굴, 즉 세상 모든 곳에서 온 얼굴들―이 말없이 바깥을 응시하고 있었다."

울타리 안에서 보이는 얼굴들, 높이 치솟은 유정탑으로 이루어진 으스스하고 전치된 인클레이브(enclave: 소수 이문화 집단이 거주하는 고립된 영토―옮긴이) 뒤로는 지상의 온갖 생명체에게 해악을 끼치는 역사가 드리워져 있다. 이는 특히 아라비아반도와 관련해 딱 들어맞는 말이다. 그곳에서 석유는 서구와의 조우를 낳았는데, 이 사건은 안보 문제에서 우리를 둘러싼 건물과 우리가 숨 쉬는 공기의 질에 이르기까지 우리 삶의 모든 측면에 영향을 끼쳤다. 하지만 이러한 석유와 서구의 역사적 만남—우리는 그로 인한 미진과 여진을 매일 매 순간 느끼며 살아간다—이 미술, 음악, 무용, 혹은 문학 등 창작과 관련한 우리 삶에서는 거의 부재하다. 참으로 기이한 현실이다.

《이성의 순환》을 출간하고 한참 지난 뒤, 나는 수수께끼 같은 이 부재 현상을 설명하기 위한 시도로 글을 한 편 썼다. "석유 발견의 주요 주인공들(이는 실상 한편으로 미국과 미국인, 다른 한편으로 아라비아반도와 페르시아만에서 살아가는 이들을 가리킨다)에게 석유의 역사는 이루 말로 할 수 없으며 거의 포르노에 가까울 만큼 당혹감을 안겨주는 문제다. 이는 아마도 양측이 완전한 합의에 이른 문화적 이슈일 것이다. ……어느 저녁 미국인 작가가 석유 발견에 대해 떠들어대는 광경을 한 번 상상해보라. 그야말로 생각조차 할 수 없는 발상이다."[124]

이 구절은 내가 석유 발견을 다룬 소설 작품들 가운데 하나에 대해 쓴 서평에서 따온 것이다. 〈석유 소설(Petrofiction)〉이라는 제목을 단 서평은 요르단 출생의 작가 압델 라흐만 무니프(Abdel Rahman Munif)가 쓴 5부작 소설 중 1·2권만을 다루었다. 영역본으로 출간된 이 시리즈의 1권 제목은 《소금 도시(Cities of Salt)》(Mudun al Malh), 2권 제목은 《참호(The Trench)》(Al-ukhdud)다.

나는 서평에서 이렇게 썼다. "사실 아직껏 우리에게는 석유 발견을 문학적으로 표현할 수 있는 형식이 없다. 오직 이 때문에 《소금 도시》…… 는 너무나 중요한 작품으로 취급되어야 한다. 우연히도 그 시리즈의 1권 은 여러 면에서 멋진 소설 작품이기도 하다. 아니, 아마도 어느 면에서는 걸작이라 할 만하다."

내가 이 서평을 쓴 것은 1992년이었다. 그런데 나는 당시만 해도 미국 문학계에서 가장 영향력 있는 인물 가운데 하나가 그보다 4년이나 앞서 그 책에 대한 서평을 내놓았다는 사실을 알지 못했다. 그가 바로 존 업다이크(John Updike)였다. 나는 그의 서평을 읽고 깊은 인상을 받았다. 무니프의 책에 대한 서평을 쓰는 과정에서 업다이크 역시 우아하고도 권위 있게, 당대 소설과 관련한 수많은 내용을 정확하게 간추림으로써 소설의 개념을 분명하게 정리했음을 깨달았다. 하지만 그것은 나로서는 전혀 동의할 수 없다 싶은 개념이었다.

업다이크와 내 견해의 차이는 내가 여기서 본격적으로 다루고 있는 인류세의 여러 측면과 중요한 관련이 있다. 따라서 일단 그 자신의 이야기를 직접 들어보는 편이 좋겠다. 그는 《소금 도시》에 관해 이렇게 적었다. "그가 다룬 주제의 서사적 잠재력을 감안하건대, 참으로 유감스럽게도 무니프 씨는 …… 우리가 이른바 소설이라고 부르고 싶어 하는 내러티브를 생산할 만큼 충분히 서구화하지 못한 듯하다. 그의 목소리는 캠프파이어 해설자의 목소리다. 그의 등장인물들이 얼굴, 태도, 혹은 동기의 발달 등에 의해 우리 마음속에 단단히 기억되는 경우란 거의 없다. 그 어떤 주요 인물도 우리의 공감과 관심을 끌기에 충분한 현실성을 획득하지 못한다. 시리즈의 1권이 그렇다 보니 명료한 갈등이나 개연성을 드러내야 하는 과제가 제대로 해결되지 않은 채 남아 있다. '돈키호테'와 '로빈슨 크루소' 이래 소설을 우화나 연대기와 구분 지어주는 특징인 '개인의 도덕적 모험', 즉 환경이라는 세계와 다양하면서도 거의 동등한 투쟁을 벌이면서 성장하는 개인에 대한 감각은 거의 없다시피 하다. 대신 《소금 도시》는

'전체로서 인간'에 관심을 기울인다."

빼어난 문단이다. 무엇보다 여기서 분명하게 밝힌 소설 개념이 비록 세계의 상당 부분에서, 특히 영어권 국가에서 엄청난 영향력을 행사하게 되었음에도 실제로 말로 표현되는 경우란 거의 없었기 때문이다. 다만 내가 업다이크의 소설 개념에 동의하지 않는 이유는 그가 소설을 우화나 연대기와 구분하기 위해 사용한 '개인의 도덕적 모험'이라는 구절 때문이다.

나는 이렇게 자문하는 스스로를 발견한다. 왜 소설의 모험에 관한 정의에, 말하자면 지적·정치적 혹은 영적인 것과 반대되는 것으로서 '도덕적'이라는 표현을 써야 하는가? 대체 어떤 점에서 《전쟁과 평화》가 '개인의 도덕적 모험'에 관한 이야기라고 할 수 있는가? 분명 내러티브에서 몇 가닥은 그런 식으로 표현할 수도 있겠지만, 그것은 전체 가운데 극히 일부만을 설명해줄 따름이다. 톨스토이는 자신이 착수한 일에 대해 다음과 같은 강력한 견해를 피력했다. "《전쟁과 평화》는 소설이 아니고 긴 시는 더더욱 아니며 역사적 연대기는 더 한층 아니다."[125] 이 말의 의도는 전술한 형식들을 통합하고 대체하겠다는 것이었다.[126] 이는 멜빌의 《모비딕》에도 드러나 있는 야심이다. 이러한 작품들을 '개인의 도덕적 모험'이라는 틀에 욱여넣는 것은 필시 작가의 의도를 협소화할 우려가 있다.

분명 난관은 **도덕적**이라는 단어 탓이다. '도덕적'이라는 것이 정확히 무슨 의미인가? 거기에는 '정치적', '영적' 그리고 '철학적'인 것에 대한 감각을 포함하려는 의도가 담겨 있는가? 만약 그렇다면 단어 하나에 그토록 무거운 부담을 지워도 되는가 하는 문제를 제기할 수 있지 않을까?

나는 지금 소소한 의미론적 차이를 분석하기 위해 이 질문을 던지는 게 아니다. 그런 데다 업다이크가 사실상 오늘날 문화의 중요한 측면 한 가지를 잘 지적했다고 생각한다. 나중에 이 문제로 다시 돌아올 생각이지만, 지금은 그저 소설 영역에 대한 업다이크의 지도화(mapping)에서 드러나는 또 한 가지 측면—즉 무엇이 소설의 영역에서 배제되는가—만 조명하고자 한다.

업다이크는 이 경계선을 대단히 분명하게 긋는다. 즉 《소금 도시》가 '소설'처럼 느껴지지 않는 이유에 대해 그는 '개인의 도덕적 모험'에 관한 감각이 아니라 '전체로서 인간'에 관심을 기울이기 때문이라고 주장한다. 다시 말해, 소설 영역에서 추방된 것은 다름 아닌 집단이다.

그렇다면 소설가들이 집단으로서 남성(혹은 여성)을 멀리해왔다는 주장은 정녕 사실일까? 만약 그래왔다면 그것은 의도의 문제인가, 내러티브적 편의의 문제인가? 어느 평자에게 보낸 편지에 드러난 샬럿 브론테의 견해는 주목해볼 가치가 있다. 그가 묻는다. "각 개인이 실제로 하는 경험은 대단히 제한적이지 않은가? 만약 작가가 전적으로 혹은 주로 그런 경험만을 강조한다면 그는 자기중심적 편향에 빠질 위험이 있지 않을까?"[127]

업다이크의 서평에 관한 통찰력 있는 논의에서 비평가 롭 닉슨[Rob Nixon: 프린스턴 대학교의 영어과 교수이자 프린스턴 환경연구소(Princeton Environmental Institute, PEI)의 환경인문학 이니셔티브 소속 교수로 환경인문학 분야의 역작 《느린 폭력과 빈자의 환경주의(Slow Violence and the Environmentalism of the Poor)》의 저자다—옮긴이]은 이렇게 지적했다. "무니프는 사람들로 북적이는 환경에서 집단적 변화라는 주제를 가지고 작업하는 데 있어 결코 혼자가 아니다. 에밀 졸라, 업턴 싱클레어(Upton Sinclair)를 비롯한 수많은 다른 작가들도 집단적 변화를 개인 캐릭터들보다 우선시했다."[128]

실제로 소설 전통 내에서 집단을 추구한 흔적은 헤아릴 수 없이 많아서 그것을 찾아 나서는 사람은 누구라도 이내 압도당하고 말 것이다. 그렇다면 사정이 이러하니 업다이크의 견해는 그저 일축해야 마땅한가? 내 대답은 '아니요'다. 어떤 의미에서 보면 업다이크가 옳았기 때문이다. 그의 지적대로 오늘날의 소설이 점점 더 심하게 개인 심리를 중심으로 펼쳐지고 있는 것은 엄연한 사실이다. 그에 반해 집단─업다이크가 말한 '전체로서 인간'─은 문화 영역이나 소설 창작 영역에서 점차 축소되었다. 내가 업다이크와 의견이 갈리는 부분이라면, 오늘날의 소설에서 드러나는 변화가 형식으로서 소설과 모종의 관련이 있다고는 생각지 않는다는 점이다. 역사적으로 톨스토이와 디킨스에서 스타인벡(J. E. Steinbeck)과 치누아 아체베(Chinua Achebe: 1930~2013. 나이지리아 국적의 소설가·시인·비평가─옮긴이)에 이르는 수많은 소설가들이 '전체로서 인간'에 관해 더없이 효과적으로 글을 써왔다는 것은 이미 사실로 기록되어 있다. 세계의 수많은 나라에서 소설가들은 오늘날에조차 그 일을 이어가고 있다.

따라서 업다이크가 포착한 것은 결코 소설의 본래적 요소가 아니다. 그렇다기보다 그의 정의는 20세기 말 '거대한 가속(Great Acceleration: 제2차 세계대전 이후 인구 증가와 함께 사회·경제가 폭발적으로 발달한 현상─옮긴이)'[129]을 이끌어가던 나라들에서 특정 시기에 이루어진 소설의 방향 전환이다. 기 드보르(Guy Debord: 1931~1994. 프랑스의 마르크스주의 이론가이자 저술가─옮긴이)가 말했다시피, 이들 나라의 지배적 경제 체제가 고립 위에 구축되었을 뿐 아니라 "고립을 낳기 위해 설계되었다"는 것은 전혀 우연이 아니다.[130]

나는 그것이 두 가지 이유에서 우연이 아니라고 본다. 첫째, 탄소 배출에서의 '거대한 가속'과 집단에서 벗어나기는 둘 다 어쩌면 시간을 (브뤼노 라투르의 말마따나) "비가역적 화살로, 자본으로, 진보로" 여기는 근대성 개념이 낳은 효과다.[131] 나는 앞에서 아방가르드가 이끄는 이 같은 지속적이고 비가역적인 전진 운동 개념이 20세기가 시작된 이래 문학과 예술 창작 분야의 추동력 가운데 하나라고 주장했다. 이런 유의 전진은 불가피하게 승자와 패자를 낳으며, 20세기 소설의 경우에는 그 패자들 가운데 하나가 정확히 집단에 강력한 존재감을 부여하는 작품을 쓰는 이들이었다.[132] 그와 같은 소설은 대체로 사실주의적 다양성을 띠게 마련인데 '낙후함'으로 대변되는 골방 신세가 되면서 뒷전으로 밀려났다.

하지만 지구 온난화 시대는 비인간의 새롭고도 비판적인 목소리가 들리도록 해주었는데, 그 목소리는 우리로 하여금 과거의 그 사실주의자들이 끝내 너무 '지쳐버린(used-up)' 것은 아닌지 묻게 만든다.[133] 존 스타인벡을 예로 들어보자. 그는 아방가르드가 결코 달가워하지 않은 존재였으며, 유명한 이야기지만 언젠가 라이어널 트릴링(Lionel Trilling: 1905~1975. 미국의 문학 평론가—옮긴이)으로부터 소설가라기보다 소설의 사회적 기능에 더 관심이 많다는 이유로 비난받은 바 있는 인물이다. 그러나 만약 우리가 오늘날 지구의 미래에 관해 알려진 바를 충분히 인식한 상태로 스타인벡을 다시 돌아본다면, 그의 작품은 폐기되기는커녕 그 반대임을 알 수 있다. 오히려 우리는 비인간 속에 인간이 시각적으로 재배치되는 광경을 본다. 미처 '그 용어가 만들어지기도 전에(avant la lettre: before the letter—옮긴이)' 기후변화 문제와 씨름하고 있는 하나의 형식, 하나의 접근법을 보게 되는 것이다.[134]

세계 차원에서도 전체로서 인간과 비인간에 대해 결코 무심하지 않은 작품을 쓴 작가들—그들 모두가 사실주의 작가는 아니다—이 숱하게 많다. 인도에서만 몇 가지 사례를 들어보자. 벵골어를 쓰는 작가 아드와이타 말라바르만과 마하스웨타 데비(Mahasweta Devi), 칸나다어〔Kannada: 인도 남서부 카르나타카주(Karnataka)의 방언—옮긴이〕를 사용하는 작가 시바라마 카란트(Sivarama Karanth), 오리야어〔Oriya: 인도 동부 오리사주(Orissa: 현재는 오디샤(Odisha)라 불림)의 언어—옮긴이〕를 쓰는 작가 고피나트 모한티(Gopinath Mohanty), 마라티어(Marathi: 인도 서부 마하라슈트라주의 언어—옮긴이)를 사용하는 작가 비시와스 파틸(Vishwas Patil)을 들 수 있다. 나는 업다이크가 이들의 책에 대해서도 '우리가 이른바 소설이라고 부르고 싶어 하는' 것과 크게 다르다고 평가하리라 본다.

하지만 다시 한 번 강조하거니와 최후의 승자는 인류세라는 음흉한 비평가일 것이다. 지구는 '선진적'이라는 것이 무엇을 의미하는지에 대한 우리의 이해를 혼란스럽게 만들었다. 아니, 완전히 뒤집어버렸는지도 모른다. 만약 시간을 비가역적 화살이라고 보는 근대적 관점을 취한다면, 어떤 의미에서는 무니프나 카란트 같은 작가들에 대해 사실상 다른 곳에서 살아가는 그들의 동시대인보다 '앞서 있었다'고까지 말할 수 있다.

그런가 하면 20세기 말에 탄소 배출량이 늘고 있을 때 소설이 방향 전환을 도모한 데는 단순한 우연 이상의 무언가가 영향을 미친 것처럼 보인다. 그때는 지구 온난화가 오랫동안 인간을 가지고 놀았다는 인상을 풍기는 시기다. 탄소 배출량이 급격하게 늘었던 전후(戰後) 30년 동안 이상하게도 지구 기온이 **안정화**(stabilization) 양상을 띠었기 때문이다. 〔시간 지체(time lag) 현상 때문에 급격한 이산화탄소 배출이 아직 지구 기온 변화에 반영되지 않았다는 의미다. 온실가스 농도가 전(前) 산업 시대에는 서서히 증가했지만 산업 시대에는 몹시 빠르게 증가한 나머지 기후 시스템이 미처 그 결과를 기온에 반영할 틈이 없었다. 기후 시스템은 온실가스 증가 같은 새로운 자극에 제대로 반응하기까지 수십 년이 걸리는데, 이러한 지체를 기후 시스템의 '반응 시간(response time)'이라 부른다. 기후 시스템의 반응 시간 효과는 나날의 삶에서 분명하게 확인할 수 있다. 예컨대 태양 광선은 날마다 정오에 최대 세기에 이르지만 기온이 가장 높아지는 때는 그로부터 몇 시간 뒤다. 매일, 혹은 연중 일어나는 시간 지체는 기후 시스템이 즉각 반응하지 않는다는 것을 보여준다. 이렇듯 기후 시스템의 반응에는 지체가 내재되어 있다. 위의 내용은 내가 번역한 윌리엄 러디먼(William F. Ruddiman)의 《인류는 어떻게 기후에 영향을 미치게 되었는가(Plows, Plagues, and Petroleum)》를 참조했다—옮긴이.) 소설의 방향 전환은 바로 그런 시기에 이루어진 수많은 방향 전환 가운데 하나다.[135] 마찬가지로 지구 온난화가 모든 면에서 집단적 곤경이라는 사실이 점차 분명해진 바로 그때, 인류는 스스로가 집단이라는 발상을 정치·경제·문학 영역 모두에서 추방한 주류 문화에 속박당한 처지임을 발견하게 된다.

오늘날의 소설이 이러한 노예 상태에 처해 있음을 고려하건대, 이는 지구 온난화가 그에 저항하는 가장 강력한 방법 가운데 하나다. 마치 온실가스가 제트 스키(jet ski: 물 위에서 타는 오토바이 비슷한 탈것—옮긴이)에 익숙해 있는 세대를 저버리고 그들에게 노와 돛을 재발명하라는 과업을 안겨준 것 같다.

18 ———————————————————

버마(1989년 집권한 군사 정권은 '버마'라는 국호가 영국 식민지 시대의 잔재인 데다 버마족 외에 다른 소수 민족을 아우르지 못한다면서 '미얀마'로 국호를 변경했다. 하지만 반

체제 인사들은 군사 정권의 정통성을 부정하면서 '버마'를 고집하고 있어 두 가지가 혼용되는 등 공식 국호에 대한 논의는 여전히 분분하다 ─옮긴이) 서부에 있는 므라우크우는 불탑과 수도원이 모여 있는 광활하고 매혹적인 장소다. 한때 아라칸국(Arakan kingdom)의 수도였던 이곳은 14세기부터 17세기까지 번성했다. 그 시기 동안 므라우크우는 인도양 전역에 걸친 무역망의 요지였다. 대량의 중국 도자기와 인도 옷감이 그곳을 거쳐 갔다. 구자라트, 벵골, 동아프리카, 예멘, 포르투갈, 그리고 중국에서 수많은 상인과 여행객이 그 도시에 머물기 위해 찾아왔다. 그들이 벌어들인 부는 그 왕국의 지배자들이 방대한 건설 프로젝트에 착수함으로써 자신들의 종교를 찬미하도록 도왔다. 그들이 만들어낸 지역은 버마의 바간(Bagan)이나 캄보디아의 앙코르와트(Angkor Wat)보다는 작지만 나름의 방식으로 그만큼이나 흥미롭다.

므라우크우에 이르는 길은 녹록지 않다. 가장 가까운 마을은 시트웨〔Sittwe, 옛 이름은 아크얍(Akyab)〕인데, 거기서부터 그 도시로 여행하는 데는 도로 사정에 따라 하루 혹은 그 이상이 걸린다. 므라우크우에 가까이 다가가면 멀찌감치 다채로운 얕은 구릉들, 돔 모양의 둥근 형상들이 보이기 시작한다. 간간이 능선 위에 첨탑이나 피니얼(finial: 지붕·담 등의 꼭대기 장식 부분─옮긴이)이 솟아올라 있다. 그런 터라 그 장소에 들어서는 경험은 마치 인간과 비인간이 서로 불가사의한 공명을 일으키는 지대에 발을 들여놓는 것 같다. 인공적 형태와 풍경의 관계가 시각적이 아닌 다른 차원에 속한 듯하다. 음악을 들으며 공감하는 차원인 듯싶다. 메아리가 그 기념물들의 내부로 울려 퍼진다. 입구와 통로, 빛과 그림자가 만들어내는 복잡한 얼룩, 끊임없이 되풀이되는 이미지를 보유한 기념물들은 마치 돌의 숲이 되기를 열망하는 것 같다.

인류학자 에두아르도 콘(Eduardo Kohn)은 《숲이 생각하는 법(How Forests Think)》에서 '형식(forms)'—그에게는 모양(shapes)이나 시각적 은유 그 이상을 의미한다—은 우리의 환경이 우리를 통해 생각할 수 있도록 해주는 수단 가운데 하나라고 말한다.

하지만 우리는 이렇게 물어봄 직하다. 언어가 없는데 어떻게 사고에 관한 질문을 제기할 수 있는가? 콘은 이 질문에 대해 그러한 가능성을 상상해보려면 언어를 뛰어넘어야 한다고 답한다.[136] 그렇다면 무엇에게로? 단지 그 질문을 던지는 것만으로도 언어적이지 않은 의사소통 유형들에 끊임없이 관여하는 다양한 방식을 의식할 수 있게 된다. 예컨대 개 짖는 소리가 무슨 의미인지 해석하려고 노력할 때, 혹은 새소리 패턴에 귀를 기울일 때, 혹은 나무 사이로 불어오는 바람 소리의 느닷없는 변화가 미리 알려주는 것이 정확히 무엇인지 파악하려고 노력할 때 같은 경우처럼 말이다. 이들은 말하자면 라디오에서 흘러나오는 뉴스를 들을 때보다 더 많은 정보를 제공해주고 요구 사항도 더 많다. 우리는 늘 이런 일을 하고 있다. 우리가 노력하는 한 그러한 일을 멈출 수는 없다. 하지만 우리는 그것을 의사소통 행동으로 여기지 않는다. 왜 그럴까? 언어의 영향이 끼어들어서 우리가 그렇게 하는 것을 가로막기 때문이다.

이런 식으로 가로막히는 것은 비단 우리 귀의 증언만이 아니다. 눈의 증언 역시 마찬가지다. 우리는 흔히 동물과 해석이 필요한 몸짓을 통해 의사소통하기 때문이다. 이를테면 까마귀를 쫓아내기 위해 손을 터는 경우처럼 말이다. 해석이 반드시 청각이나 시각을 요구하는 것만은 아니다. 우리 집 정원에는 기세 좋게 자라는 덩굴식물이 한 그루 있는데, 정기적으로 제 몸을 몇 미터 떨어진 나무에 붙이려고 시도한다. 덩굴손으로 그

나무에 '가닿으려' 하는 식이다. 이것은 되는 대로 하는 일이 아니다. 늘 목표를 귀신같이 겨냥하는 덩굴손은 정확히 그 덩굴식물이 실제로 자신과 그 나무 사이에 다리를 놓을 가능성이 있는 지점에서 자라난다. 만약 이게 인간이 한 일이라면 우리는 아마도 최고의 샷(shot)이라고 침이 마르도록 칭찬할 것이다. 나는 그 덩굴식물이 어느 면에서 제 주위의 자극ㅡ자신에게 드리운 그늘, 혹은 제 주변의 공기 흐름ㅡ을 '해석'하고 있다고 느낀다. 자극이 무엇이든 그 덩굴식물의 자극 '읽기'는 더할 나위 없이 정교해서 자신이 어디에 '가닿아야' 하는지에 대한 '이미지(像)'를 개발할 수 있게 해준다. 이는 무기나 로봇에서의 '열화상(heat-imaging)'과 다를 바 없다.

콘이 말한 대로, 숲처럼 생각하는 것은 이미지로 생각하는 것이다. 그리고 므라우크우에서 보는 놀랄 정도로 다양한 이미지ㅡ대부분이 '땅에 닿는 제스처〔bhumisparshamudra: 땅에 닿기(touching the earth)라는 의미ㅡ옮긴이〕'를 하고 있는, 즉 오른손 중지의 끝이 땅에 닿은 부처의 이미지다ㅡ는 정확히 관람자가 언어에서 벗어나 말로써 '생각될' 수 없는 모든 것을 향하도록 하는 데 기여한다.

물론 수많은 문화권과 수많은 시대ㅡ실상 오늘날의 학계를 제외한 거의 모든 곳ㅡ에 속한 사람들이 이와 같은 가능성을 탐구해왔다. 그렇다면 오늘날 그런 가능성이 제가 배제된 한 영역(문학ㅡ옮긴이)의 경계에 관해 이야기를 꺼내는 데도 성공했다는 사실은 무엇을 의미하는가? 콘의 논의를 확대해서 이러한 동기성(同期性)은 지구가 우리의 대화 상대로 떠올랐다는 사실, 그리고 그것이 정말로 우리를 '통해서' 생각하고 있다는 사실을 확인해준다고 말할 수 있는가? 또한 숲과 관련한 콘의 제안을 유추하는 것과 관련해, 인류세를 생각하는 것은 이미지로 생각하는 것이며, 그것은 우리가 과거에 익숙해 있던 로고센트리즘(logocentrism: 언어중심주의—옮긴이)으로부터의 탈피를 요청하리라는 결론으로 이어지는가? 그것이 텔레비전·영화 같은 시각 예술이 문학 소설보다 기후변화를 본격적으로 다루기에 훨씬 더 나은 매체인 이유일 수 있는가?[137] 그리고 만약 그렇다면 그 사실은 소설의 미래에 어떤 의미를 부여하는가?

물론 지난 수세기 동안 심화한 로고센트리즘과 관련해 각기 다른 수많은 계보를 구축하는 것은 가능하다. 하지만 그 모든 계보가 수렴하는 지점은 일반적으로 아브라함 종교〔Abrahamic religions: 아브라함 계통의 종교는 아브라함에 그 기원을 두고 공통된 철학을 가진 종교로서 유대교, 기독교, 이슬람교, 드루즈교(Druze), 바하이 신앙(Baháʼí Faith) 등이 그에 해당한다—옮긴이〕, 구체적으로 종교 개혁(Protestant Reformation)의 로고센트리즘을 새로운 차원으로 옮겨준 인쇄술의 발명이다. 그랬던지라 어니스트 겔너(Ernest Gellner)는 1964년 "인문주의적 지성인은 기본적으로 문자 언어에 조예가 깊은 자"라고 선언할 수 있었다.[138]

인쇄본의 발달 역사를 그저 추적해보기만 해도 지난날 텍스트 안에 존재했던 회화적 요소들—삽화를 곁들인 책 가장자리, 초상화, 채색, 선화 등—이 서서히, 그렇지만 가차 없이 사라졌음을 확인할 수 있다. 18~19세기에 흔히 권두 삽화, 도판 등이 포함되어 있던 소설의 이력은 이러한 유형을 완벽하게 보여준다. 하지만 이 모든 요소는 19세기와 20세기 초를 거치면서 점차 자취를 감추었고, 급기야 **삽화**(illustration)라는 단어는 비단 소설 내에서뿐 아니라 다른 모든 예술 영역에서도 경멸어가 되고 말았다. 마치 우리로 하여금 언어라는 한계에서 벗어날 수 있게 해주는 모

대혼란의 시대

든 문과 창문을 닫아버린 결과, 인간이 제 고유의 추상화와 개념 말고는 자신들의 좁은 세계에서 달리 벗할 존재가 없도록 내몬 것만 같다. 사실상 모든 진보는 바로 이러한 환경에서 "세상을 점점 더 살 수 없는 곳으로 만드는" 대가를 치르며 성취한 결과다.[139]

하지만 그러던 중 커다란 변화가 닥쳤다. 다름 아니라 인터넷의 보급과 더불어 갑자기 텍스트와 이미지가 채색 원고만큼이나 손쉽게 서로 긴밀한 관계를 맺는 시대에 접어든 것이다. 이미지가 다시 텍스트로 이루어진 소설의 세계에 스며들기 시작한 것은 결코 우연이 아니다. 만화 소설이 출현하게 되었으며, 그 소설은 이내 진지하게 받아들여지기 시작했다.

따라서 인류세가 문학 소설에 저항하는 최후의, 그러나 가장 비타협적인 방법은 궁극적으로 언어 자체에 대한 저항이다. 만약 이 말이 사실이라면 과거에도 수차례 그랬듯이 혼합적인(hybrid) 새로운 형식들이 출현할테고, 읽는 행위 자체가 다시 한 번 변화를 겪을 것이다.

2부

역사

01

인류세와 오늘날의 기후 위기를 기술하는 데 자본주의가 내러티브를 전 개하는 중심축이 되는 경우는 너무나 흔하다. 이에 대해 시비할 생각은 없다. 내가 보기에 나오미 클라인(Naomi Klein)을 비롯한 이들은 올바르게 도 자본주의가 기후변화를 추동하는 주요인 가운데 하나라고 본다. 하지 만 나는 이러한 내러티브가 흔히 그만큼이나 중요한 인류세의 또 한 가지 측면을 간과하곤 한다고 믿는다. 바로 제국과 제국주의다. 자본주의와 제 국은 분명 단일한 실재의 양면이긴 하지만, 둘의 관계는 단순하지 않으며 과거에도 단순했던 적이 한 번도 없다. 나는 지구 온난화와 관련해 자본 과 제국의 명령이 더러 상반된 방향에서 압박을 가함으로써 이따금 직관 에 반하는 결과를 낳기도 한다고 생각한다.

제국이라는 프리즘을 통해 기후 위기를 바라보면, 아시아 대륙이 개념 적으로 지구 온난화의 모든 측면—즉 지구 온난화의 원인, 그것의 철학 적·역사적 함의—에, 그리고 전 세계가 그에 대해 반응할 가능성에 결정 적임을 알아차릴 수 있다. 잠깐만 생각해봐도 이 점은 분명하다. 하지만 이상하게도 그것이 지니는 함의는 지금껏 거의 무시되다시피 했다. 이는 아마도 인류세, 그리고 일반적으로 기후 문제를 둘러싼 담론이 여전히 대개 유럽 중심으로 이루어지고 있기 때문인 것 같다. 이것이 바로 아시아가 기후 위기에서 중추적 역할을 한다는 주장을 좀더 자세히 들여다보아야 하는 이유다. 당연한 말을 해야 하는 대가를 치르는 일임에도 불구하고 말이다.

02 ─────────────────────────────

아시아가 지구 온난화에서 중심 역할을 담당하는 것은 무엇보다 그곳에 거주하는 인구수 때문이다. 이의 중요성은 아마도 미래와 관련해 생각해볼 때, 그리고 지금 지구 전역에서 진행 중인 변화로부터 가장 크게 위협받을 이들이 살아가는 장소를 생각해볼 때 더욱 분명하게 드러날 것이다. 기후변화의 잠재적 피해자 대다수는 아시아에 있다.

아시아 본토 인구의 효과가 그렇다 보니 지구 온난화가 인간에게 미치는 파급력이 크게 증폭되고 있다. 가령 벵골 삼각주(방글라데시의 대부분과 인도 웨스트벵골주의 상당 부분으로 이루어진 지역)를 예로 들어보자. 세계에서 가장 강력한 2개의 강, 즉 갠지스강과 브라마푸트라강(Brahmaputra: 티베트 남서부에서 인도 북동부로 흐르는 강—옮긴이)이 합류하면서 형성한 벵골 삼각주는 세계에서 인구 밀도가 가장 높은 지역 가운데 하나다. 나이지리아의 25퍼센트 정도 면적에 2억 5000만 명 이상이 몰려 산다.

벵골의 범람원은 예컨대 태평양의 섬나라 투발루(Tuvalu)처럼 그렇게 빠르게, 그렇게 완전하게 물에 잠길 것 같지는 않다. 하지만 투발루 인구는 채 1만 명이 되지 않는 데 비해 방글라데시에서는 단 한 개 섬―볼라 섬(Bhola)―의 일부가 범람했을 때 50만여 명이 전치(displacement, 轉置: 살 던 곳에서 쫓겨나는 현상―옮긴이)를 겪은 일도 있었다.[1]

벵골 삼각주는 조밀한 인구 때문에 세계에서 가장 최악의 재앙들 가운 데 몇 가지를 겪었다. 1971년 사이클론 볼라(Bhola)는 30만 명에 달하는 사망자를 낳은 것으로 추정된다. 최근인 1991년에는 방글라데시에서 발 생한 사이클론으로 13만 8000명이 목숨을 잃었고, 그중 90퍼센트가 여성 이었다.[2] 해수면 상승과 점점 더 거세지는 폭풍우는 해안 지역을 따라 대 규모 범람을 일으킬 가능성이 크다.[3]

더욱이 벵골 삼각주에서는, 이를테면 이라와디강(Irrawaddy) 삼각주, 인 더스강 삼각주, 그리고 메콩강(Mekong) 삼각주를 비롯한 다른 아시아의 삼각주들에서와 마찬가지로 또 한 가지 요인이 해수면 상승효과를 더욱 부채질했다. 바로 아시아(그리고 세계 다른 곳)의 삼각주 지역들이 해수면 상 승 속도보다 훨씬 더 빠르게 물에 잠기고 있는 현상이다.[4] 이는 한편으로 지질학적 과정 때문이고, 다른 한편으로 댐 건설, 지하수 및 석유의 추출 같은 인간 활동 때문이다.[5] 다시 한 번 말하거니와 아시아 남부 지역은 유 독 취약하다. 차오프라야강(Chao Phraya), 크리슈나강-고다바리강(Krishna-Godavari), 갠지스강-브라마푸트라강, 그리고 인더스강 유역의 삼각주들 은 특히 심각한 위험에 노출되어 있다.[6] 파키스탄인들이 크게 의존해 살 아가는 인더스강은 더 이상 바다에 가닿을 수 없다. 그 결과 바닷물이 65킬로미터나 내륙으로 밀려 들어와 농경지를 100만 에이커 넘게 집어삼 킬 정도로까지 일대가 피해를 입었다.[7]

인도에서 큰 폭의 해수면 상승은 그 나라에서 가장 비옥한 땅 일부를 포함해 6000제곱킬로미터의 면적을 잃는 결과를 낳았다. 락샤드위프 (Lakshadweep)제도를 비롯한 인도 아대륙의 저지대 제도 상당수가 사라질 가능성이 있다.[8] 어느 연구는 해수면 상승으로 인도에서 최대 5000만 명, 방글라데시에서 7500만 명이 이주해야 하는 결과를 낳을 수 있다고 밝혔다.[9] 베트남은 해수면 상승으로 위협받는 국가 목록의 상위에 놓여 있다. 해수면이 1미터 상승할 경우 그 나라 인구의 10퍼센트 이상이 살던 곳을 떠나야 한다.[10]

계속되는 기후변화는 아시아 대륙의 내륙에도 무시무시한 위협을 가한다. 그곳은 가뭄, 잦은 홍수, 기상 이변 사건 때문에 수백만 명의 거주민과 그들의 생계가 진즉부터 위기에 처해 있다. 인도의 경작지 가운데 무려 24퍼센트가 서서히 사막으로 바뀌고 있으며,[11] 지구의 평균 기온이 섭씨 2도 상승하면 그 나라의 식량 공급량은 25퍼센트나 줄어들 것으로 예상된다.[12] 파키스탄에서는 해마다 10만 에이커가 소금으로 뒤덮인 나머지 버려진다. 남은 논밭 가운데 "5분의 1은 심하게 물에 잠겨 있고, 그 4분의 1은 작황이 형편없다".[13] 세계 경작지의 7퍼센트에 해당하는 지역에서 재배한 식량으로 세계 인구의 20퍼센트 이상을 먹여 살리는 중국에서는 이미 사막화로 인해 연간 650억 달러를 손해 보고 있다.[14]

이러한 위협이 두려움을 안겨줌에도, 그 위협은 아시아에서 가속화하는 물 위기 탓에 과소평가되는 경향이 있다. 중국과 아시아의 남부 및 남동부를 지탱해주는 강들은 티베트와 히말라야산맥에서 발원한다. 축적된 얼음 형태로 거기에 저장되어 있는 물이 세계 인구의 47퍼센트를 살아가게 한다. "여기에는 인간 종의 절반에 해당하는 이들의 물과 관련한 꿈이며 두려움이 공존한다."[15] 하지만 이 지역에서는 온난화가 세계 평균 속도보다 갑절이나 빠르게 진행된다. 게다가 히말라야 빙하는 2008년에 이미 1940년대 중반 이후 형성된 빙하를 **모두** 잃은 것으로 드러났다. 몇몇 추정치에 따르면 2050년에는 히말라야 빙하 가운데 3분의 1이 사라진다.[16]

히말라야 빙하의 용융 속도가 빨라지면 거기서 발원한 강들의 유속 변화도 커진다. 그에 따라 건기에는 전례가 없을 정도로 유속이 느려지는 반면, 우기에는 2008년의 비하르주 코시강(Kosi) 재난이나 2010년의 인더스강 홍수에서 보듯 대규모 범람이 초래될 수 있다.[17] 게다가 만약 빙하가 계속 지금과 같은 속도로 줄어들면, 아시아에서 가장 인구 밀도가 높은 지역들은 10~20년 내에 재앙과도 같은 물 부족 사태에 직면할 것이다. 또한 세계 강의 25퍼센트가 바다까지 닿기도 전에 말라버릴 것이다. 그 강들의―대부분은 아니라 해도―상당수가 아시아에 있다.[18]

인구수라는 측면에서 그 결과는 상상을 초월한다. 남아시아와 동남아시아에서 살아가는 5억 명의 목숨과 생계가 위험에 처해 있다. 달리 덧붙일 필요도 없는 말이지만, 그 파급 효과로 인한 부담은 주로 그 지역의 가장 가난한 이들이 떠안는다. 그 가운데는 여성이 불균형할 정도로 많은 비중을 차지한다.[19]

경감 조치, 준비성, 탄성 회복력이라는 문제와 관련해 아시아가 가장 중요한 지역으로 떠오르는 것도 바로 인구수 때문이다. 중국 북부 지역은 미국의 대평원처럼 대수층이 고갈되고 있다. 하지만 미국의 오갈랄라(Ogallala) 대수층에서 물을 공급받는 45만 4000제곱킬로미터 면적 내에서 살아가는 인구는 고작 200만 명에 불과한 반면, 중국 북부의 32만 4000제곱킬로미터 면적에는 자그마치 2억 1400만 명이 몰려 산다.[20]

그 어떤 기후 전략도 아시아에서 효과를 보고 수많은 아시아인이 그것을 채택하지 않는 한 전 세계적으로 효력을 발휘할 수 없다는 사실은 외면하기 어렵다. 하지만 이 문제에서도 아시아 본토 특유의 조건들에 대해서는 논의가 제대로 이루어지지 않고 있다.

03

아시아 인구의 취약성은 그들이 지구 온난화에서 중요한 역할을 한다는 것을 보여주는 한 가지 측면에 불과하다. 실제로 아시아 대륙은 오늘날의 기후변화 주기를 이끌어가는 일련의 결과를 촉발하는 데 크게 기여하기도 한다. 이 이야기에서도 결정적 요소는 인구수다. 기후 위기를 막다른 길로 몰아간 것이 다름 아니라 1980년대에 인구 밀도가 가장 높은 아시아 국가들에서 시작된 급격하면서도 광범위한 산업화이기 때문이다.

인구수는 다시 한 번 아시아가 지구 온난화에서 맡고 있는 역할과 그보다 먼저 산업화한 선진국들이 떠안은 역할 간의 차이를 만들어내는 데 결정적 요소로 떠오른다. 서구가 온실가스 축적에 가장 크게 기여한 측면은 20세기 초 세계 인구 중 약 30퍼센트를 차지하는 이들의 탄소 발자국(carbon footprint)이 꾸준히 증가한 데 따른 결과다. 반면 아시아의 기여는 20세기 말 그보다 훨씬 더 많은 수의 사람들—즉 급증한 전 세계 인구의 절반에 이르는 사람들—이 만들어낸 탄소 발자국이 작은 규모지만 급작스럽게 팽창한 데 따른 결과다.[21]

설사 아시아 본토의 역사가 이 길을 걷지 않았다 하더라도 지구 행성은 끝내 기후 위기를 맞았을 것이다. 어쨌거나 기후변화의 조짐이 일어난 시기는 1930년대로 거슬러 올라가니 말이다.[22] 그리고 대기 중 이산화탄소 집적은 찰스 킬링(Charles Keeling)이 하와이주 마우나로아 관측소(Mauna Loa Observatory)에서 측정을 시작했을 때 이미 300ppm을 넘어섰다.[23] 이는 아시아 본토의 여러 국가에서 경제가 급속한 발달을 시작하기 한참 전인 1950년대 말의 일이다. 심지어 그때조차 서구의 탄소 발자국은 너무나 가파르게 상승해서 대기 중에 온실가스가 계속 축적되도록 내몰기에 충분한 정도였다. 그러나 아시아 본토가 1980년대 말 지속적인 경제 팽창기에 접어들지 않았다면 온실가스가 그토록 가파르게 증가하지는 않았을 것이다.[24] 있는 그대로의 위기에 적응하거나 그것을 인식할 수 있는 시간을 극적으로 단축시킨 것이 바로 이 같은 가속이었다.

하지만 아시아는 주인공이자 피해자로서 이중적 역할과는 무관하게 '대혼란'이 전개되는 데서 또 한 가지 결정적 역할을 담당했다. 그것은 무대 위에서 서툴게 굴어대는 과정을 통해 그 음모의 핵심 비밀을 우연히 알아차린 얼간이 역할이다. 지구를 좌지우지할 정도로 인구가 어마어마한 유일한 대륙에서 경험적 테스트를 거치지 않았다면 근대성의 중요한 측면들이 명료해지지 않았을 것이기 때문이다. 그리고 진정으로 폭로적인 모든 실험과 마찬가지로, 만약 그 결과가 지금과 똑같지 않았다면 아시아인이나 그 밖의 사람들은 그것을 믿지 않았을 것이다. 그 결과가 직관에 반할뿐더러 거의 한 세기 동안 우리의 삶·사고·행동이 기반을 두고 있던 모든 교리와 모순을 일으키기 때문이다. 그 실험을 통해 우리가 깨달은 것은 근대성이 잉태한 생활 유형은 세계 인구 가운데 오직 소수만이 누릴 수 있다는 사실이다. 아시아의 역사적 경험은 우리 지구가 모든 인간이 이러한 생활 유형을 채택하도록 허락지 않을 것임을 똑똑히 보여준다. 세상에 존재하는 모든 가정이 두 대의 승용차·세탁기·냉장고를 소유할 수는 없는데, 이는 기술적이거나 경제적인 한계 때문이 아니라 그렇게 해서는 그 과정에서 인류 전체가 살아남을 수 없기 때문이다.[25]

그런가 하면 '대혼란'이라는 무대에 오르도록 자신을 꼬드긴 유령의 가면을 찢어발긴 것도 다름 아닌 아시아였다. 하지만 아시아는 제 스스로가 벌인 짓에 놀라 움찔하게 된다. 흠칫 놀란 아시아는 자신이 무엇을 보았는지조차 감히 말하지 못한다. 그 무대에 오르게 되면 다른 모든 존재처럼 '덫에 갇히기(trapped: 경로를 변경할 수 없고 되돌릴 수도 없는 길로 접어들어 옴짝달싹 못한다는 뜻─옮긴이)' 때문이다. 아시아가 무대에서 자신을 맞이하기 위해 기다리는 무리에게 할 수 있는 얘기라곤 고작 "하지만 여러분은 약속했고 …… 우리는 여러분을 믿었다!"라는 말뿐이다. (서구 선진국들이 아시아 국가에 "여러분도 서방 국가들이 누리는 것─가령 무한한 에너지, 번영, 자주성, 이동성 등─을 누리게 해주겠다"는 허울뿐인 약속을 했다는 의미에서 나온 말─옮긴이.)

공포에 질린 얼간이 역할에서 아시아는 그 자신의 침묵을 통해 오늘날 세계 통치 체제의 중심에서 더욱 분명해지고 있는 침묵을 드러내주었다.

04

만약 아시아 본토가 세계 경제의 주도적 메커니즘을 수용한 결과 기후 위기가 촉발되었다는 주장이 사실이라면, 인류세의 역사와 관련해 다음과 같은 중요한 질문을 던져보아야 한다. 왜 인구 밀도가 높은 아시아 국가들은 그 이전이 아니라 20세기 말에 이르러서야 산업화했는가?

대혼란의 시대

이상하게도 이 질문은 지구 온난화 역사에 대한 설명에서 명시적으로 제기된 적이 거의 없다. 하지만 그 역사는 왜 비서구 세계가 탄소 경제에 돌입하는 데 굼떴느냐는 질문에 암묵적인 답변을 제공해준다. 즉 단순히 탄소 경제를 창출한 테크놀로지(예컨대 다축방적기나 증기 기관)가 영국에서 발명되었고, 따라서 세계 대부분 지역에서는 그에 접근할 수 없었기 때문이라는 것이다.[26] 이러한 견해에 따르면, 산업화가 서구에서 다른 곳으로 퍼져나간 테크놀로지의 확산 과정을 통해 이루어진다.

물론 이 같은 내러티브는 서구의 탄소 집약 경제가 점점 더 빠른 속도로 온실가스를 대기 중에 배출한 시기인 19~20세기의 지구 온난화 역사와 일치한다. 따라서 아닐 아가르왈[Anil Agarwal: 1954~. 인도에서 가장 큰 광업 및 비철금속 회사인 베단타 리소스(Vedanta Resources Limited)의 창립자이자 회장—옮긴이]과 수니타 나라인(Sunita Narain: 1961~. 인도의 환경 운동가 및 정치 운동가. 지속 가능한 개발이라는 녹색 개념의 주창자—옮긴이)이 1991년 기후 정의(climate justice)에 관해 발표한 영향력 있는 에세이에서 밝혔다시피 "온실가스의 대기 중 축적은 주로 선진국, 특히 미국에서의 어마어마한 소비가 빚어낸 결과다".[27] 하지만 이 사실 때문에 탄소 경제가 대단히 복잡한 전사(前史)를 지녔음을 간과해선 안 된다.

탄소 집약 경제가 도래하기 전에는 '구세계'의 인구가 테크놀로지상의 커다란 간극으로 인해 분할되어 있지 않았다. 수천 년 동안 통상 관계가 대단히 긴밀해서 사상과 기술의 혁신은 먼 거리까지 무척이나 빠르게 전달되었다. 더러는 심지어 장기적이고 '심층적인(deep)' 역사적 과정조차 서로 멀리 떨어진 장소에서 거의 동시다발적으로 전개되곤 했다.[28] 언어의 자국어화(vernacularization)가 그 한 가지 예다. 셸던 폴락(Sheldon

Pollock: 1948~. 인도의 지성사 및 문학사를 전공한 산스크리트학파 학자—옮긴이)이 보여준 대로, 이 과정은 유럽과 인도 아대륙에서 거의 비슷한 시기에 진행되었다.[29] 이를 재촉한 자극 역시 양쪽 예에서 이슬람 확산에 의해 촉발된 힘들로 동일했을지 모른다.[30]

오늘날에는 대략 16~19세기 초에 이르는 근대 초기가 세계의 상당 부분에서, 특히 유라시아 대륙 전역에서 대체로 유사하게 급속한 변화가 이루어진 시기였음을 보여주는 연구 결과가 숱하게 나와 있다.[31] 이러한 발달이 거대한 기후 혼란의 시기 동안 (즉 17세기에) 이루어졌다는 사실은 근대 초기의 변화가 지구의 상이한 지역에서 서로 다른 효과를 발휘한 기후 변화에 영향을 받았을 가능성이 있음을 시사한다.[32]

어쨌든 근대 초기에 테크놀로지와 지식의 교환이 활발했다는 것은 어김없는 사실이다. 예컨대 16세기에 무기류 생산 및 요새 건설과 관련한 기술 혁신은 유럽, 중동 그리고 인도 사이에 급속도로 전파되었다.[33] 사상과 관련해서도 마찬가지였다. 17세기에 나온 《호르투스 말라바리쿠스(Hortus Malabaricus)》[‘말라바르(Malabar)의 정원’이라는 뜻으로, 1678년 헨드릭 판 르헤이더(Hendrik Van Rheede)와 이티 아추탄 바이드야르(Itty Achuthan Vaidyar)가 쓴 식물학 저서. 오늘날 인도의 케랄라주·카르나타카주·고아주를 포괄하는 웨스턴가츠(Western Ghats) 지역의 식물을 다루었다—옮긴이] 같은 초기의 식물학 관련서는 유럽 및 기타 지역 학자들 간의 협력을 통해 출간되는 일이 잦았다.[34] 사상의 끊임없는 교류는 수학 분야에서도 일어났다. 이제는 널리 알려진 사실이지만, 케랄라 수학학파(Kerala School of Mathematics: 케랄라는 인도 남서부 해안에 위치한 주—옮긴이)는 “그레고리, 뉴턴 그리고 라이프니츠의 연구를 250년 넘게” 앞질렀다. 이러한 발전의 성과가 예수회 수사들을 통해 유럽으로 전파되었을 가능성도 있다.[35] 하지만 유럽은 대체로 비서구의 영향력을 제대로 인식하지 못했다. 다만 적어도 한 가지, 즉 19세기 영국의 논리학자이자 수학자 조지 불(George Boole: 1815~1864—옮긴이)의 경우만큼은 예외였다. 그는 비서구의 영향력을 분명하게 알아차렸으며, 그의 아내 메리 에베레스트 불(Mary Everest Boole)은 "19세기 유럽의 과학은 만약 동양에서 축적된 지식의 연속적 세례로 인해 풍요로워지지 않았다면 결코 오늘의 수준에 이르지 못했을 것"이라고까지 말했다.[36]

그런가 하면 동서양에서 비슷하게 발달한 철학은 사상이 적극적으로 교류되었음을 드러내주는 특별히 흥미로운 예다. 철학자 조너던 가네리(Jonardon Ganeri)가 밝혔다시피, 벵골의 '나브야 니아야(Navya-Nyāya: 신정리(新定理)—옮긴이) 철학' 학파의 혁신은 유럽 근대 초기 철학자들의 사상과 놀랄 만큼 유사하다. 철학 사상의 교류가 어찌나 빨랐는지 이슬람, 자이나(Jaïn), 힌두 철학자들은 데카르트의 사상에 '그의 사후 10년' 내로 익숙해질 정도였다.[37] 이러한 사상의 전파와 순환에서 중추 역할을 한 인물은 프랑스 여행가 프랑수아 베르니에(François Bernier)였다. 그는 아시아를 여행하는 동안 데카르트의 저서를 페르시아어로 번역했다. 가네리는 이렇게 썼다. "격동의 시대였던 17세기에 인도에서는 …… 지식이 크게 발달했다. 이슬람·자이나·힌두의 지식인들이 엄청나게 생명력 있는 작품을 쏟아냈고, 여러 사상이 인도 전역에서 교류되었으며, 페르시아와 아랍 세계를 거쳐 유럽으로까지 전파되었다가 다시 돌아왔다."[38]

한마디로 산자이 수브라만얌(Sanjay Subrahmanyam: 1961~. 근대 초기를 전문으로 연구하는 인도의 역사가—옮긴이)이 오랫동안 주장해온 바와 같이, 근대성은 서구에서 나머지 세계로 퍼져나간 '바이러스'가 아니었다.[39] 그렇다

기보다 오히려 세계의 다른 지역들에서 거의 동시다발적으로 발생하면서 무수하게 반복된 "전 지구적이고 중첩적인 현상"이었다.

이럴 가능성이 존재할지도 모른다는 사실은 서구 근대성을 분명하게 규정하는 여러 특성 가운데 하나, 즉 저만이 독특하다는 서구 근대성 자신의 주장에 의해 오랫동안 가려져왔다.[40] 그러나 이러한 주장조차 대개 하나의 사례와 관련해서는 유보적이었다. 바로 일본의 경우인데, 그와 관련해 사람들은 일본이 독특한 형태의 근대성을 경험했음을 널리 인정한다. (수브라만얌의 말마따나) 이는 의심의 여지없이 일본의 은행 잔고 덕분이었다. 자국이 경험한 근대성이 독특한 형태라는 주장을 정당화하기에 충분할 정도로 두둑한 은행 잔고 말이다. 하지만 이제는 인도·중국을 비롯한 다른 수많은 나라의 은행 잔고 역시 크게 불어났으므로 근대 초기에 하나 혹은 2개가 아니라 '다수의' 근대성이 꽃피었음이 점차 분명해지고 있다.

이러한 다수성은 화석 연료 사용에까지 영향을 미쳤다. 화석 연료의 사용은 비서구 사회에서도 오랜 역사를 지닌다. 오늘날에는 주로 잊혔지만, 이 역사는 산업혁명으로까지 이어진 시기와 그 직후 시기에 부상하던 근대성에 대해 유용한 통찰을 부여한다.

05 ─────────────────────────────

약 1000년 전 중국은 '중세 경제 혁명'을 겪었다.[41] 이 혁명이 너무나 과도한 삼림 파괴를 초래한 결과 그에 따른 토사 유출은 실제로 해안선을 달라지게 만들었고, 주장강·황허강·양쯔강의 삼각주들을 채워 그 면적을 넓혀주었다.[42] 11세기경에는 땔감이 몹시 부족했기에 북부 장쑤성의 거주민들은 자기네가 사는 지역에서 석탄이 발견되었다는 사실을 알고서 떨 듯이 기뻐했다. 이는 시인 소동파로 하여금 서기 1087년에 다음과 같은 시를 짓도록 만들었다.

그들은 풍부한 유물이 제가 사는 언덕에 묻혀 있다는 것을 눈치채지 못했네.
넘치도록 많은 사랑스러운 검은 암석, 수레 만 대분의 석탄을.

누구 하나 우수수 쏟아져 나오는 타르도 역청도 알아차리지 못했네. 그것이 새어나오는 곳에서,
냄새 지독한 증기만이 산들바람에 실려 뻐끔뻐끔 제멋대로 떠다녔네.

석탄층을 알려주는 단서가 발견되기만 하면 그 규모가 엄청나고 무한하다는 것이 밝혀졌네.
흥에 겨운 사람들은 떼 지어 춤을 추고 수많은 사람이 그곳을 방문하기 위해 길을 나섰네.[43]

한마디로 석탄은 중국에서 대단히 오랫동안 그 진가를 인정받고 사용되어왔다. 그렇다면 왜 중국은 영국보다 앞서서 대규모 석탄 경제로 전환하지 않은 것일까? 역사가 케네스 포메란츠(Kenneth Pomeranz)는 자신이 쓴 책에서 그에 대해 순전히 우연한 요소 때문일지 모른다고 주장한다. 그저 중국에서는 매장된 석탄이 영국과 달리 쉽게 접근 가능한 위치에 묻

혀 있지 않았던 탓일 수 있다는 것이다.[44]

하지만 중국인은 다른 화석 연료를 사용하는 데서도 선구적이었다. 다음은 18세기 말의 매뉴얼 《쓰촨성 수로의 고전(Classic of the Waterways of Sichuan)》이 그 지역에서 추출 및 사용된 천연가스와 석유에 관해 안내한 내용이다.

〔천연가스는〕 소금물을 끓이고 밥을 짓고 석회석을 태워 생석회를 만들고 나무를 태워 숯을 얻는 데 사용할 수 있다. 장작이나 초의 대용물로 쓰기 위해 대나무 관에 구멍을 뚫고 천연가스를 끌어올 때 이 구멍에 진흙을 바른다. 그렇게 하면 천연가스는 입구에서 뜨겁게 타오르지만 대나무는 타지 않는다. 또 어느 때는 천연가스를 돼지의 방광에 불어넣고 입구를 막은 다음, 상자나 가방 속에 담아 집에 가져간다. 밤에 바늘로 구멍을 뚫어 평범한 가정용 불을 붙이면 방광에서 불이 나와 방을 환하게 비춘다.

그런가 하면 유정도 있다. 석유는 탁한 빛깔을 띠지만 잘 타고, 우리는 어디서든 그것을 이용해 불을 피울 수 있다. 석유 불은 바람이 불거나 비가 내려도, 심지어 물속에 던져도 약해지거나 꺼지지 않는다. 만약 우리가 밤에 여행할 때 대나무 관에 석유를 담아가지고 다니면 대나무 관 한 칸당 여행길 1~2킬로미터를 밝힐 수 있다. ……유정은 흔하므로 혹여 발견한다 해도 그리 놀랄 일이 아니다.[45]

마크 엘빈(Mark Elvin)—위에 인용한 글은 그가 쓴 책 《코끼리의 후퇴: 3000년에 걸친 장대한 중국 환경사(The Retreat of the Elephants: An Environmental History of China)》에서 발췌했다—은 더 나아가 이렇게 적었다. "전

근대 말에 중국의 이 지역들 가운데 일부는 산업 과정에 천연가스를 사용했을 뿐 아니라 가정용 가스 조리기, 가정용 가스 조명 기기, 그리고 병에 든 석유를 연료로 삼는 원시적 형태의 휴대용 등도 사용했다. 이 모든 것은 대나무 관을 활용한 것들이다. ……다시 한 번 …… 기술과 관련한 이러한 활력과 솜씨에는 어딘가 부상하는 근대 경제의 느낌 같은 게 어려 있다."[46]

06

내가 쓴 소설 《유리 궁전(The Glass Palace)》은 버마의 한 상소를 다룬다. 석유가 수세기 동안 지표면으로 콸콸 쏟아져 나와 시내를 이룬 곳이다. 그 장소는 예낭야웅(Yenangyaung)이라 불리는데, 개흙의 고약한 냄새 때문에 그런 이름이 붙었다.

> 이라와디강에서 유독 이상한 풍경은 포파산(Mount Popa)의 거대한 화산 둔덕에서 남쪽으로 약간 떨어진 곳이었다. 이곳에서 강은 넓게 곡선을 그리며 방향을 틀어 1마일(1.6킬로미터 — 옮긴이) 넘게 폭을 넓힌다. 강의 동쪽 강둑에 고약한 냄새를 풍기는 야트막한 언덕들이 무수히 나타났다. 이 작은 언덕들은 걸쭉한 개흙으로 뒤덮여 있었는데, 그것은 더러 태양 빛 아래서 저절로 점화되어 강가를 따라 천천히 지나가며 불을 붙였다. 밤에는 이따금 멀리서 흔들거리는 작은 불꽃이 산마루를 수놓는 광경을 볼 수 있었다.
> 그 지역 사람들에게 이 개흙은 석유(earth-oil)라고 알려져 있었다. 이 물질은

청파리 날개처럼 반짝이는 짙은 초록색이었다. 그것은 바위에서 땀처럼 비어져 나와 빛나는 초록색 막으로 덮인 웅덩이로 모여들었다. 여기저기서 웅덩이가 합류해 개울이며 작은 시내를 이루었고, 기름을 함유한 삼각주가 해안을 따라 펼쳐졌다. 기름 냄새가 어찌나 고약했는지 이라와디강 전역을 온통 뒤덮었다. 뱃사람들은 배로 그 언덕배기를 지날 때면 크게 돌아가곤 했다. 냄새 고약한 시내들로 이루어진 이곳이 바로 예낭야웅이다.

이곳은 석유가 지표면 위로 자연적으로 샘솟는, 세계에서 몇 안 되는 장소 가운데 하나였다. 내연 기관을 발견하기 한참 전부터 석유를 위한 시장이 조성되어 있었다. ……상인들은 이 물질을 구하기 위해 중국 같은 먼 곳에서 예낭야웅을 찾아왔다. 기름을 모으는 것은 불타오르는 이 언덕에 붙박여 살아가는 공동체의 일이었다. 트윈자(twin-za)라고 알려진 그곳 사람들은 범법자·도망자·외국인으로 이루어진 결속력 강한 무리였다.

트윈자 가족들은 수세대에 걸쳐 각자의 샘이나 웅덩이를 소유했으며, 양동이와 대야에 기름을 모아 인근 마을로 실어 날랐다. 예낭야웅의 웅덩이 가운데 상당수는 너무 오랫동안 작업이 이루어져 기름 높이가 지표면보다 낮아졌다. 그 결과 주인들은 웅덩이를 파내려가지 않으면 안 되었다. 이런 식으로 일부 웅덩이는 점차 우물, 즉 유정이 되어갔다. 30미터 혹은 그보다 훨씬 더 깊은, 기름에 흠뻑 전 거대한 구덩이 주변에는 안에서 파낸 모래와 흙이 쌓여 있었다. 유정 가운데 일부는 너무 과하게 작업을 한 탓에 마치 가파른 원뿔 모양의 경사면을 지닌 작은 화산처럼 보이기도 했다. 깊이가 이 정도일 경우 그저 추를 매단 무거운 양동이를 내려보내는 것만으로는 더 이상 기름을 모을 수 없다. 트윈자들은 마치 진주조개를 잡는 잠수부처럼 숨을 참은 채 밧줄에 의지해 직접 웅덩이 아래로 내려갔다.

……밧줄은 도르래에 의해 그 트윈자의 아내, 가족, 혹은 동물의 몸에 묶여 있다. 그들은 유정의 경사면을 걸어 올라옴으로써 그를 내려보내고, 그가 잡아당기는 것을 느끼면 걸어 내려감으로써 다시 그를 끌어올린다. 유정의 가장자리가 유출된 기름 때문에 미끄러웠으므로, 더러 덤벙대는 작업자나 어린아이들이 그 아래로 굴러떨어지는 일이 벌어지곤 했다. 사람들이 이런 낙상 사고를 알아차리지 못하고 넘어가는 일은 흔했다. 첨벙하는 소리도 들리지 않고 잔물결도 거의 일지 않기 때문이다. 고요함이야말로 기름이 지닌 특징 가운데 하나다. 기름으로서는 표면에 자국을 남기는 일이 쉽지 않다.[47]

이 문단들은 19세기 후반을 배경으로 예낭야웅을 묘사했다. 하지만 버마 석유 산업의 역사는 그보다 훨씬 전으로 거슬러 올라간다. 심지어 1000년 이상 앞당겨질 가능성마저 있다.[48]

물론 사람들은 고대 이후 세계의 수많은 지역에서 천연적 샘, 낮은 땅, 손으로 판 구덩이 따위로부터 기름을 얻어 사용해왔다. 하지만 '버마의 초기 석유 산업'은 '세계 최대 규모'였을 가능성이 크다.[49]

예낭야웅의 유정은 이미 18세기 중엽에 영국 여행가들의 주목을 끌었다. 아바(Ava) 왕실에 파견된 동인도회사의 사절 마이클 사임스(Michael Symes) 육군 소령은 1795년 그에 대해 이렇게 묘사했다.

일행은 다채로운 모래밭과 마을을 지난 뒤, 오후 2시경 석유가 흐르는 시내라는 의미의 야이낭헤오움(Yaynangheoum)에 도착했다. ……우리는 아바 제국과 인도의 수많은 지역에 그 유용한 산물을 공급해주는 유명 유정들이 이곳에서 동쪽으로 8킬로미터 거리에 있다는 통보를 받았다. ……시내 어귀는 석유를 싣기 위해 기다리는 커다란 배들로 북적거렸다. 그 마을의 둘레와 내부에는 흙으로 구운 항아리들이 거대한 피라미드처럼 쌓여 있었다. 마치 무기고에 포탄을 쌓아둔 것 같은 형상이었다. ……우리는 기름을 담은 항아리 수천 개가 강둑에 줄지어 있는 모습을 보았다.[50]

예낭야웅의 석유는 용도가 다양했다. 특정 질병의 치료약으로 피부에 바르기도 했으며, 살충제로 혹은 수레바퀴에 치는 윤활유로, 배를 만들 때 누수 방지제로, 심지어 야자나무 이파리로 만든 책의 보존제로 쓰기도 했다. 하지만 가장 중요한 것은 등에 쓰는 원료로서 용도였다. 1826년 한 영국 관리는 예낭야웅의 석유 가운데 3분의 2가 그렇게 쓰인다는 이야기를 들었다. 버마인에게 크게 사랑받았고 지금도 여전히 사랑받는 밤의 '축제(pwes)'를 가능케 해주는 것이 바로 그런 형태의 조명이었다.[51]

당시의 지배 세력 콘바웅(Konbaung) 왕조에게 석유 산업은 18세기에조차 주요 수입원이었고, 이것이 바로 영국 사절들이 거기에 특별한 관심을 기울인 이유다. 하지만 석유는 영국인이 콘바웅 왕국의 상당 지역을 점령하고 당시의 지배자 민돈 왕(King Mindon)으로부터 그가 거두어들이던 남부의 수입을 빼앗은 1852~1853년의 제2차 영국-버마 전쟁 이후 특히 중요해졌다. 이는 민돈 왕이 더욱 크게 석유에 의존하도록 만들었고, 1854년 그는 수많은 현대의 산유국 지배자들이 이어지는 세기에 벌이게 되는 일을 했다. 즉 예낭야웅의 유전을 직접 통제하겠다고 나선 것이다. 사실상 석유 산업을 국유화하는 조치였다. 그 후 석유 생산자들은 오직 국가에만 석유를 팔 수 있었고, 가격 책정 권한은 왕에게 주어졌다. 그런가 하면 민돈 왕은 파라핀 양초를 생산하는 한 영국 회사와 계약을 체

결함으로써 세계 시장과의 연결 고리를 마련하기도 했다. 그 회사(Price's Patent Candle Company Ltd.)는 이내 버마의 석유를 매달 약 2000배럴씩 수입했다. 예낭야웅 유전의 연간 생산량 4만 6000배럴의 절반이 넘는 수치였다.[52]

민돈 왕은 거기서 한발 더 나아가 주도적 위치에 있는 유정 주인의 딸과 혼인함으로써 석유 기업과 자신의 관계를 돈독하게 하고 120개의 유정에 대한 통제력을 장악할 수 있었다.[53] 그는 만달레이(Mandalay: 미얀마 중부, 이라와디강 서쪽에 있는 도시―옮긴이)에 석유를 저장하고 가공하는 정유소를 지었다고도 한다. 이를 비롯한 다른 여러 가지 개입 조치로 1862~1876년에 버마의 석유 생산량은 2배가량 늘었다.

이를 감안하건대 현대의 석유 산업 창출로 나아가는 최초의 조치들은 실제로 버마에서 이루어졌다고 할 수 있다. 하지만 우리는 이러한 조치들이 결국 어디로 이어졌을지 알지 못한다. 자국 석유를 통제하고자 하는 버마의 시도가 1885년 허무하게 끝나버렸기 때문이다. 1885년은 영국이 버마를 침공해 콘바웅 왕국의 나머지 부분을 마저 합병하고, 그 왕국의 마지막 왕인 티바우(Thibaw)를 폐위시킨 해다. 그 후 예낭야웅의 유전은 영국의 통제 아래 놓였고, 이내 1960년대까지 버마-셸(Burmah-Shell)로 알려진 거대 기업의 중심이 되었다. 하지만 19~20세기 내내 예낭야웅의 트원자들은 그 지역의 유전을 착취하는 데서 중요한 역할을 해왔다. 그들은 오늘날까지도 그렇게 하고 있다.

19세기의 영국 자료들은 불운한 콘바웅 왕조에 대해 흔히 나태하고 부패하고 낙후했다는 표현을 사용한다. 하지만 역사가 탄트 민트우(Thant Myint-U)가 밝힌 바와 같이, 콘바웅 왕조의 마지막 왕들은―심지어 불운한 티바우 왕조차—제 나름대로 테크놀로지 이슈에 보조를 맞추고자 애썼다. 즉 그들은 전신 기술을 도입하고 증기를 동력으로 삼는 선박을 수입했다. 또한 여러 종류의 행정 개혁을 단행하고 제조업을 장려했으며 철로를 건설하고자 노력했고 프랑스와 영국에 학생들을 유학시킬 수 있도록 학자금을 조성했다.[54] 그들은 불교의 가르침에 부응해 동물 복지를 증진하는 데도 힘썼다. 민돈 왕의 명령에 따라 버마 왕국에는 1850년대부터 수많은 야생 동식물 보호 구역이 건립되었다.[55]

버마는 영국의 식민지 지배라는 역사적 굴절을 겪지 않았더라면 분명 부상하는 석유 경제에서 마음껏 활개를 칠 수 있었을 것이다. 19세기 중엽 석유 생산과 관련해 버마보다 더 많은 것을 경험한 나라는 세상 어디에도 없었기 때문이다.

이를 통해 '근대'라는 딱지가 붙은 다른 수많은 것들과 마찬가지로 버마의 석유 산업 발달 역시 수세기 전에 보급된 테크놀로지는 말할 것도 없고 해당 지역의 지배자, 관료 조직, 기업가와 관련한 더없이 복합적인 과정이었음이 분명해진다. 하지만 역사가 마릴린 롱뮤어(Marilyn Longmuir)의 지적대로 "석유를 연구하는 대다수 사가(史家)들은 1859년 8월 28일을 근대 석유 산업이 시작된 때로 본다. 바로 에드윈 드레이크(Edwin L. Drake) 대령이 펜실베이니아주 타이터스빌(Titusville) 인근의 오일 크리크(Oil Creek)에서 최초로 유정을 시추하는 데 성공한 때다".[56]

이는 다시 한 번 내가 앞서 진정으로 구별되는 서구 근대성의 한 가지 특징으로 언급한 것의 예다. 바로 서구 근대성이란 이른바 지성계가 그것이 독특하다는 것을 널리 알리는 데 엄청나게 헌신한 결과라는 점이다.

인도에서 증기를 동력으로 움직이는 최초의 선박은 후글리강을 항해한 준설선이었다. 그 선박의 엔진은 로버트 풀턴(Robert Fulton)이 1807년 허드슨강(Hudson)에 최초의 상업용 증기선을 진수함으로써 역사에 길이 남을 만한 일을 행한 때로부터 불과 10년밖에 지나지 않은 1817년 아니면 1818년에 버밍엄(Birmingham: 잉글랜드 중부에 있는 공업 도시―옮긴이)에서 캘커타로 보내졌다고 한다.[57]

1823년 일군의 캘커타 사업가들이 인도에서 처음으로 상업적 용도로 쓰인 두 해양 증기 기관을 광둥(廣東: 중국 동남부의 도시―옮긴이)의 어느 영국 무역상으로부터 구입했다. 두 증기 기관은 지역에서 건조(建造)한 선박에 장착되었으며, 그 배는 다이애나(Diana)라는 이름을 달고 후글리강에서 첫 항해를 시작했다. 비록 다이애나호가 상당한 주목을 끌기는 했으나 그 모험은 상업적으로는 실패했다. 하지만 증기 기관 수입은 꾸준히 이어졌다. 영국에서 가장 중요한 증기 기관 제조사 가운데 한 곳의 기록에 따르면, 인도는 그 기업에 네덜란드 다음으로 큰 시장이었음을 알 수 있다.[58]

이즈음 캘커타에서도 대여섯 개의 증기 기관이 만들어졌다. 캘커타 및 그 인근에서는 그 기계를 제조하고 유지·보수하는 기술을 얼마든지 활용할 수 있었다. 증기선에 정통한 인도의 한 역사가가 주장했다. "갠지스강 계곡 마을들에는 자체의 전통 기술이 증기선 함대를 가동하는 데 필요한 기술에 거의 필적할 정도였던 이들이 숱하게 많았다."[59] 이는 중요하지만 거의 주목받지 못한 증기 기관 시대의 한 가지 측면을 드러내준다. 바로 증기를 동력으로 삼는 전 세계 상선 함대의 보일러실을 책임진 인력 상당수가 인도 출신이었다는 점이다.

이미 1820년대 초에 인도 사업가들—해외를 기반으로 하든 지역에서 일하든—은 잉글랜드와 인도 간에 증기선이 정기적으로 항해할 수 있는 가능성에 깊은 관심을 보였다. 그제까지 석탄을 연료로 움직이는 어떤 선박도 그런 여행을 한 적이 없으므로, 부자들 연합—아와드(Awadh: 인도 우타르프라데시주 북부에 위치한 지역—옮긴이)의 나와브(Nawab: 무굴 왕조 때의 지방 장관—옮긴이)를 포함해—은 70일 이내에 그 여행을 완수할 수 있는 최초의 증기선에 대해 1만 파운드스털링을 상금으로 주겠다고 발표했다. 잉글랜드에서 일군의 투자자들이 그 도전에 뛰어들었고 4만 3000파운드스털링의 비용을 들인 엔터프라이즈호(Enterprise)—초기 증기선들 사이에서 거듭 등장하는 이름이다—라 불리는 외륜식 증기선이 뎁퍼드(Deptford: 런던 남동부 지역—옮긴이)에서 건조되었다.[60]

엔터프라이즈호는 1825년 8월 16일 팰머스(Falmouth: 잉글랜드 콘월주 서남부의 항구 도시—옮긴이)를 떠났고, 항해를 시작한 지 114일 뒤인 12월 7일 드디어 캘커타에 도착했다. 명시된 시간제한을 충족하지는 못했지만, 위원회는 그 여행의 역사적 의미를 인정해 그 증기선 소유주들에게 상당액의 상금을 지불했다.[61]

엔터프라이즈호의 도착은 캘커타에 엄청난 흥분을 안겨주었다. 내가 쓴 소설 《쇄도하는 불(Flood of Fire)》에서는 한 등장인물이 수년 뒤 광둥에서 그 장면을 회고한다.

나는 14년 전 그날을 또렷하게 기억한다. 엔터프라이즈라는 이름의 증기선이 캘커타를 향해 다가오던 날 말이다. ······그것은 인도양에서 처음으로 본

중기선이었는데, 배는 그 위업을 인정받아 상금까지 탔다. 당시 어렸던 나는 엔터프라이즈가 거대하고 높다란 선박일 것이라고 기대했다. 그런데 볼품없게 생긴 작은 배라는 사실을 알고서 내심 놀랐다. 하지만 엔터프라이즈가 움직이기 시작하자 실망감은 경이로움으로 바뀌었다. 그 배는 바람 한 점 일으키지 않은 채 수많은 작은 배 사이를 솜씨 좋게 누비고 다니면서 캘커타 해안가를 오르내렸다.

⋯⋯엔터프라이즈가 도착하자 캘커타의 선주들 사이에서 엄청난 경쟁이 불붙었다. 몇 년 내로 '뉴 하우라 조선소(New Howrah Dockyards)'는 60마력의 엔진을 장착한 티크(teak: 가구 재료로 쓰이는 단단한 목재―옮긴이) 외륜선 포브스호(Forbes)를 건조했다. 이는 우리 아버지가 그 경쟁에 뛰어들도록 영향을 끼쳤다. 아버지는 그 도시에서 가장 유명한 벵골인 기업가 드와르카나트 타고르(Dwarkanath Tagore)가 세운 기업에 5000루피(rupee: 인도·파키스탄의 화폐 단위―옮긴이)를 투자했다. '캘커타 증기예인선연합(Calcutta Steam Tug Association)'이라는 이름의 회사였는데, 그 회사는 이내 두 척의 증기선을 소유하게 되었다. ⋯⋯오늘날 증기 예인선이 항해하는 것은 후글리강에서 낯익은 풍경이다. 사람들은 강에서 그 선박이 물을 휘저으며 뚝심 있게 나아가는 모습, 연기·그을음·재를 내뿜어 길게 흔적을 남기는 모습을 바라보는 데 익숙하다.[62]

드와르카나트 타고르―그의 손자가 1913년 노벨 문학상을 수상한 시인 라빈드라나트 타고르다―는 인도의 탄소 경제에 기여한 핵심 인물이다. 그는 "벵골에 대한 영국의 투자가 ⋯⋯ 그리 많지 않던" 18세기 말에 상업적 하부 구조를 구축하는 데 주도적이었던 수많은 지역 기업가 가운데 하나로[63] 탄소 경제와 관련해서도 선견지명이 있었다. 타고르는 '캘커타 증기예인선연합'을 설립했을 뿐 아니라 인도의 초창기 철로 지지자 대열에 합류하기도 했다. 1836년에는 인도 비하르주에 있는 라니간지(Raniganj) 탄전(炭田)을 사들임으로써 벵골에서 중요한 석탄 공급자 가운데 한 사람이 되었다.[64] 하지만 이러한 모험은 끝내 실패하고 만다. 그 모험이 자체적으로 결함이 있어서라기보다 지배 권력이던 동인도회사의 지원을 얻지 못했기 때문이다.

인도 아대륙의 반대편인 봄베이에서도 마찬가지로 토착 상인들이 새로운 조선 테크놀로지에 열광했다. 어느 면에서 그들은 거기에 반응하는 데 더 나은 위치에 놓여 있기도 했다. 봄베이의 토착 조선 산업은 그 기원이 18세기 중엽으로 거슬러 올라가기 때문이다.[65] 와디아(Wadia) 가문과 그들이 운영하는 '봄베이 조선소(Bombay Dockyard)'가 조선 산업을 이끌었으며, 그들은 유럽과 미국에서 가장 유명한 조선소들과 당당히 겨룰 만한 실력을 갖추었다. 와디아 가문의 명성은 영국 해군으로부터 수많은 계약을 따낼 정도로 드높았다. 〔1842년 난징 조약(1840~1842년 벌어진 청·영 전쟁을 끝내기 위해 1842년 8월 29일 청나라와 영국 간에 맺은 불평등 조약. 이 조약으로 홍콩섬이 영국 수중에 넘어갔고, 이를 계기로 상하이와 광저우가 개방되었다—옮긴이)은 영국 해군 함정 콘월리스호(Cornwallis)에서 체결되었는데, 그 배를 건조한 것이 바로 와디아 가문의 조선소였다.〕

하지만 그들을 파멸로 이끈 것 역시 다름 아닌 봄베이 조선소들의 그 같은 성공이었다. 영국의 해상 운송 산업은 인도가 건조한 선박이 영국 항구에 접근하지 못하도록 금지하지 않으면 "영국의 모든 조선공 가문이 굶어죽을 판"이라고 투덜댔다.[66] 1815년 영국 의회는 인도의 선박과 선원

(lascar: 유럽 선박에서 일하는 인도, 동남아시아, 아랍 출신의 선원—옮긴이)에게 엄격한 제약을 부과하는 '선박등기법(Registry Act)'을 통과시켰다.[67] 이 법률은 "지난 300년 동안의 경쟁적인 기술 혁신을 모두 합한 것보다 인도의 해상 운송 경제에 훨씬 더 치명적인 결과를 안겨주었다"는 평가를 받았다.[68]

여기서 조선 산업이 18~19세기 산업 혁신의 최전선에 놓여 있었음을 상기해보는 것도 의미 있을 터이다. 조선업자들은 상업적 이유에서든 군사적 이유에서든 모든 종류의 기술적 진전에 발 빠르게 대처해야 했다. 봄베이의 조선업자들은 증기 기술의 도전에 대처하는 데서 결코 굼뜨지 않았다. 1830년 능수능란한 조선업자 나우로지 잠세치 와디아(Naurojee Jamsetjee Wadia)는 잉글랜드에서 보내온 두 증기 기관을 장착한 증기선 휴 린제이호(Hugh Lindsay)를 최초로 물에 띄웠다. 하지만 그는 자신의 친척이자 공학자인 아르데세르 쿠르세치 와디아(Ardeseer Cursetjee Wadia)에게 추격당했다. 아르데세르는 1822년 14세의 나이로 '봄베이 조선소'에 도제로 들어갔으며, 훗날 인도인 최초로 왕립학회(Royal Society) 연구원으로 뽑힌 인물이다. 그가 자신의 비망록에 썼다. "과학에 대한 열정적 사랑에 힘입어 아무의 도움도 없이 약 1마력의 작은 증기 기관을 구축할 수 있었다. 마찬가지로 나는 동포들에게 증기의 원리와 특성을 설명해주고자 노력했다. 그리고 그러기 위해 잉글랜드에서 거금을 들여 해양 증기 기관을 만들었다. 그것이 봄베이로 보내졌기에 토박이 대장장이의 도움으로 내가 직접 만든 배에 장착할 수 있었다."[69]

이를 보건대 인도 기업가들은 영미의 증기 기술이 지닌 가능성을 재빠르게 터득했음을 알 수 있다. 상황이 달랐다면 그들은 분명, 이를테면 독일이나 러시아의 그 상대역들처럼 기민하게 증기 기술을 모방했을 것이다. 인도의 지배 권력이 세계 차원의 탄소 경제 선도자들이기도 했다는 바로 그 사실로 인해 당시 인도에서는 탄소 경제가 강력해질 수 없었다. 영국 경제의 식욕은 태양의 힘을 빌린 농법으로 생산한 다량의 원자재를 통해 충족되어야 했는데, 만약 탄소 경제가 인도 등지에서도 동시에 발달했다면 그 원자재는 수출 대신 자국에서 소비되었을 것이다.

다시 말해, 부상하는 서구의 화석 연료 경제는 다른 지역 사람들이 석탄을 기반으로 한 자체적인 에너지 체제를 개발하지 못하도록 막아야 했다. 필요하다면 강압을 동원하는 일도 불사하면서 말이다. 티머시 미첼이 말한 바처럼, 따라서 석탄 경제는 기본적으로 "모방되지 않는 것에 의존했다".[70] 제국주의의 지배가 그것을 보장해주는 장치였다.

그러므로 이러한 탄소 경제 아바타(avatar)가 인도에서 퇴각한 것은 그 어떤 근면함의 결여 때문도 기발한 재주나 기업가적 관심의 부족 때문도 아니었다. 만약 지역 기업가들이 딴 곳에 있는 그 경쟁자들에게 일상적으로 확대된 것과 같은 국가의 지원을 누릴 수 있었다면 상황은 완전히 달라졌을 것이다.[71]

08 ————————————————————————

인간과 관련해 우리가 순수함을 간절히 추구하면 추구할수록 혼합이나 이종교배에 직면할 가능성은 더욱 커지는 듯하다. 나는 이것이 인간 종에 해당하는 것처럼—오늘날의 인간 유형에는 수많은 상이한 계통의 후예들이 뒤섞여 있다—탄소 경제 계통에도 적용된다고 생각한다.

탄소 경제에 결정적 형태를 부여한 요소는 산업혁명을 재촉한 기계들이 어디서 유래했는지가 아니다. 그 기계들은 유럽 대륙에서와 마찬가지로 세계의 다른 지역에서도 쉽게 사용 및 모방될 수 있었다. 전 지구적 탄소 경제의 형태를 결정한 것은 증기 기술이 막 싹텄을 때, 즉 18세기 말과 19세기 초에 유럽 강대국들이 진작부터 아시아와 아프리카의 상당 지역에서 강력한 (하지만 결코 패권적이지는 않은) 군사적·정치적 기반을 구축한 데 기인했다. 그때부터 탄소 집약 기술은 서구 열강을 부단히 강화하는 효과를 가져왔다. 이는 그와 다른 근대성의 이형(異形)들을 억압함으로써 그것들을 오늘날 유일하게 지배적인 것이 된 근대성 모델로 통합하는 결과를 낳았다.

화석 연료가 서구 열강을 밀어주었음을 가장 분명하게 보여주는 것은 제1차 아편전쟁이었다. 그 전쟁에서는 적절한 이름의 네메시스호(Nemesis: '복수' 혹은 '인과응보'라는 뜻—옮긴이)가 이끈, 기갑 장비를 갖춘 증기선들이 결정적 역할을 맡았다. 다시 말해, 탄소 배출은 초기부터 모든 측면에서 권력과 매우 긴밀하게 연관되어 있었다. 이는 오늘날의 지구 온난화 정치학에서도 계속해서—비록 인지되지는 않지만—중요한 요소로 남아 있다.

1839~1942년의 제1차 아편전쟁은 자유 무역과 규제받지 않는 시장이라는 이름을 내걸고 싸운 최초의 주요 분쟁이었다. 하지만 아이러니하게도 이 시기가 가르쳐준 가장 분명한 교훈은 자본주의적 무역과 산업은 군사적·정치적 권력을 이용하지 않고서는 번성할 수 없다는 사실이었다. 국가의 개입은 늘 자본주의적 무역과 산업의 발달에 결정적 요소로 작용해왔다.[72] 아시아에서 서구 자본이 토착 상업을 압도하는 환경을 창출한 것은 바로 군사적 지배였다. 당시의 영국 제국주의 관리들은 그 안에 담

긴 교훈, 즉 군사적 지배의 지속이야말로 제국의 가장 중대한 임무라는 교훈을 똑똑히 이해했다.

아시아 본토에서 경제, 정치적 주권, 그리고 군사력이 서로 관계 맺으며 이루어내는 시스템은 제2차 세계대전이 끝나갈 무렵 탈식민화와 이전 식민지 권력의 (일시적) 퇴각이라는 두 가지 과정이 동시에 전개되고서야 비로소 회복했다. 단 몇십 년 만에 아시아 본토 경제 체제들의 가속이 뒤따른 것은 전혀 우연이 아니다. 디페시 차크라바르티가 지적한 대로 '거대한 가속'의 시기는 정확히 "유럽 제국주의 열강이 지배하던 나라들에서 대대적인 탈식민화가 진행된 시기"이기도 하다.[73]

사정이 이러했으므로 지구 온난화의 연대기와 관련해서는 다음과 같은 또 한 가지 중요한 질문을 던져볼 수 있다. 탈식민화와 제국(일본 제국을 포함해)의 해체가 좀더 일찍―가령 제1차 세계대전 이후―일어났더라면, 어떤 일이 벌어졌을까? 아시아 본토 국가들의 경제 체제는 더욱 일찌감치 가속화를 겪었을까?

이 질문에 대한 답이 '그렇다'라면 또 한 가지, 그만큼이나 중요한 질문을 제기해볼 수 있다. 제국주의가 실제로 아시아와 아프리카 국가들의 경제 체제 성장을 저지함으로써 기후 위기의 시작을 늦추었다는 주장은 사실인가? 만약 20세기의 주요 제국들이 좀더 일찍 해체되었더라면 인류는 대기 중 이산화탄소 농도 350ppm이라는 랜드마크 수치(landmark figure: 350ppm은 안전한 대기 중의 이산화탄소 농도 최대치―옮긴이)를 실제로 경험한 것보다 훨씬 더 이른 시기에 넘어섰으리라는 추정도 가능할까?

내가 보기에 이런 질문에 대한 답은 거의 틀림없이 '그렇다'일 것 같다. 이는 실제로 인도·중국을 비롯한 다른 수많은 국가들이 전 지구 차원의 기후 협상에서 취하는 입장 속에 조용히 내포되어 있다. 즉 1인당 배출량과 관련한 공정성 논의는 어느 면에서 잃어버린 시간에 관한 논의이기도 한 것이다.

이러한 입장은 역설적 가능성을 보여준다. 즉 탄소 경제의 핵심 기술 가운데 일부가 세계 최대 식민지 권력인 영국에서 처음 채택되었다는 사실은 **실제로 기후 위기의 시작을 늦추었을지도 모를** 가능성을 말해주는 것이다.

탄소 경제 역사의 복잡성을 인식하는 일은 결코 온실가스 배출과 관련한 전 지구적 기후 정의 논의의 힘을 약화하는 게 아니다. 반대로 그것은 그 논의를 영미 등의 국가 내에서 이루어지는 불평등, 빈곤, 사회 정의에 관한 논쟁과 동일한 맥락에 비추어 살펴보는 것이다. 또한 세계의 가난한 국가들은 그들이 게으르거나 의지가 없어서 가난한 게 아니라고 주장하는 것이다. 즉 그들의 가난은 그 자체로 탄소 경제가 초래한 불평등의 결과이자, 그들이 부에서도 권력에서도 불이익 상태에 놓이도록 보장하는 잔인한 힘에 의해 구축된 시스템이 낳은 결과다.

부가 탄소 경제의 결심임을 고려하면, 그리고 글로벌 사우스〔global south: 서구 선진국을 나타내는 글로벌 노스(global north)의 상대 개념으로 아프리카, 라틴아메리카, 개발 도상에 놓인 아시아·중동 등을 지칭한다─옮긴이〕의 가난한 사람들이 역사적으로 이러한 부의 혜택에서 배제되었음을 감안하면, 이용 가능한 모든 분배 정의의 규칙에 비추어 그들이 탄소 경제의 보상 가운데 더 큰 부분을 누릴 자격이 있음은 분명하다. 하지만 그러한 논쟁에 잠깐 동안 휘말리기만 해도 우리가 '대혼란'이라는 수렁에 얼마나 깊이 빠져 있는지 알아차릴 수 있다. 우리의 삶과 선택은 자기 절멸 말고는 다른 여지가 없어 보이는 역사의 유형 속에 갇혀 있는 것이다.

지질학자 데이비드 아처(David Archer: 시카고 대학의 지구물리학과 교수. 해양과 해저의 탄소 순환에 대한 연구 결과를 발표했으며, 대기 중 이산화탄소의 집적 역사, 향후 화석 연료로 인한 이산화탄소 배출량 추정치 등을 연구하고 있다—옮긴이)가 썼다. "돈은 단기 이익 쪽으로, 그리고 규제받지 않는 공유 자원의 과도한 남용 쪽으로 흘러간다. 이러한 경향성은 마치 그리스 비극에 나오는 영웅을 피할 수 없는 파멸로 몰아가는 보이지 않는 운명의 손과 같다."[74]

이것이 바로 지금 인류가 겪고 있는 '대혼란'의 본질이다.

09

하지만 제국주의는 아시아가 산업화로 가는 길에서 마주한 유일한 걸림돌은 아니다. 즉 그 경제 모델은 수많은 상이한 유형의 강력한 토착적 저항에 부딪히기도 했다. 산업자본주의가 모든 대륙에서, 특히 유럽에서 저항에 직면한 것은 사실이나, 아시아의 사례에서 특히 두드러지는 점은 그러한 저항이 흔히 마하트마 간디(Mahatma Gandhi)처럼 지극히 도덕적이고 정치적인 권위를 지닌 인물들에 의해 표명되고 지지를 받았다는 사실이다. 산업자본주의에 대해 간디가 선언한 가장 유명한 말은 1928년 그가 쓴 글귀에 담겨 있다. "신은 인도가 서구적 방식에 따라 산업주의를 채택하는 것을 금했다. 만약 3억 명(원문 그대로: 현존하는 과거 인구 센서스 기록에 따르면 1928년에 인도 인구는 약 3억 4000만 명으로 추정된다. https://en.wikipedia.org/wiki/Demographics_of_India를 참고했다—옮긴이)으로 이루어진 국가 전체가 그와 비슷한 경제 개발 체제로 옮아간다면 세상은 메뚜기 떼의 공격을 받은 것처럼 발가벗겨질 것이다."[75]

이 인용문은 대단히 매력적이다. 곧바로 문제의 핵심, 즉 인구수를 언급하고 있기 때문이다. 이는 다른 많은 사람처럼 간디 역시 아시아의 역사가 결국 실제로 보여주게 되는 바를 직관적으로 이해했다는 것, 산업화한 문명이 보편적이라는 전제는 사기라는 것, 그리고 소비자로서 생존 양식은 상당수 인구가 채택할 경우 삽시간에 지속 불가능해지고 문자 그대로 지구 행성을 마구 먹어치우는 상태에 이를 것임을 증명해준다.

물론 이러한 통찰을 얻은 것은 간디만이 아니다. 세계적으로 다른 수많은 인물도 흔히 전혀 다른 경로를 통해 같은 결론에 도달했다. 하지만 간디는 독특한 사회적·문화적 중요성을 띠는 존재였다. 더군다나 그는 고국을 위해 산업화한 문명이 부여하는 권력과 풍요를 자발적으로 내던짐으로써 기꺼이 스스로의 비전에 대한 논리적 결론에 도달하고자 했다.

이 점을 똑똑히 간파한 간디의 한두 우파 정적들은 집요하게 그를 인도가 약해지길 바라는 자라고 몰아세웠다. 실제로 간디가 암살당한 것도 바로 그 이유 때문이었다. 그의 암살은 장차 오늘날 인도를 지배하는 정치 체제의 핵심으로 자리 잡게 되는 조직의 전직 구성원이 저지른 소행이었다. 그 조직은 정확히 간디가 포기한 것, 즉 끊임없는 산업 성장을 약속한 결과 집권했다.

프라센지트 두아라(Prasenjit Duara: 인도 출신의 세계적 석학. 인도 뉴델리에서 학부를 마치고 미국 하버드 대학에서 박사 학위를 받았다. 근대 중국의 사회문화사, 민족주의와 초민족주의, 역사학과 포스트모더니즘 이론 등을 연구하고 있다―옮긴이)가 밝혀주었듯이, 중국에서도 인도와 비슷하게 산업주의와 소비주의가 도교·유교·불교적 전통 내부에서 비롯된 거센 저항에 부딪혔다. 거기서도 수많은 영향력 있는 사상가들이 대대적인 근대화에 내포된 의미를 간파했다. 그들 가운데 한 사람이 바로 돤치루이(段祺瑞: 1865~1936. 중국의 군벌이자 정치가. 1916~1920년에 중화민국의 최고 권력자였으며 중화민국의 국무총리와 임시집정을 역임했다―옮긴이)가 이끄는 정부에서 교육부 장관을 지낸 장쉬자오(章士釗: 1881~1973)다. 그는 이렇게 썼다. "하늘 아래 있는 모든 것을 규정하는 것은 유한성이지만 오로지 탐욕만큼은 도무지 경계를 모른다. 공급량이 유한한 것에 무한한 탐욕을 들이대면 전자는 이내 고갈될 수밖에 없다. 즉 유한한 것을 만족할 줄 모르는 욕망을 충족하는 데 사용하면 그것은 이내 바닥나고 만다."[76]

두아라는 아시아에서 가장 인구가 많은 두 나라, 즉 인도와 중국이 어떻게 오랜 기간에 걸쳐 서서히 "종교의 개신교화, 세속화 …… 그리고 국가 건설"로 귀결되는 수많은 정치적·문화적 운동을 통해 자본주의적 근대성에 대한 저항을 극복했는지 소상하게 밝혔다.[77]

하지만 가장 먼저 산업화한 아시아 국가들은 실제로 서구의 모델을 따르지 않았다. 스기하라 지우네(杉原千畝: 1900~1986. 일본 외교관으로, 제2차 세계대전 당시 나치 독일의 박해를 받고 있던 수천 명의 유대인에게 비자를 발급해줌으로써 학살로부터 그들을 구했다―옮긴이)를 비롯한 여러 사람이 보여주었다시피, 일본과 한국이 선택한 경로는 당연히 자원 낭비가 훨씬 적은 길이었다.[78] 일본은 또 한 가지 측면에서도 서구로부터 갈라져 나왔다. 즉 자연의 제약에 대한 인식이 그 나라의 공식 이데올로기 가운데 하나로 자리 잡은 것이다. "일본인에게 자연은 의식**이다**(Nature *is* consciousness for the Japanese people: 저자는 'is'를 이탤릭체로 표기했다. 예나 지금이나 변함없음을 강조하기 위한 것으

로 보인다—옮긴이)"라는 주장이 그것이다.[79]

아시아 출신의 수많은 주도적 인물들은 놀랍게도 서구에서 환경주의가 주로 반(反)문화적인 이슈였을 때조차 그에 대해 우려를 표명했다. 그런 이들 가운데 하나가 1962년부터 1971년까지 유엔 사무총장을 지냈으며 유엔환경계획(United Nations Environment Programme)의 창설에 결정적 역할을 한 버마 정치인 우 탄트(U Thant: 1909~1974. 앞에서 언급한 역사가 탄트 민트 우의 조부다—옮긴이)다. 1971년 그는 묘하게도 오늘날을 미리 점친 것 같은 예지력 있는 경고문을 발표했다. "우리는 매일 저녁 지구의 오염된 바다 전역에 깔린 스모그 사이로 해 지는 광경을 바라볼 때면 스스로에게 물어야 한다. 또 다른 행성에서 살아가는 미래의 어떤 우주 역사가가 우리에 대해 '그들은 천재성과 빼어난 솜씨로 선견지명과 대기와 식량과 식수와 사상을 모조리 고갈시켰다'고, 혹은 '그들은 자기네 세계가 끝내 붕괴하고 말 때까지 부단히 권모술수를 부렸다'고 말하기를 정녕 원하느냐고 말이다."[80]

중국에서는 인구수의 중요성에 대한 인식에 힘입어 결국 최근에 종결되긴 했지만 '한 자녀 정책'을 실시했다. 이 조치는 엄청난 고통을 감수하면서 그 나라 인구를, 만약 그것을 시행하지 않았을 경우 예상되는 정도보다 훨씬 낮은 수준으로 안정화하는 성과를 거두었다. 인류세에 대한 그와 정반대 관점에서 보면 이러한 정책은 의심의 여지없이 가혹하고 억압적이지만, 그럼에도 언젠가 거기에 대해서는 대단히 중요한 완화 조치였다는 평가가 나올지 모른다. 만약 기후 위기가 아시아 본토의 산업화에 의해 가속화했다는 주장이 사실이라면, 수억 명의 소비자가 그 방정식에 포함됐을 경우 우리가 대기 중 이산화탄소 농도 350ppm이라는 랜드마크 수치를 훨씬 더 이른 시기에 넘어섰을 것임은 자명하다.

기후 정의 문제를 염두에 둘 때는 이러한 역사도 진지하게 다루어볼 필요가 있다. 오늘날 기후 위기를 촉발했다는 이유로 걸핏하면 두들겨 맞고 있는 두 나라―인도와 중국―에서는 기후과학자들이 데이터를 제시하기 훨씬 전부터 적잖은 사람이 산업화한 문명은 규모의 한계에 부딪히기 쉽다는 사실, 그리고 지상에서 살아가는 사람들 대다수에 의해 채택되면 이내 붕괴하고 말 거라는 사실을 이해했다. 그들은 비록 동포들을 다른 방향으로 이끌어가는 데는 실패했지만, 자국에서 소비주의적이고 산업화한 경제 모델의 전면적 채택을 얼마간 늦추는 데는 분명 성공했다. 탄소 집약 경제가 부를 보상으로 제공한다고 여기는 세상에서 이는 대단히 심각한 물질적 손해로 여겨질 게 틀림없다. 상당수 사람들이 자신의 희생을 인정받으려 드는 것은 어찌 보면 당연하다.

따라서 '기후 배상금'에 대한 요구는 역사적으로도 도덕적으로도 흔들림 없는 토대 위에 서 있다. 하지만 탄소 경제 계보의 복잡성은 지구 온난화와 관련해 '우리'와 '그들' 사이를 명확하게 가르는 글로벌 사우스 거주민에게도 교훈을 안겨준다. 기후 위기가 서구에서 탄소 경제를 발달시킨 방식 탓에 초래된 거야 어김없는 사실이지만, 그 문제가 수많은 상이한 측면을 지니고 있다는 것 또한 사실이다. 따라서 우리는 기후 위기를 우리와는 완전히 동떨어진 '타자(他者)'가 야기한 문제라고 여길 수 없다.

그러므로 2015년 기후변화에 관한 파리협정 기간에 흔히 들을 수 있었던 문구, 즉 '공동의, 그러나 차별화된 책임(common but differentiated responsibilities)'은 적절하고도 정확한 관료적 어법의 드문 예다. 차크라바르티를 비롯한 여러 사람이 지적했다시피, 인류가 발생시킨 기후변화는 종으로서 인간 존재 자체가 빚어낸 의도치 않은 결과다.[81] 상이한 인간 집단들이 더없이 다양한 방식으로 기후변화에 기여했음에도, 지구 온난화는 궁극적으로 오랜 기간에 걸쳐 모든 인간 행동이 이루어낸 총체적 결과물이다. 지구에서 살다 간 모든 이는 인간이 이 행성의 지배 종이 되도록 하는 데 일정한 역할을 담당해왔다. 그리고 그런 의미에서 모든 인간은 과거에 존재했든 지금 존재하든 오늘날의 기후변화에 기여하고 있다.

현재의 기후변화 사건은 오랜 기간에 걸친 인간 행동을 모조리 반영한다는 점에서 역사의 종착역이기도 하다. 만약 우리의 과거 전체가 현재 속에 스며 있다면 시간성 자체는 중요성이 사라진다. 즉 일본 철학자 와쓰지 데쓰로(和辻哲郎: 1889~1960―옮긴이)의 말마따나 "우리는 역사적 발전을 추적하기보다 …… 오직 현재의 다양한 공식적 변화들을 알아보기만 하면 된다".[82]

그러므로 우리 시대의 기후 사건은 인간 역사 전반의 정수로서 오랜 기간에 걸친 인간 종 전체의 삶을 담아낸 결과다.

3 부

정치

01 ―――――――――――――――――――――――――――――――――――

기후변화는 아마도 가장 중요한 근대의 정치적 이념이다 싶은 것, 즉 자유―이는 오늘날의 정치뿐 아니라 인문학·미술·문학에서도 핵심 이념이다―에 강력한 도전을 제기한다.

 디페시 차크라바르티가 지적한 대로, "계몽주의 시대 이후 자유를 신봉하는 철학자들은 충분히 이해할 수 있는 일이지만, 주로 인간이 어떻게 다른 인간이나 인위적 제도가 제게 억지로 떠안긴 불공정, 억압, 불평등, 혹은 심지어 획일성에서 벗어날 수 있는지에 관심을 기울여왔다".[1] 비인간의 힘이며 체제는 이 같은 자유의 셈법에서 고려되지 않았다. 실제로 자연과 무관한 것이야말로 자유 그 자체를 규정하는 특징 가운데 하나로 받아들여졌다. 환경이라는 족쇄를 벗어던진 인간만이 역사적 행위 주체성을 부여받은 존재로 취급되었다. 즉 오직 그들만이 역사가의 관심을 끌 만한 가치 있는 존재로 여겨졌으며, 그 밖의 사람들은 과거가 있기는 하나 역사―인간의 행위 주체성을 통해 구현된다―가 부족한 존재로 간주되었다.[2]

 지구의 요동은 인간이 비인간의 구속에서 결코 자유롭지 못하다는 것을 우리에게 일깨워주었다. 그러므로 우리는 어떻게 하면 역사와 행위 주체성 개념을 재고할 수 있는가 하는 문제를 따져보아야 한다. 이 문제는 특히 비인간에서 인간으로, 구체적 차원에서 추상적 차원으로 급격한 전환이 이루어진 20세기의 문학 및 예술과 관련해서도 마찬가지로 중요하게 제기해볼 수 있다.

물론 이러한 상황 전개는 순전히 미학적 고려에 의한 것만은 아니었다. 거기에는 정치, 특히 냉전의 정치도 한몫했다. 예를 들어 미국의 정보기관은 소련이 선호한 사회적 사실주의(social realism)에 맞서서 추상적 표현주의를 촉구하는 작업에 관여했다.[3]

하지만 예술의 궤도는 냉전이 생겨나기 한참 전에 이미 결정되었다. 그것은 20세기 내내 점점 더 자기 성찰적으로 달라지는 경로를 밟았다. 1968년 로저 섀턱(Roger Shattuck: 1923~2005. 20세기의 프랑스 문학·예술·음악에 관한 저서를 집필한 것으로 잘 알려진 미국 작가—옮긴이)이 적은 대로 "20세기의 미술은 의미와 진실의 아름다움을 위해 외부 현실보다는 **스스로를 탐색하는** 경향을 띠었는데, 이는 예술 작품, 세계, 관객, 그리고 예술가 간의 새로운 관계를 요청하는 조건이었다".[4] 따라서 인간의 의식, 행위 주체성, 그리고 정체성이 모든 종류의 미학적 기획에서 중심을 차지했다.

이 분야에서도 아시아는 특별한 역할을 담당해왔다. 20세기의 수많은 아시아 사상가와 작가들에게 활력을 불어넣고 그들을 사로잡고 그들의 뇌리에서 떠나지 않은 문제는 정확히 '근대적인(modern)' 것과 관련이 있다. 문학과 예술에서도 자와할랄 네루(Jawaharlal Nehru)가 메가댐이나 공장에 보인 열정, 마오쩌둥(毛澤東)이 벌인 '자연과의 전쟁'에 맞먹는 현상이 드러났다.[5]

아시아의 작가와 예술가들은 근대성을 수용함에 있어 단절(rupture)을 통해 자기 지역의 문학·예술·건축 등을 급격하게 변화시켰다. 다른 곳에서와 마찬가지로 아시아에서도 이는 추상적이고 공식적인 것이 구체적이고 도해적인 것을 상대로 우위를 차지했음을 의미한다. 이는 또한 비인간에게 특별한 중요성을 부여하는 전통을 비롯한 수많은 전통이 무시되었다는 뜻이기도 하다. 아시아에서도 다른 여느 곳에서처럼 자유가 물리적 삶의 제약을 '초월하는', 그리고 인간의 정신·기상·정서·의식·내면성이라는 새로운 영역을 탐구하는 방법으로 여겨지게 되었다. 즉 자유는 철저히 마음속에, 신체에, 인간의 욕망 속에 거주하는 특성으로 자리 잡았다. 물론 모레티가 지적한 대로, 이러한 시각에는 모종의 '금욕적 영웅주의'가 깃들어 있지만, "당시의 미학적 성취가 급진성과 통찰력을 지니면 지닐수록 그들은 세계를 점점 더 살 수 없는 곳으로 그리고 있다는 사실도 이제 분명하다".[6]

늘 타인의 시선에 의해 감시당하고 판단되어왔음을 본의 아니게 알아차린 오늘의 우리가 정반대 시선으로 당시를 되돌아보면 무엇이 눈에 띌까? 우리 시대의 예술과 문학이 언젠가 대담함이나 자유 옹호자로서가 아니라 '대혼란'에 가담했다는 사실로 기억될 가능성은 없을까? 우리 시대의 예술가와 작가들이 취한 "공식적 질서에 지나친 분노를 표시하는 태도"[7]도 인류세의 관점에서 보면 사실상 공모의 일종이라고 말할 수 있을까?[8] 최근 몇 년은 기 드보르가 오래전에 한 말이 사실임을 분명하게 입증해 보였다. 그는 "스펙터클한 형태의 반란은 '별스레 시치미 떼면서 현재의 질서를 슬그머니 수용하는 태도'와 결코 양립 불가능한 게 아니다. 불만족 자체가 하나의 상품이 된다는 단순한 이유에서다"라고 꼬집었다.[9]

이러한 판단—혹은 심지어 그렇게 판단할 수도 있는 가능성—이 충격적이라면, 그것은 우리가 예술의 최전선은 어느 면에서 주류 문화보다 앞서 있다는 것, 예술가와 작가들은 미학적 문제에서뿐 아니라 공적 영역과 관련해서도 미리 내다보는 능력이 있다는 것을 받아들였기 때문이다. 작가와 예술가들은 20세기 전반에 점점 더 열렬하게 이 역할을 끌어안았다. 그런 경향은 탄소 배출량이 크게 늘어나고 있던 시기에 가장 강력했다.

이것을 보여주는 증거로서 잠시 일종의 사고 실험처럼, 20세기와 21세기에 걸쳐 작가와 예술가들의 정치 참여에 관한 그래프를 그릴 수 있다고 상상해보자. 나는 그 그래프가 같은 시기의 온실가스 배출량을 나타내는 그래프와 매우 흡사해질 가능성이 있다고 생각한다. 다시 말해, 그래프는 몇십 년 동안 꾸준히 가파르게 상승하다가 갑작스럽고 극적으로 치솟는 형태를 띨 것이다. 제1차 세계대전 기간 동안 산업·군사 활동이 증가했고, 이는 엄청나게 쏟아져 나온 문학 작품에 고스란히 반영되었다. 그 문학의 상당 부분은 드러내놓고 정치적이었다.

양차 대전 사이 기간에도 그래프는 줄곧 비슷한 형태를 유지한다. 즉 세계 차원의 산업 활동 증가는 사회주의·공산주의·반파시즘·민족주의·반제국주의 같은 정치 운동에 참여하는 작가들—가르시아 로르카(Garcia Lorca: 1898~1936. 스페인의 시인·극작가—옮긴이), 베르톨트 브레히트(Bertolt Brecht: 1898~1956. 독일의 시인·극작가—옮긴이), 조지 오웰(George Orwell: 1903~1950. 영국의 소설가·비평가—옮긴이), 루쉰(魯迅: 1881~1936. 중국의 문학가—옮긴이), 그리고 타고르가 대표적이다—이 점점 더 눈에 띄게 늘어나는 현상과 유사한 추세를 나타낸다.

그러다가 두 그래프는 제2차 세계대전 이후 몇십 년 동안 크게 벌어진다. 작가들의 정치 참여가 탄소 배출량 증가세를 훌쩍 앞지른 것이다. 어쨌거나 아시아의 대대적인 산업화는 아직 진행되지 않았지만, 세계 각지의 작가들은 모든 전선에서 자신의 정치 참여를 넓혀가고 있었다. 인도와 파키스탄에서 일어난 진보주의 작가 운동(Progressive Writers Movement), 사르트르와 탈식민화 운동, 제임스 볼드윈(James Baldwin: 1924~1987. 미국의 흑인 게이 작가. 인종과 성 정체성 차별의 추악함을 알렸으며, 미국 인종 문제의 어두운 현실을 신랄하게 폭로했다—옮긴이)과 시민권 운동, 그리고 비트 세대(Beat Generation: 1950년대 미국의 경제적 풍요 속에서 획일화·동질화로 개개인이 거대 사회 조직의 부속품으로 전락하는 데 항거했다. 민속 음악, 산업화 이전의 전원생활, 인간 정신의 신뢰, 낙천적 사고 등을 중시했다—옮긴이)와 1960년대의 학생 봉기, 인도네시아 작가 프라무댜 아난타 투르(Pramoedya Ananta Toer: 1925~2006—옮긴이), 소련의 알렉산드르 솔제니친(Aleksandr Solzhenitsyn: 1918~2008. 소설가·극작가·역사가—옮긴이) 정도를 떠올리기만 해도 그 점을 분명하게 확인할 수 있다. 이때는 전 세계적으로 작가들이 모든 정치 운동의 최전선에서 맹활약하던 시기다.

그래프는 1980년대가 되면서 다시 만난다. 그런데 이번에는 작가들의 정치적 에너지가 줄어들어서가 아니라 아시아의 탄소 배출 속도가 꾸준히 상승하기 시작해서다. 하지만 이 시기에도 작가들은 수많은 운동—페미니즘과 동성애자 권리 운동은 오직 그중 일부에 불과했다—의 전위였다. 이때는 역설적이게도 한편으로 탈식민화 과정, 그리고 다른 한편으로 영어라는 언어의 헤게모니 확대가 결합한 결과 나를 비롯한 작가들이 그 이전의 200년 동안에는 가능하지 않았던 방식으로 세계 차원의 문학 주류에 합류할 수 있었던 시기이기도 했다. 그런가 하면 의사소통 기술에서의 혁신과 번역 네트워크의 급성장도 정치와 문학을 '세계 문학 (Weltliteratur)'에 대한 괴테의 비전이 거의 실현되었다고 할 수준으로까지 국제화하는 데 한몫했다.

나 자신의 경험은 이 시기, 즉 폭발적으로 증가하는 탄소 배출 속도가 지구의 운명을 새로 쓰는 시기가 작가로서 이력을 시작한 숨 막힐 만큼 흥미로운 때였음을 입증한다. 앞서 밝힌 바 있듯, 이것이 지니는 중요한 측면은 '앞서갈(en avant)' 가능성, 사실상 아방가르드의 일원이 될 가능성 이었다. 그리고 이 개념은 20세기 이후 문학 창작과 예술 창작에 생기를 불어넣은 힘들 가운데 하나였다. 로저 섀턱이 비꼬듯 말한 대로 "모더니 즘은 그 경전에 중요한 내용을 적어 넣었다. 아방가르드는 늘 우리와 함 께한다고".[10]

앞서고자 하는 것, 그리고 이러한 노력을 찬미하고 신비화하는 것은 실제로 근대성 자체의 가장 강력한 추동력 가운데 하나다. 만약 브뤼노 라투르가 옳다면 근대적(modern)인 것은 시간을 되돌릴 수 없다고 보는 것, 혁명적 단절에 의해 부단히 전진한다고 간주하는 것이다. 혁명적 단절은 흔히 이전 것을 쓸모없게 만든다고들 여기는 과학적 혁신과 유사하다고 볼 수 있다.[11]

쓸모없어진다는 것은 근대성 버전의 '지옥에 떨어지는 벌(perdition)', 혹은 '지옥의 불(hellfire)'이다. 이것이 바로 헤겔과 마르크스에서 오바마 대통령에 이르는 계보를 통해 끈질기게 전해 내려오는 우리 시대의 가장 강력한 지옥 소환이 "역사의 뒤안길에 서 있다"는 저주인 까닭이다.[12]

세계에서 가장 강력한 지도자(버락 오바마 대통령—옮긴이)가 과거 왕이나 사제, 샤먼들이 저주와 욕설을 쏟아낸 것과 매우 흡사한 방식으로 제 정적들을 향해 이런 말을 퍼부은 것〔버락 오바마 대통령은 2014년 러시아가 우크라이나에서 행한 조치에 대해 국제법을 위반했다고 비판하면서 "역사의 뒤안길에 서 있다(on the wrong side of history)"는 표현을 썼다—옮긴이〕은 물론 그 만트라(mantra: 주문—옮긴이)가 들먹이고 있는 시간의 비가역성을 부인하는 꼴이다. 그것은 시대와 무관하게 말이 지녀온 힘, 즉 적의 가슴에 두려움을 심어주는 힘, 욕과 주문으로 공포의 환영을 만들어내는 힘을 인정하는 것이다. 근대 인류에게 공포란 다름 아니라 뒤처지는 것, 즉 낙후되는 것에 대한 두려움이다.

아마도 전 세계적으로 근대성의 확산을 확인하는 최선의 방법은 점차 커지는 그 두려움의 지배력을 추적해보는 것이리라. 이를 가장 확연하게 느낄 수 있는 것은 '낙후되었다(backward)'는 오명을 뒤집어쓴 장소들에서였다. 이는 아시아, 아프리카, 그리고 아랍 세계의 예술가와 작가들로 하여금 예술에서 온통 반복되는 근대성—초현실주의·실존주의 등—을 '따라잡기' 위해 각고의 노력을 기울이도록 내모는 요인이었다. 그리고 그 추동력은 시간이 가면서 줄어들기는커녕 20세기 내내 더욱 기세등등했고, 따라서 우리 세대의 작가들은, 어느 편인가 하면, 앞 세대 작가들보다 근대성의 위력에 한층 덜 저항적이었다. 우리는 점점 더 빠른 속도로 우리 눈앞을 스쳐 지나가는 수많은 '~주의(ism)'들—구조주의·포스트모더니즘·탈식민주의 등—을 의식하지 않을 수 없었다.

이것이 바로 우리가 탄소 배출량이 급증한 시대를 돌아보면서, 적극적 참여(engagé)의 시대를 산 문학 인사들 가운데, 한때 낯익었으나 이제 인간에게 잘 들리지 않게 된 태곳적 목소리—지구와 지구의 대기가 들려주는 목소리—의 웅얼거림에 민감한 이가 거의 없음을 깨닫고 놀라는, 사실상 충격을 받는 이유다.

나는 당시의 문학에 일반인이 느끼는 불안이나 불길한 예감의 징후가 전혀 없었다고 주장할 생각은 없다. 또한 인류가 종말에 대한 직감에 시달리지 않게 되었다고 주장할 뜻도 없다. 종말에 대한 직감은 분명 이야기가 처음 생겨났을 때 못지않게 지난 몇십 년 동안에도 넘쳐났다. 나 스스로가 어찌할 바 모르고 있음을 발견한 것은, 상상력 풍부한 작품을 통해 우리 환경에서 일어나는 급속한 변화에 대해 좀더 구체적인 느낌을 전달한 작가를 떠올리려 안간힘을 쓴 때였다. 나는 영어로 글을 쓰는 소설가 가운데 몇 사람의 이름만 간신히 생각해낼 수 있었다. 밸러드(J. G. Ballard: 1930~2009. 영국의 소설가, 단편소설 작가, 에세이스트―옮긴이), 마거릿 애트우드, 커트 보니것 2세(Kurt Vonnegut Jr.: 1922~2007. 미국의 수필가이자 소설가―옮긴이), 바버라 킹솔버, 도리스 레싱(Doris Lessing: 1919~2013. 이란에서 태어난 영국 작가로 2007년 노벨 문학상 수상자―옮긴이), 코맥 매카시(Cormac McCarthy: 1933~. 미국 소설가·극작가―옮긴이), 이언 매큐언, 그리고 코라게선 보일(T. Coraghessan Boyle: 1948~. 미국의 소설가―옮긴이)이었다. 의심의 여지 없이 다른 수많은 이름을 그 목록에 덧붙일 수 있겠지만, 목록이 100배로 불어난다 해도 주류 문학은 여전히 일반인과 마찬가지로 우리 코앞에 다가온 위기를 알아차리지 못한 채 남아 있었으리라는 게 내 생각이다.

이렇게 보면 아방가르드는 '앞서가는' 것은 고사하고 느림보였음에 틀림없다. 그렇다면 탄소 배출량 증가라는 죽음의 소용돌이가 시작된 그 동일한 과정은 불가사의할 정도로 영악한 자기보호 제스처를 통해 그 시대의 예술가·작가·시인들이 정확히 자기네가 보고 있다고 생각하는 것을 실은 보지 못하도록 만드는 방향으로 내몬 것일까? 그렇다면 앞쪽에(en avant) 놓인 것은 무엇이었나? 무슨 일이 닥칠 예정이었나? 그것은 혁신과 자유로운 창작의 추구를 통해 예술을 부단히 앞으로 나아가는 것으로 보는 시각, 즉 돌이킬 수 없는 시간이라는 관점을 맹렬히 비난하고 있는 게 아닌가?

02

물론 지난 수십 년 동안 정치적·사회적 참여를 확대·강화해온 것은 작가들만이 아니다. 이런 현상은 이른바 '인텔리겐치아(intelligentsia: 지식 계급—옮긴이)'라 불리는 집단 전체에 해당한다. 그것이 가능했던 것은 상당 정도 의사소통 기술의 변화 덕이었다. 즉 인터넷과 디지털 미디어는 정치 영역을 그 어느 때보다 광범위하고 관여적으로 만들어주었다. 오늘날 컴퓨터를 이용하고 웹으로 연결되어 있는 이들은 너나없이 활동가다. 하지만 내가 앞서 문학계에 관해 이야기한 것은 인텔리겐치아에도, 사실상 그 너머 집단들에도 해당한다. 일반적으로 말해, 정치화는 기후변화의 위기에 광범위하게 참여하는 것과는 무관했다.

정치적 동원과 지구 온난화 이슈 간의 전이적 관련성 부족을 가장 잘 보여주는 곳은 기후변화에 이례적일 정도로 취약한 남아시아 국가들이다.[13] 인도는 지난 수십 년 동안 대단히 높은 수준으로 정치화했다. 일례로 수많은 인도인이 다양한 이슈에 대해 분노나 울분을 드러내고자 가두시위를 벌였다. 사람들은 여러 텔레비전 채널과 소셜 미디어를 통해 그 어느 때보다 단호하게 자기 생각을 표출했다. 하지만 기후변화는 그 나라 사람들이 열정을 쏟아붓는 주제가 아니었다. 인도에 무수한 환경 단체가 있고 풀뿌리 운동이 활발함에도 불구하고 말이다. 이 나라에서는 수많은 기후과학자, 환경 운동가, 기자들의 목소리 역시 영 맥을 못 추는 것 같다.

파키스탄·방글라데시·스리랑카·네팔의 사정도 인도와 다를 바 없다. 기후변화의 영향력이 진즉부터 감지되고 있는데도—인도 아대륙 전역에서 대규모 재난의 발생 횟수가 점차 늘어나고 있을뿐더러 느린 재난(slow calamity: 롭 닉슨의 《느린 폭력과 빈자의 환경주의》에 따르면, '느린 재난'이란 오랜 세월 동안 느리게 지속되는 재난, 즉 인간의 시원치 않은 주의 집중 시간 밖에, 그리고 볼거리 중심으로 굴러가는 기업형 언론의 시계 밖에 존재하지만 끈질기게 그 파괴력을 과시하고 있는 재난이다—옮긴이)이 조용하지만 무자비하게 생계를 파괴하고 사회적·정치적 갈등을 부추기고 있다—기후변화는 이들 중 그 어느 나라에서도 중요한 정치적 이슈로 떠오른 적이 없다. 대신 이 나라들에서 정치적 에너지는 어떤 식으로든 정체성 문제와 관련한 이슈, 이를테면 종교, 카스트, 소수 민족, 언어, 성적 권리 등에 점점 더 집중되어왔다.

공공의 이익과 공적 영역에 대한 몰두 간의 분기(分岐)는 정치 자체가 지니는 속성의 변화를 가리킨다. 정치는 더 이상 공공의 복지나 '정치적 통일체(body politic: 조직된 정치 집단으로 여겨지는 한 국가의 전 국민—옮긴이)'와도, 집단적 의사 결정과도 관련이 없어졌다. 정치는 그것들이 아닌 다른 어떤 것에 관심을 기울인다.

그렇다면 그 '다른 어떤 것'이란 도대체 무엇일까?

문학 창작과 관련해서도 이와 유사한 질문을 던질 수 있다. 문학 창작은 왜 우리의 집단적 생존과 관련한 이슈에는 한사코 눈감으면서도 특정 정치 개념에는 점점 더 문을 열게 되었을까?

여기서 나는 다시금 근대 소설의 궤적은 더욱 광범위한 문화 현상의 특수한 사례라고 생각한다. 이러한 현상의 본질은 이번에도 존 업다이크가 근대 소설의 특징을 규정하면서 사용한 구절을 빌려 표현해볼 수 있다. 즉 "개인의 도덕적 모험"이다. 나는 앞에서 이미 그의 소설 개념이 함의하는 것 가운데 하나, 즉 소설 창작 영역에서 '집단'의 특성을 추방하는 방식에 대해 언급한 바 있다. 이제 그의 소설 개념에서 또 다른 한 가지 측면에 주목하고자 한다. 바로 **도덕적**이라는 단어가 지니는 함의다.

우리는 이 단어를 정치에서뿐 아니라 소설과 관련해서도 빈번하게 만난다. 내 생각에 '도덕적'이라는 개념은 정치와 문학 창작을 이어줄 수 있는 장치다.

도덕적(moral)이라는 단어는 '풍습'이라는 의미의 라틴어 'mores'에서 유래했다. 잘 알려진 대로 니체(F. W. Nietzsche)가 주장했다시피, 이 단어에는 귀족적 관례라는 암시가 깔려 있다.[14] 그 단어는 영어에서 오랜 이력을 지니고 있다. 즉 과거에는 교회, 특히 개신교 교회 안에 기거했고, 오늘날에는 주로 정치 영역에서 힘을 얻었다. 하지만 이 경우의 정치란 주로 공적 사건의 처리와 관련한 정치가 아니라, 점차 양심이 이끄는 내적 여행이라는 의미에서 '개인의 도덕적 모험'으로 여겨지는 정치다. 소설이 정체성에 관한 내러티브로 간주된 것과 마찬가지로 정치 역시 수많은 이들에게 개인적 진정성, 자기 발견의 여정을 추구하는 일이 되었다.

'도덕적'이라는 용어는 진화 과정을 거쳐 정확히 세속 영역으로 자리를 옮겨왔음에도 계속해서 그 본래 출처—기독교, 특히 개신교—에 의해 강력하게 규정받고 있다. 따라서 사람들이 생각하는 '도덕적-정치적(moralpolitical)' 개념이란 기본적으로 신을 뺀 개신교다. 이 개념은 그 숭배자들로 하여금 완벽해질 수 있는 능력, 개인적 구제, 그리고 언덕 위에 들어선 빛나는 도시─이 경우는 신이 아니라 민주주의가 건설한─로의 부단한 여정을 믿는 데 헌신하도록 해준다. 이는 세상을, 모여든 모든 사람이 자기 발견의 여정에 대해 증언하는 세속의 교회로 바라보는 관점이다.[15]

세상을 이렇게 그리는 시각은 정치적 통일체에서뿐 아니라 소설에서도 심각한 결과를 낳는다. 소설은 이런 식으로 스스로를 재창조함으로써 양심의 궤적을 도해화하고 증언하고 증명하는 하나의 형식으로 자리 잡는다. 진정성과 진지함은 정치에서와 마찬가지로 문학에서도 최대의 미덕이 된다. 그러므로 우리 시대의 문학 아이콘 가운데 한 사람인 소설가 칼 오베 크나우스고르[Karl Ove Knausgaard: 1968~. 노르웨이 소설가. 《세상 밖으로》로 노르웨이 문예비평가상을 받으며 데뷔했고, 《나의 투쟁》(6권)으로 노르웨이 최고 권위의 브라게 문학상을 받았다─옮긴이]가 공개적으로 "소설에 신물이 난다"고 실토한 것은 그리 놀랄 게 없는 일이다. 크나우스고르는 소설의 '거짓됨'에 반대하며 "전적으로 그 자신의 삶에서 나온 글을 쓰는 데 착수했다".[16] 하지만 이는 그리 새로운 기획이 아니다. 그것은 곧바로 "청교도적 독실함의 핵심 측면인 일기 쓰기와 정신적 영혼 탐구"의 전통에 속해 있기 때문이다.[17] 이 같은 세속적 영혼 노출이 정확히 교회로서 사회가 요구하는 바다.

문학이 진정성 있는 경험의 표현으로 여겨진다면, 소설은 불가피하게 '거짓'으로 취급될 것이다. 하지만 소설이라는 프로젝트가 굳이 세계를 있는 그대로 재생하는 식이 될 필요는 없다. 픽션─소설뿐 아니라 서사시와 신화까지 포괄한다─이 할 수 있는 일이란 가정법으로 세상에 접근하는 것, 세상을 마치 그것이 아닌 다른 어떤 것인 **양**(as if) 그려내는 노력이다. 다시 말해, 대체할 수 없는 픽션의 빼어난 능력은 바로 여러 가능성을 상상해보는 능력이다.[18] 다른 형태의 인간 생존을 상상해보는 것이야말로 정확히 기후 위기가 제기하는 과제다. 기후 위기는 세계를 오직 있는 그대로만 받아들이면 끝내 집단적 자멸로 치닫게 된다는 것을 우리에게 똑똑히 보여주기 때문이다. 따라서 우리는 그 대신 세계가 어떻게 될 가능성이 있는지 상상해볼 필요가 있다. 하지만 기후변화와 관련한 다른 수많은 불가사의처럼 이 과제 역시 그에 답하는 데 가장 적절한 상상의 형식―즉 픽션―이 꽤나 다른 방향으로 선회한 바로 그 시기에 우리 앞에 나타난 것 같다.

그러므로 이는 픽션과 정치를 '개인의 도덕적 모험'으로 간주한 데 따른 역설이자 대가다. 그것은 가능성 자체를 부인한다. 정의상 주관성을 신성시하고 1인칭 시점으로 주장하는 정치에서 비인간은 거의 배제되다시피 했다. 가령 "베를린 장벽이 무너질 때 당신은 어디 있었습니까?", "9·11 사태 때 당신은 어디에 있었나요?" 등의 질문을 중심으로 펼쳐지는 이야기를 생각해보자. 같은 맥락에서 "대기 중 이산화탄소 농도가 400ppm일 때 당신은 어디에 있었나요?", "라르센 B 빙붕(Larsen B ice shelf: '빙붕'은 빙상의 가장자리가 바다에 돌출되어 떠 있는 부분―옮긴이)이 붕괴했을 때 당신은 어디에 있었나요?" 같은 질문을 던지는 게 가능할까?[19]

정치적 통일체의 경우, 정치를 도덕적 여정으로 바라보는 시각은 정치 행위라는 공적 영역과 실제적 통치 영역을 점점 더 크게 벌려놓는 결과를 낳았다. 이 중 후자는 이제 대체로 그들 자체적 명령의 지배를 받는 눈에 보이지 않는 기구들이 통제하고 있다. 그리고 공적 영역이 대통령 선거 운동부터 온라인 청원에 이르는 모든 차원에서 점차 보여주기식 (performative)이 되어감에 따라 그것이 실제적(actual) 권력 행사를 통해 영향을 미칠 수 있는 능력은 서서히 약화하고 있다.

이 점을 더없이 분명하게 드러낸 것은 2003년 이라크 전쟁(2003년 3월 20일 미국의 이라크 침략으로 시작되어 2011년 12월 15일 종전되었다—옮긴이) 준비 기간 동안이었다. 그해 2월 15일 뉴욕에 머무르던 나는 맨해튼 중심부 도로들에서 펼쳐진 대대적인 반전 시위에 참가했다. 비슷한 시위가 전 세계적으로 60개 국가의 600개 도시에서 진행되었다. 그 시위는 수천만 명이 참가함으로써 역사상 가장 통일된 공적 반대의 표명으로 떠올랐다. 하지만 그때조차 희망적이지 않다는 느낌이 있었다. 나는 그 행진이 정책 변화에 영향을 미치리라고 믿은 사람은 거의 없었다고 생각한다. 그리고 실제로도 그 행진은 정책 변화에 아무런 도움을 주지 못했다. 그러자 공적 영역이 안보나 정책 관련 기관에 영향을 끼칠 수 있는 능력이 급속도로 약화했다는 사실이 전에 없이 분명해졌다.

그때 이후 그 과정은 줄곧 가속화하기만 했다. 긴축 정책, 감시, 드론 전쟁 등 다른 수많은 문제와 관련해서도 이제 서구에서 정치적 과정은 국가 정치 영역 전반에 대단히 제한적인 영향력만 행사할 따름임이 드러났다. 그러다 보니 심지어 "시민들은 더 이상 정치인이 진정으로 그들의 이해를 대변하고 그들의 요구 사항을 이행하리라고 …… **진지하게 기대하지 않는다**"는 말까지 나왔다.[20]

이처럼 달라진 정치 현실은 부분적으로 세계 경제에서 석유의 지배력이 커진 데 따른 결과일 수도 있다. 티머시 미첼이 보여준 바와 같이, 석유의 흐름은 석탄의 이동과는 판이하다. 물질로서 속성 때문에 석탄의 수

송은 여러 요충지를 만들어내고, 그런 곳에서는 조직화한 노동자들이 기업과 국가에 압박을 가할 수 있다. 하지만 이는 노동력 집중을 필요로 하지 않고 송유관을 통해 흐르는 석유에는 해당하지 않는다. 이것이 정확히 영미의 정치 엘리트들이 제1차 세계대전 이후 석탄 대신 석유를 쓰도록 장려하기 시작한 이유다.[21]

이러한 노력은 그들 역시 꿈에도 생각지 못했을 만큼 커다란 성공을 거두었다. 석유는 무력화 도구로서 놀랄 만큼 효과적으로 대중의 힘이 권력이라는 수단에 닿지 못하도록 막아주었다. 로이 스크랜턴(Roy Scranton: 1976~. 미국의 픽션·논픽션 작가이자 시인—옮긴이)이 적었다시피 "수많은 사람이 거리로 뛰쳐나와 대규모로 행진함에도 불구하고 그들은 권력을 생산하는 데 도움이 되지 않으므로 진정한 권력의 흐름에 하등 영향을 끼칠 수 없다. 그들은 그저 권력을 소비할 따름이다".[22]

이런 상황이므로 대중이 그들의 감정을 드러내거나 행진을 벌이는 데 대해서는 이렇게 말할 수 있다. "민주주의적 감정의 주지육림(orgy: 진탕 먹고 마시며 난잡하게 노는 잔치—옮긴이), 시위라는 테마의 거리 축제, 현실 세계 버전의 트위터 해시태그 운동에 지나지 않는다. 그것은 당신에게 이를테면 특정 집단에 속해 있으며 실제적인 입법 행위나 통치 방식과는 완전히 분리되어 있다는 뿌듯한 기분을 안겨준다."[23]

다시 말해, 정치가 이루어지는 공적 영역은 주로 권력 행사 측면에서는 내용이 텅 비어 있다. 픽션의 경우에도 공적 영역은 세속적 증언, 교회로서의 세상에서 이루어지는 영혼 노출의 토론장이 되었다. 따라서 실제로 수행되는 정치는 주로 개인적 표현력의 행사다. (거의 모든 형태의 종교적 근본주의를 포함한) 오늘날의 문화에는 온갖 측면에서 이러한 표현주의가 널리 만연해 있다. 이는 그 자체로 "상당 정도 개신교가 근대 세계를 형성하는 데서 강력한 역할을 맡게 된 결과다".[24] 이러한 표현주의를 위한 매개로서 인터넷보다 더 나은 것은 없다. 인터넷은 소셜 미디어를 통해 다양한 자기표현 수단을 즉각적으로 이용할 수 있게 해준다. 그런가 하면 전 세계를 돌아다니는 트윗·게시글·영상물은 이내 정반대의 이중나선이 되는 역학 속에서 자기표현(self-expression)의 거울 이미지인 반표현(counter-expression)을 만들어낸다.

한참 전인 1960년대에 기 드보르는 영향력 있는 자신의 책《스펙터클의 사회(The Society of the Spectacle)》에서 이렇게 주장했다. "근대적 생산 조건이 우세한 사회의 전체적 삶은 그 자체로 거대한 스펙터클의 모음이다. 과거에는 직접적으로(directly) 이루어졌던 모든 일이 그저 대리(representation, 代理)로 달라지게 되었다."[25] 소셜 미디어상에서 정치 참여가 이루어지는 방식은 인터넷이 우리 삶에서 그토록 큰 부분을 차지하기 훨씬 전에 제기된 다음 명제를 분명하게 보여준다. "스펙터클은 그 어떤 사전 검토나 수정도 접근 불가능한 것으로서 정의상 인간 활동과 무관하다. **그것은 대화와는 정반대다.** 대리가 독자적으로 존재하는 곳에서는 어디서나 스펙터클이 규칙을 새로 정한다."[26]

그 결과 공적 영역은 교착 상태에 빠지고 실제적인 권력 행사는 서로 맞물린 기업과 통치 기관의 복합체—결국 '딥 스테이트(deep state: 민주주의 제도 밖의 숨은 권력 집단—옮긴이)'라고 알려지게 되는 것—로 이관된다. 기업과 그 외 기득 체제의 관점에서 보자면, 교착 상태에 빠진 공적 영역이야말로 기대할 수 있는 최고의 결과다. 이것이 그들이 수시로 그런 상태를 구축하고자 노력하는 까닭임을 의심하기 어렵다. 미국을 비롯한 여러 나

라에서 엑손(Exxon) 같은 기업들—그들은 실상 오래전부터 탄소 배출의
결과에 대해 잘 알고 있었다—이 기후변화 '부인론자(denialist)'에게 자금
을 쏟아붓는 것이 그 완벽한 예다.

실제로 서구 국가들은 이제 여러 의미에서 다양한 형태의 기구들이 움
직이는 '탈정치의 공간(post-political spaces)'이다. 이것은 많은 사람에게 잊
히지 않는 상실감을 안겨주며, 그 감정은 진정으로 참여적인 정치를 회복
하고자 하는 점점 더 절실해지는 갈망 속에서 제 모습을 드러낸다. 이는
한편으로 제러미 코빈(Jeremy Corbyn: 영국 노동당 당수—옮긴이)과 버니 샌더
스(Bernie Sanders), 다른 한편으로 도널드 트럼프(Donald Trump), 이렇듯 전
혀 이질적인 인물들 뒤에 도사리고 있는 중요한 추동력이다. 하지만 정치
적 대안의 붕괴, 그에 수반되는 무기력, 그리고 점차 커지는 시장의 침투
역시 또 다른 종류의 반응을 이끌어냈다. 바로 스펙터클한 폭력이라는 방
법을 동원하는 허무주의적 극단주의 형태들이다. 이 역시 저 나름의 생을
영위하게 되었다.

03

기후변화의 공적 정치는 그 자체로 도덕적·정치적인 것이 어떻게 해서
마비 상태에 이를 수 있는지 보여주는 예다.

최근에 수많은 활동가와 관심 있는 사람들은 기후변화를 '도덕적 이슈'
로 규정하기 시작했다.[27] 이는 거의 마지막 수단으로서의 간청이 되었다.
수많은 다른 유의 호소가 기후변화와 관련해 일치된 행동을 이끌어내는

데 도무지 먹히지 않았기 때문이다. 따라서 이제는 점차 개인의 양심이, 전 세계 대중의 문제로서 집단행동이 필요한 갈등을 위해 선택된 전장으로 여겨지고 있다. 아이러니한 반전이 아닐 수 없다. 다른 모든 민주적 통치 자원이 동나고 오직 그 찌꺼기인 '도덕'만 남은 듯한 형국이다.

기후변화 이슈에 대한 이러한 틀 지우기는 한 가지 커다란 미덕을 지닌다. 그것은 국제적 기후변화 관료주의가 그 이슈에 부과해온 경제적 언어(비용·이익 언어)를 단호히 배격한다는 점이다. 하지만 이러한 접근법은 그와 동시에 결국 반대편 사람들에게 이롭게 작용할 소지가 있는 '진지함의 정치'를 소환한다.[28] 만약 기후변화라는 위기를 주로 개인의 양심에 제기하는 문제로 바라본다면, 진지함이나 일관성은 불가피하게 정치적 입장을 판단해줄 시금석이 된다. 이는 다시 부인론자로 하여금 활동가들이 개인적으로 선택한 생활 방식을 지적함으로써 그들을 위선자라고 몰아붙이게끔 만들 수 있다. 틀을 이런 식으로 짜면 진정성과 희생 같은 것이 그 이슈에서 중요한 자리를 차지한다. 그러면 앨 고어〔Al Gore: 1948~. 미국의 정치가 겸 환경 운동가. 빌 클린턴 대통령의 러닝메이트로 1993~2001년 제45대 부통령을 지냈다. 2006년 지구 온난화에 관한 다큐멘터리 〈불편한 진실(An Inconvenient Truth)〉에 출현했고, 같은 제목의 책을 출간했다. 2007년 지구 온난화와 그에 따른 환경 파괴의 위험을 환기시킨 데 대한 공로로 정부간기후변화위원회(IPCC)와 함께 노벨 평화상을 수상했다―옮긴이〕가 집에서 사용하는 전구 수가 몇 개인지, 시위 참가자들이 행진 대열에 합류하기 위해 어떤 교통수단을 이용했는지 따위의 문제로 이슈가 변질된다.

나는 그에 딱 들어맞는 예를 어느 저명 활동가가 2014년 9월 뉴욕에서 기후변화 시위에 참가하고 난 뒤 응한 텔레비전 인터뷰에서 확인할 수 있었다. 인터뷰 진행자의 태도는 다루기 힘든 교구 주민을 심문하는 사제의 태도와 다를 바 없었다. 그녀의 질문은 이런 식이었다. "**당신은** 기후변화 때문에 무엇을 포기하셨죠? **당신이** 감수한 희생은 뭔가요?"

문제의 활동가는 이내 화가 치밀어 두서없이 허둥대는 지경에 몰렸다. 그러므로 그가 일순 얼어붙음으로써 분명한 것마저 제대로 말할 수 없게 된 것은 정치와 도덕이 손잡은 결과였다. 기후변화의 규모는 더없이 방대하므로 집단적 결정을 내리고 그것을 행동화하지 않으면 개인의 선택은 거의 무용지물이다.[29] 오늘날의 캘리포니아주에서처럼 진지함은 가뭄이 났을 때 물을 배급하는 데 아무런 도움도 되지 않는다. 그것은 개인의 양심에 맡길 수 있는 문제가 아니다. 그런 관점에서 사고하는 것은 신자유주의적 전제를 받아들이는 꼴이다.

그런가 하면 도덕성의 척도는 사회마다 다르기도 하다. 세계 대부분 지역에서, 그리고 특히 영어를 사용하는 나라들에서, 수많은 이슈를 판단하는 기준은 여전히 스코틀랜드 계몽주의(Scottish Enlightenment)가 낳은 독특한 경제·종교·철학 개념의 융합체에 의존한다. 존 메이너드 케인스(John Maynard Keynes)가 언젠가 말했듯 이러한 사상 체계의 핵심 교리는 "자연법의 작용에 따라 자유를 누리는 상황에서 사익을 추구하는 계몽된 개인은 언제나 그와 동시에 공공의 이익을 촉진하는 경향이 있다!"는 것이다.[30]

(케인스가 묘사한 바와 같이) '19세기의 일상적 정치철학'은 미국을 비롯한 여러 곳에서 여전히 맹위를 떨치고 있다. 정치 스펙트럼의 오른쪽에 놓인 사람들에게 이런 일련의 사상은 개인주의, 자유 무역, 전체의 일부를 이루는 신 같은 천년왕국적(millenarian) 특성을 띠는 뭔가를 지닌 것으로 간주된다.[31] 하지만 이 철학에 영향을 받아 자기 신념을 구축한 것은 비단

종교에 관심 있는 사람들만이 아니다. 미국에서 윤리학에 관한 지배적인 세속적 패러다임 ― 예를 들어 존 롤스(John Rawls)의 정의론 같은 ― 역시 신고전주의 경제학에서 빌려온 개인의 합리성에 대한 가정 위에 정립되었다.

이와 관련해서는 이례적일 정도로 빠르게 기후변화에 대응해온 인문학의 한 영역을 살펴보면 도움이 된다. 기후윤리학자들이 표방하는 철학의 하위 학문이다. 이 분야에서 지배적인 접근법은 이번에도 자유롭게 사익을 추구하는 이성적 행위자에 맞추어져 있다. 이런 전통에 입각한 철학자는 아마도 기후변화의 도덕적 명령은 아시아·아프리카 등지에서 살아가는 수백만 명의 목숨을 구할 필요로부터 나온다는 주장에 대해 다음과 같은 데이비드 흄(David Hume)의 말을 인용하는 식으로 응수할 것이다. "세계 전체가 파괴되는 것보다 내 손가락의 상처가 더 아픈 것은 전혀 이치에 어긋나는 일이 아니다." 그러니만큼 도덕성에 호소하는 기후 활동가들의 노력이 꼭 많은 지지를 얻으리라고 보기는 어렵다.

마지막으로 우리는 마하트마 간디의 예를 통해 탄소 집약적 산업 경제가 진지함의 정치에 의해 퇴치될 수 없음을 이미 알고 있다. 간디는 자신의 몸과 마음을 다 바쳐 인도가 산업화한 서구의 경제 모델을 채택하지 못하도록 막았다. 그는 수많은 상이한 전통에 의존함으로써 '포기 정치(renunciatory politics)'라는 강력한 비전을 표명하고 구체화했다. 그 어떤 기자도 그에게 "당신은 무엇을 희생했느냐"고 뻔뻔스럽게 물을 수는 없었을 것이다. 간디의 정치 이력 전체가 온통 희생이라는 사상에 토대를 두고 있으니 말이다. 그는 도덕적 진지함의 정치를 보여주는 표본이었다.

그러나 간디는 영국을 인도에서 몰아내는 데는 성공했을지 몰라도 인도를 다른 경제적 경로로 안내하려는 노력에는 실패했다. 그는 닥치는 대로 먹어치우는 탄소 집약적 경제로의 저돌적 움직임을 기껏해야 아주 조금 지연시킬 수 있었을 따름이다. 이런 유의 정치가 오늘날의 지구 온난화와 관련해 성공하리라고 믿을 만한 근거는 거의 없다.

기후변화는 흔히 '사악한 문제(wicked problem)'라고 표현된다.[32] 그것의 가장 사악한 측면 가운데 하나는 기후변화가 우리로 하여금 정치적 미덕과 관련해 우리가 더없이 소중하게 여기는 일부 생각을 포기하도록 촉구할 수도 있다는 점이다. 예컨대 "세상에서 보기를 바라는 변화, 당신은 스스로 그 변화가 되어야 한다(You must be the change you want to see in the world: 간디가 한 말—옮긴이)" 같은 생각 말이다. 대신 우리에게 필요한 것은 우리가 갇혀 있는 개별화한 상상의 세계에서 벗어나는 방법을 찾는 일이다.

미래 세대는 '대혼란'의 시대를 돌아보면서 필경 기후 위기를 본격적으로 다루는 데 실패했다는 이유로 우리 시대의 지도자와 정치인을 비난할 것이다. 하지만 아마 예술가와 작가들에 대해서도 똑같이 괘씸하게 여길 것이다. 어쨌거나 여러 가능성을 상상하는 것은 정치인과 관리의 몫이 아니기 때문이다.

04

전 지구적 기후변화 정치에서 가장 중요한 요인 가운데 하나는 오늘날 세계에서 영어 사용국들이 맡고 있는 역할이다. 여기에는 여러 가지 이유가 있겠지만, 그중 가장 중요한 것은 영어 사용국들이 더 이상 추상적 실체가 아니라는 사실이다. 영어 사용국들은 '다섯 개의 눈(Five Eyes)'이라는 공식적 표현을 얻었다. '다섯 개의 눈'은 다름 아니라 오늘날 미국·영국·오스트레일리아·캐나다·뉴질랜드, 이 5개국의 정보 수집 및 감시 체제를 한데 묶은 동맹체다. 그 질서를 공식화한 'UK-USA 안보협정(UK-USA Security Agreement)'은 이 조직이 오늘날 세계의 안보 구조를 뒷받침하고 있음을 암묵적으로 인정한다.

따라서 영어 사용국들에서 자유방임주의 사상이 여전히 지배적이라는 사실은 그 자체로 기후 위기에서 핵심적 위상을 차지한다. 지구 온난화는 자유로운 개인의 사익 추구가 언제나 공공의 이익으로 귀결된다는 생각에 커다란 도전을 제기할 뿐 아니라 깊이 뿌리박힌 문화적 정체성, 즉 지난 200년 동안 비할 데 없는 성공을 구가한 문화적 정체성의 기저를 이루는 일련의 신념에도 의문을 던진다.[33] 기후과학에 대한 저항의 상당 부분은 정확히 여기서 비롯되며, 이것이 아마 영어 사용국들에서 기후변화를 부인하는 비율이 이례적일 정도로 높은 이유일 것이다.[34]

하지만 영어 사용국들, 그중에서도 특히 미국이 초기 지구 온난화 경고문의 일부뿐 아니라 압도적 분량의 기후과학 결과물을 내놓았다는 것 또한 사실이다. 더군다나 정치적으로 지구 온난화 이슈를 선도해온 사람들(대부분은 아니지만) 상당수—사상가든 이론가든 아니면 활동가든—도 이들 5개국 출신이다. 세계에서 가장 열렬한 환경 운동이 이루어지는 것도 그 나라들에서다. 빌 매키번이 설립한 350.org(탄소 배출량을 줄이기 위해 창립한 창의적이고 방대한 초국가적 연합체로서 수십 개국에 걸쳐 활약하는 활동가들을 잇는 조직이다. 앞서도 언급했다시피, 조직 이름의 350은 안전한 대기 중 이산화탄소 농도 최대치

350ppm을 뜻한다—옮긴이)는 전 지구적 운동을 진두지휘해온 집단의 한 가지 예일 뿐이다.

두 양극단—한편의 광범위한 부인과 다른 한편의 활발한 활동가 운동—간의 긴장이 오늘날 영어 사용국들 전역에서, 특히 미국에서 기후변화의 공적 정치를 규정하고 있다.[35] 그리고 오늘날에는 공적 담론에서 정체성과 보여주기식 능력이 가장 중요하므로 기후변화 역시 자기 정의(self-definition) 정치학에 휘말리게 되었다.[36] 미국과 오스트레일리아의 정치인들이 기후변화 협상을 '우리의 생활 방식'에 위협을 가하는 것으로 간주할 때, 그들은 로널드 레이건(Ronald Reagan) 대통령이 "석유 사용을 줄이는 것은 미국인이 된다는 것의 의미에 대한 공격"이라고 말하도록 이끈 지침을 충실하게 따르고 있는 셈이다.[37]

지구 온난화가 그와는 전혀 다른 유의 이슈들과 뒤섞이는 현상은 영어 사용국들에서 기후변화 정치에 독특한 충격을 안겨주었다. 그들은 지구 온난화를 주로 네덜란드와 덴마크에서처럼 실질적인 대응을 필요로 하는 현상으로, 혹은 몰디브제도와 방글라데시에서처럼 실존적인 위험으로 바라보는 대신, 극단적인 정치 양극화의 단층선상에 몰려 있는 수많은 이슈 가운데 하나로 여겼다. 이 단층선상의 오른쪽에 선 사람들은 음모론이라는 렌즈를 통해 기후과학을 바라봄으로써 그것을 사회주의·공산주의 따위와 연관시킨다.[38] 〔나오미 오레스케스(Naomi Oreskes)와 에릭 콘웨이(Eric Conway)가 지적한 대로, 가장 영향력 있는 기후과학 부인론자 가운데 일부는 냉전 이데올로기에 의해 동기화되었을 가능성이 있다.〕[39] 이러한 연결 짓기는 다시 일부 기후과학자에 대한 이례적일 정도의 반감을 낳았다. 따라서 마이클 만(Michael E. Mann) 같은 일부 기후과학자는 온갖 유의 위협·괴롭힘·협박에 시달려야 했다.[40] 이런 공격에도 불구하고 자신의 연구를 이어갔다는 사실은 그들이 얼마나 담대한지를 잘 보여준다.

하지만 기후과학에 대한 반대는 아무것에도 기대지 않는 독자적 현상이 아니다. 오레스케스·콘웨이를 비롯한 그 밖의 사람들이 보여준 바와 같이, 그것은 모종의 기업과 에너지 거부들이 가능케 하고 부추기고 돈을 대준 결과다.[41] 이 기득권적 이익 집단은 유권자들 사이에 조직적으로 그릇된 정보를 퍼뜨리고 혼란을 들쑤시는 단체를 지원했다.[42] 일반적으로 기후변화를 덜 중요해 보이도록 유도하고 더러 기후과학자들의 연구 결과를 왜곡하기까지 하는 매스미디어로 인해 상황은 더욱 악화했다.[43] 이러한 편향은 필시 오늘날 미디어의 상당 부분을 루퍼트 머독(Rupert Murdoch) 같은 기후 회의주의자들과 탄소 경제에서 기득권적 이익을 누리는 기업들이 장악하고 있는 이유 탓이 크다. 어쨌거나 그에 따른 결과로 영어 사용국들의 기후 정치에서는 과학적 조사 결과에 대한 부인과 논박이 중요한 역할을 담당하게 되었다.[44]

하지만 나는 영어 사용국들에서 부인론이 금전과 조작의 결과라고만 가정하는 것은 잘못이라고 생각한다.[45] 부인론자들은 기후 위기가 무언가 더 깊은 것—즉 만약 그것이 없다면 수많은 사람이 그들의 역사, 그리고 이 세상에서 그들의 존재 의미를 찾느라 쩔쩔맬 수도 있을 것—을 파헤치려 위협하고 있음을 암시하는 데까지 나아갔다.

무슨 말인고 하니, 기후 위기는 근대성이 사람들에게 '몽상에서 깨어남(disenchantment)'을 안겨주었다는, 즉 사람들을 몽상에서 깨어나게 해주었다는 막스 베버의 주장이 거짓임을 보여주었다. 브뤼노 라투르는 그런 일은 결코 일어난 적이 없으며, 오늘날에는 모두에게 그 사실이 더없이 분명하다고 오랫동안 주장해왔다. 케인스가 익히 알고 있었다시피 '19세기의 일상적 정치철학'은 모든 다른 신화처럼 강력한 몽상(enchantment)이다. 게다가 세상에 대한 진실된 묘사인 양, 즉 환상이 아니라 사실인 양 위장하고 있기에 그것을 부인하기는 훨씬 더 어려운 것 같다. 아마도 이것이 기후과학에 관한 정확한 정보를 널리 전파하려는 갖은 노력에도 불구하고 영어 사용국들의 공적 영역이 기후변화 이슈와 관련해 심각하게 분열된 상태로 남아 있는 이유일 것이다.

하지만 이상하게도 미국의 정치적 통일체 가운데 나머지 영역—예를 들어 안보 기관—을 보면 그림이 완전히 달라진다. 거기에는 아무런 부인이나 혼란의 기미가 없다. 외려 국방부는 미국 정부의 다른 어떤 부처보다 더 많은 자원을 기후변화 연구에 쏟아붓고 있다. 작가이자 기후 활동가 조지 마셜이 지적했다. "기후변화의 불확실성에 대한 가장 이성적이고 사려 깊은 대응은 군사 전략가들 사이에서 발견할 수 있다. ……미 유럽사령부(U.S. European Command)의 전직 부사령관 찰스 '척' 월드(Charles 'Chuck' Wald) 장군은 '문제가 있으면 군부가 그 해결책의 일부가 될 것'이라고 언급했다."[46] 그 밖의 군부 고위직들도 마찬가지로 단호하고 직설적이었다. 2013년 당시 미 태평양사령부(U.S. Pacific Command) 사령관이던 해군 제독 새뮤얼 로클리어 3세(Samuel J. Locklear III)는 "태평양 지역에서 미국의 안보에 가장 커다란 장기적 위협이 무엇이냐"는 질문을 받았을 때, 지체 없이 기후변화를 지목하면서 그에 대해 "안보 환경에 심각한 손상을 끼칠 가능성"이 농후한 요소라고 표현했다.[47]

실제로 미국 군사 기관들이 지구 온난화에 얼마나 깊은 관심을 기울이는지에 대해 국무장관 콜린 파월(Colin Powell)의 전직 비서실장 로런스 윌

커슨(Lawrence Wilkerson)은 언젠가 이렇게 압축적으로 밝힌 바 있다. "워싱턴에서 '기후변화가 실재한다(real)'는 사실을 분명하고도 완전하게 받아들이는 유일한 부서가 국방부다."[48]

이 같은 진지한 헌신은 미국 군부―단일 집단으로는 미국 최대의 화석 연료 사용자다―가 수백 건의 재생 에너지 사업에 착수했으며 바이오 연료, 마이크로그리드(microgrid: 기존의 광역 전력 시스템에서 독립한 국소 전력 공급 시스템―옮긴이), 전기차 등에 집중 투자하고 있다는 사실에서도 분명하게 드러난다. 2006~2009년 이 분야에 대한 미국 군부의 투자는 200퍼센트가량 치솟아 10억 달러를 상회하는 수준으로까지 증가했으며, 2030년에는 100억 달러로 높아질 예정이다. 이 모든 것은 논쟁적인 공적 영역의 논의를 건너뛰는 방식으로 이루어졌다.[49]

실제로 미국 군부는 어떤 경우에는 기후변화 행동주의의 언어를, 심지어 전술까지를 전용해온 것 같다. 산제이 차투르베디(Sanjay Chaturvedi)와 티머시 도일(Timothy Doyle)은 이렇게 썼다. "**그린 안보**(green security) 지지자들은 기후변화에 대한 장대한 내러티브를 끌어오고 비틀어 이용하고 새로 편성했을 뿐 아니라 최근의 지정학적 상황에 대응하기 위해 새로운 형태의 사회 운동과 저항을 모방하고 재구성해왔다. 이 같은 다층적이고 다방향적인 공간에서 신자유주의 경제학과 신(新)안보는 한 몸이다."[50]

그와 유사하게 미국의 정보국 및 그에 관여하는 정보 요원들도 기후변화가 안보에 주는 의미를 가장 발 빠르게, 그리고 가장 면밀하게 추적해왔다.[51] 2013년 미국의 최고위급 정보 관리 제임스 클래퍼(James Clapper)가 상원에서 증언했다. "홍수·가뭄·혹서 등의 기상 이변은 식량과 에너지 시장을 점점 더 교란함으로써 국력을 더욱 약화시키고 인간의 이주를 강제하고 소요, 시민 불복종, 반달리즘(vandalism: 공공 기물 파손 행위—옮긴이)을 촉발할 것이다."[52]

그뿐만 아니라 미국 정보기관들은 진즉부터 환경주의자와 기후 활동가들에 대한 감시를 최우선적 활동으로 삼아왔다.[53] 이와 같은 활동이 한층 용이해진 것은 한편으로 9·11 이후 시대의 '항구적 비상사태'로 안보 기관에 부여된 권한이 늘어난 데 따른 결과이자,[54] 다른 한편으로 최근 점증하고 있는 정보 수집의 민영화로 인한 결과다.[55] 이 중 후자인 정보 수집의 민영화는 "공적 첩보 활동과 사적 첩보 활동의 경계를 흐릿하게 함으로써" "회색 정보 산업(gray intelligence industry)"의 출현을 낳았다. 그리고 이는 다시 정부 기관뿐 아니라 기업들이 수많은 상이한 유형의 환경 단체에 침투하거나 그들에 대한 첩보 활동을 벌일 수 있도록 거들었다.[56]

한마디로 미국에서는 오늘날 기후 활동가들이 급성장하는 감시-산업(surveillance-industry) 복합체의 주요 타깃 가운데 하나다. 만약 방대한 미국의 정보기관이 기후변화가 실재한다는 사실을 부인한다면 이런 일은 결코 일어나지 않을 것이다.

영국 군부의 입장도 크게 다르지 않다. 어느 오스트레일리아 군부 싱크탱크가 작성한 보고서는 거기에 대해 이렇게 정리했다. "영국과 미국 정부는 기후변화 이슈를 국가적 기획에 포함하는 데서 방위군 내에 기후변화 이슈를 챙길 고위급 군사 관계자를 임명하는 데 이르기까지, 자국 군부가 기후변화와 그 파급 효과에 발 빠르게 대처하도록 지휘해왔다."[57] 오스트레일리아의 방위 기관 역시 기후 안보 전략을 영미와 협력하고자 노력하고 있다. 그 나라 정치 지도자들의 입장이 부인론적일 때조차 이 기조는 변함없이 유지되었다.

05

분명 영어 사용국들에서 공적 영역의 분열이 심각했음에도, 이들 나라의 군사 기관과 정보기관 내에서만큼은 어떠한 부인도 분열도 없었다. 외려 그 나라들의 정치 엘리트나 안보 기관은 암암리에 기후변화에 대해 공통의 접근법을 취해왔음을 보여주는 현저한 징후들이 있다.[58]

하지만 '열린사회'에서 어떤 정부 부처가 중대한 문제에 대해 은밀하게 모종의 입장을 취하리라고 생각하기란 어렵다. 그것은 자유민주주의가 작동하도록 되어 있는 방식이 아니기 때문이다.

그렇다면 자유민주주의는 언제나 진실로 본래 그렇게 하도록 되어 있는 대로 작동해왔는가? 사르트르가 언젠가 말했다시피, 메트로폴 (metropole: 식민지 제국의 본국─옮긴이)의 실상을 가장 잘 볼 수 있는 곳은 다름 아닌 식민지에서다.[59] 그리고 영국이 자국 식민지들에서 사용한 국정 운영 형태는 분명 메트로폴의 그것과는 판이했다.[60] 이러한 불일치가 발가벗겨진 것은 한참을 거슬러 올라간 때인 1788년이었다. 1788년은 벵골의 전(前) 총독 워런 헤이스팅스(Warren Hastings)가 에드먼드 버크(Edmund Burke: 영국의 정치가이자 보수주의 사상가─옮긴이)에 의해 탄핵당한 해다. 정확히 그의 인도 국정 운영이 영국의 정치 체제에 모욕감을 안겨주었다는 죄목이었다. 헤이스팅스가 유죄 판결을 받으면서 영어 사용국들의 제국주의적 관례에 균열이 일기 시작했다. 19~20세기의 상당 기간 동안 영국과 그 나라의 정착형 식민지(settler colony)들이 비유럽인을 상대로 실시한 국정 운영은 본국에서 이루어진 그것과는 전혀 다른 양상을 띠었다. 메트로폴 밖에서는 항상 권력의 기능이 무엇보다 안보에 대한 고려에 영향을 받았다. 우위의 유지를 그 어떤 다른 통치 명령보다 우선시했으며, 국정 운영이 주로 지향한 것도 바로 그러한 목표였다.

이 같은 프리즘을 통해 바라보면, 국가의 특정 기관, 특히 안보 기관이 국내 정치 영역과는 상당히 다른 접근법을 채택하는 것이 얼마든지 가능함을 알 수 있다. 하지만 지구 온난화 이슈는 일국 차원의 위기임과 동시에 세계 차원의 위기라는 점에서 단연 독특하다. 따라서 그 이슈에 대한 반응이 서로 엇갈리는 것은 지극히 당연하다.

오늘날 그 어떤 나라에서도 통치 기관이 지구 온난화에 무관심할 수 있다고는 생각하기 어렵다. 미셸 푸코(Michel Foucault)가 주장한 바처럼 '생명 정치(biopolitics)'[61]가 오늘날 정부 임무의 핵심이라는 말이 맞다면, 기후변화는 그들의 통치 관례에 전례 없는 규모의 위기임에 분명하다. 이러한 규모의 도전을 무시한다는 것은 근대 국민 국가의 진화적 경로에 맞지 않는 일이다.

더욱이 기후 위기는 전 세계의 부(富)뿐 아니라 권력의 분배를 극적으로 재편할 가능성이 있다. 탄소 경제의 속성으로 인해 부와 더불어 권력도 화석 연료의 소비에 크게 의존하고 있기 때문이다. 티머시 미첼이 지적한 바와 같이 세계에서 가장 강력한 국가들은 산유국이기도 한데, "석유에서 얻는 에너지가 없다면 그들이 오늘날 누리는 정치적·경제적 생존 형태는 존재하지 않을 것이다".[62] 또한 그들은 세계적 권력 위계에서 현재 자신들이 차지하는 지위를 계속 누리지도 못할 것이다.

사정이 이러하므로 만약 일부 나라의 탄소 배출량은 늘도록 허락하면서 다른 나라의 탄소 배출량은 억제하면 불가피하게 전 지구 차원에서 권력의 재분배가 이루어질 것이다. 중국과 인도의 화석 연료 소비 증가가 진즉부터 그들의 국제적 영향력에 막대한 변화를 가져왔음은 결코 우연이 아니다.

이러한 현실은 나름의 방식으로 기후 정의 문제를 조명한다. 정의를 추구해야 한다는 데 대해서는 광범위한 합의가 이루어져 있다. 그 이상(理想)이 오늘날의 온갖 정치적 정당성에 대한 요구에서 핵심을 이루므로, 그러지 않을 도리는 없을 것이다.[63] 기후 정의라는 목표에 도달하는 방법 역시 잘 알려져 있다. 예컨대 '감축과 수렴〔contraction and convergence: 글로벌 공유자산연구소(Global Commons Institute)의 오브리 메이어(Aubrey Meyer)가 제안한 개념으로, 인류의 생존을 위해서는 온실가스 배출량을 과감하게 줄여야 하는데, 그 과정에서 형평성을 보장해야 한다는 주장이다. 여기서 '감축'은 위험 수위에 다다른 온실가스 배출량을 줄이는 것, '수렴'은 지구가 감당할 수 있는 정도까지 배출권을 공유하는 것을 뜻한다. 다시 말해, 1인당 배출량이 높은 선진국은 이를 대폭 줄여나가고, 인도·중국 등 1인당 배출량이 낮은 나라는 급속한 배출량 증가를 억제하는 한편 약간의 상승폭을 허용함으로써 양편이 목표 지점에서 만나도록 하자는 방안이다. 그러나 이는 과거의 배출량은 고려하지 않고 현재 남아 있는 배출량만을 인구수에 따라 할당하자는 선진국 중심의 주장이라서 개발도상국의 셈법과는 차이가 난다. http://climateaction.re.kr/index.php?mid=news01&document_srl=156107을 참고해 정리했다—옮긴이〕', '1인당 기후 협약(per capita climate accord)' 혹은 남아 있는 세계 '기후 예산(climate budge)'의 공정한 배분 같은 수많은 전략 가운데 하나를 통해 공정한 배출 제도를 구축할 수 있는 것이다.[64] 하지만 그로 인한 공정은 부의 재분배로 귀결될 뿐 아니라 전 세계적 권력 재편으로 이어질 터이다. 그런데 전 세계적 지배의 유지를 지향하는 안보 기관의 관점에서 보면, 이야말로 정확히 그들이 가장 두려워하는 시나리오다. 현상 유지가 가장 바람직한 결과

인 것이다.

이렇게 생각해보면 기후변화는 그 자체로 위험이라기보다 오히려 기존의 분열을 더욱 심화하고 수많은 갈등을 한층 부추기는 '위협 승수(threat multiplier)'로서 모습을 띠고 있다. 서구의 안보 기관들은 이러한 위협 인식에 어떻게 대처할까? 아마도 그들은 크리스천 패런티(Christian Parenti)가 '무장한 구명보트 정치(politics of the armed lifeboat)'라고 부른 전략—즉 대대적인 반란 진압과 국경 무장 및 적극적인 반이민 정책을 아우른 입장—에 의존할 것이다.[65] 이런 환경에 놓인 국민 국가의 임무는 기후 난민(climate refugees)의 '피에 젖은 조수(blood-dimmed tides: 아일랜드 시인 예이츠(W. B. Yeats)의 시 〈재림(The Second Coming)〉에서 인용한 종말론적 공상—옮긴이)'를 저지하고 자국의 자원을 보호하는 것이 된다. "이 같은 세계관 아래서는 인류가 그 자신을 상대로 전쟁을 선언할 뿐 아니라 지구와 치명적인 전투를 벌이는 상황에 휘말린다."[66]

'무장한 구명보트' 시나리오의 개요는 미국, 영국, 그리고 오스트레일리아가 시리아 난민 위기에 대처하는 방식에서 뚜렷하게 확인할 수 있다. 이들 국가는 그 문제가 부분적으로 자신들이 만들어낸 결과임에도 극소수의 이주자만 받아들였다. 이런 전략의 채택은 근대 국민 국가가 떠안은 생명 정치 임무의 논리적 정점(culmination)을 드러내준다. '국가의 몸(body of the nation)'을 보호한다는 임무를 가장 문자 그대로의 의미로—즉 다른 나라에서 쏟아져 들어오는 병리학적인 '헐벗은 생명(bare life: 정치철학자 조르조 아감벤(Giorgio Agamben, 1942~)이 주창한 개념으로, 법의 바깥에 놓인 채 누구에게나 공격당할 수 있는 생명을 뜻한다. 여기서는 기후 난민을 지칭—옮긴이)'의 침투로 위험에 빠진 듯 보이는 국경을 강화하는 식으로—받아들이는 전략이기 때문이다.

하지만 문제는 전염이 진즉부터 사방에서 일어나고 있다는 점이다. 계속되는 기후변화, 그리고 그 변화가 국가 내에서 일으킬 섭동(perturbations: 잘 지내고 있는 것들을 툭툭 건드린다는 의미—옮긴이)은 인위적인 경계를 강화한다고 해서 막을 수 있는 게 아니다. 우리는 '국가의 몸'을 더 이상 오직 그 영토 안에서 살아가는 인간들로만 구성된 것으로 생각할 수 없는 시대에 접어들었다. 국가라는 몸을 이루는 힘줄들이 국경으로 한정할 수 없는 힘들과 서로 얽히고설켜 있는 것이다.

06 ─────────────────────────────────────

만약 세계에서 가장 강력한 나라들이 노골적으로든 암묵적으로든 '무장한 구명보트 정치'를 채택한다면 아시아, 아프리카, 그리고 그 밖의 지역에서 살아가는 수백만 명이 파멸을 맞으리라는 것은 분명하다. 생각할 수 없는 일처럼 보일지 모르지만 이 같은 다윈식 접근법은 자유 시장 이데올로기와도 상충하지 않는다. 그러한 접근법이 영어 사용국들의 국정 운영에서 오랜 내력을 지니게 된 것은 바로 그 때문이다. 이 말이 설득력 있게 들리도록, 영국과 미국의 관료 집단이 변덕스러운 기후가 야기한 재난에 맞서야 했던 게 이번이 처음은 아님을 상기해보자. 19~20세기 초에 엘니뇨 현상은 인도와 필리핀에 엄청나게 파괴적인 피해를 안겨주었는데, 마이크 데이비스(Mike Davis)가 그의 빼어난 연구서 《엘니뇨와 제국주의로 본 빈곤의 역사(Late Victorian Holocausts)》에서 밝혔다시피, 영국과 미국의 식민지 관료들은 가뭄과 기근을 다루는 데서 끊임없이 인간의 생명보다는 자유 시장의 신성함을 더욱 우선시했다. 이들 사례에서도 마오쩌둥 치하의 중국이나 스탈린 치하의 소련에서 발생한 기근의 경우에서처럼 이데올로기가 생명의 보존보다 한층 중시되었다.

아시아와 아프리카에 기근이나 기아가 닥쳤을 때, 더러 맬서스주의적인 주장도 제기되곤 했다. 예를 들어 윈스턴 처칠은 이렇게 말했다. "기근이 발생하든 그렇지 않든 인도인들은 토끼처럼 새끼를 낳을 것이다." 우리 시대에 이런 유의 말을 듣게 될 성싶지는 않지만, 맬서스주의적 인구 '조정(correction)'이 '우리의 생활 방식'을 지속할 수 있도록 해주는 유일한 희망이라고 믿는 서구인이 적잖다는 것은 의심의 여지가 없다.

이런 관점에서 볼 때 기후변화에 대한 전 지구적 무관심은 결코 혼란이나 부인론의 결과, 혹은 계획 부족의 결과가 아니다. 반대로 현상 유지는 **계획이다**(The maintenance of the status quo *is* the plan.) 기후변화는 점차 거세지는 온갖 유의 지정학적·군사적 장소에 대한 군사적 침략의 알리바이가 되어줌으로써 그 계획의 실현을 용이하게 한다.[67] 그리고 그 계획은 분명 수많은 서구 국가에서 은밀하지만 광범위한 지지를 얻고 있는 것 같다. 상당수 유권자는 기후변화 협상이 부뿐 아니라 그들 국가가 세계의 권력 위계에서 차지하는 위상을 바꿔놓을 것임을 간파하고 있다. 그들이 기후 과학 전반에 저항하는 태도에는 이런 판단이 깔려 있는 듯하다.

이러한 현실을 인정하지 못하면 기후변화 논의는 비현실적인 분위기를 띠기 십상이다. 예를 들어 공정성에 대한 고려는 사람들이 진지한 저감 조치를 좀더 기꺼이 받아들이도록 만들어준다고 믿는 이들이 있다.[68] 기후 정의와 관련해 문제는 그런 조치가 어떤 이들에게는 다른 이들에게

보다 훨씬 더 큰 희생을 요구한다는 사실이다. 지질학자 데이비드 아처는 탄소 배출 문제와 관련해 진정으로 공정한 해법에 이르려면 "선진국들이 배출량을 80퍼센트 정도 삭감해야 할 것"이라고, "미국·캐나다·오스트레일리아의 경우에는 그 수치가 90퍼센트에 육박할 것"이라고 추정한다.[69] 그렇다면 사익 추구를 경제의 동력으로 삼는 사회에서 공정성이라는 추상적 개념만으로 사람들이 이처럼 엄청난 규모의 감축에 도달하도록 이끄는 게 과연 가능할까? 지극히 의심스럽다고밖에 말할 수 없다.

사실 우리는 제국과 그 제국이 야기한 불공정에 크게 영향을 받아온 세계에서 살아가고 있다. 국가 간에, 그리고 일국 내에서 볼 수 있는 권력 격차는 아마도 오늘날 과거 그 어느 때보다 크게 벌어졌을 것이다. 이러한 격차는 다시 탄소 배출량과 긴밀한 관련을 드러낸다. 따라서 세계 차원의 권력 분배는 기후 위기의 중심에 놓여 있다. 이것이야말로 진정 감축 조치의 최대 걸림돌 가운데 하나다. 대체로 인식되지 않은 채 남아 있기에 더욱 그렇다. 이는 분명 경제적 격차나 보상, 탄소 예산 같은 것보다 한층 더 풀기 어려운 문제일 터이다. 경제 이슈의 경우에는 적어도 그것을 다루는 데 필요한 어휘가 존재한다. 하지만 오늘날 국제 관계 시스템에서 공정한 권력 분배와 관련한 이슈를 공개적으로 솔직하게 다루는 데 필요한 언어는 존재하지 않는다.

내가 자본주의를 기후변화의 풍경에서 볼 수 있는 가장 중요한 단층으로 인식하는 사람들과 의견을 달리하는 것도 바로 이 때문이다. 나는 그 풍경이 서로 관련되지만 똑같이 중요한 2개의 갈래로 나뉘어 있다고 생각한다. 각각 저만의 궤도를 따라 움직이는 자본주의와 제국이 그것이다. 후자인 제국은 세계에서 가장 강력한 국가들이 가장 중요한 구조 가운데 일부에 대해 지배력을 행사하고픈 열망으로 이해할 수 있다. 요컨대 내가 말하려는 바는 다음과 같다. 즉 설령 자본주의가 바로 내일 마술적인 변화를 겪는다 해도, 정치적·군사적 지배라는 명령은 저감 조치의 진전을 가로막는 중요한 장애물로 남아 있을 것이다.

07

'무장한 구명보트 정치'라는 냉소주의는 다른 한편으로 인도를 비롯한 일부 거대 개발도상국의 엘리트들이 암암리에 지향하는 전략, 즉 '마모의 정치(politics of attrition)'와 부합한다. 이 전략 아래 깔린 가정은 가난한 나라의 거주민은 시련에 익숙하므로[70] 심지어 큰 대가를 치르더라도 부자 나라에는 막대한 손상을 입힐 소지가 있는 충격과 스트레스를 흡수할 수 있는 능력을 지닌다는 것이다.

이는 언뜻 들리는 것만큼 그렇게 지독한 망언은 아닐지도 모른다. 이례적인 스트레스 상황에 대처할 때, 이상 기후를 다루는 데서 이점으로 간주되는 요인―교육, 부, 그리고 수준 높은 사회 조직―이 도리어 약점으로 작용할 수도 있다는 말은 일리가 있기 때문이다. 예컨대 서구의 식량 생산은 '1칼로리당 약 12칼로리의 화석 연료'를 필요로 할 만큼 위태로울 정도로 자원 집중적이다.[71] 그리고 서구의 식량 유통 체제는 더없이 복잡해서 사소한 오류나 고장, 오작동만으로도 폭포 효과를 불러일으켜 완전한 붕괴에 이를 수 있다. 가령 정전 사태는 선진국에서 지극히 드물게 발생하기에 만약 그런 일이 생기면 범죄율 급증 같은 커다란 혼란이 벌어질 수 있다. 하지만 글로벌 사우스의 상당 지역에서 오류나 고장·오작동은 일상다반사며, 모든 사람은 그런 상황에 대비한 대안적 해결책이나 임기 응변식 땜질에 능란하다.

가난한 나라에서는 심지어 중산층조차 온갖 유의 부족과 불편에 대처하는 데 익숙하다. 반면 서구 사회에서는 부와 효율적인 하부 구조에 기반을 둔 습관들로 인해 견딜 수 있는 고통의 문턱이 턱없이 낮아졌다. 그 결과 그들에게는 기후 사건이 재빠르게 '전신에 영향을 주는(systemic)' 스트레스로 다가올 수 있다.

어려운 상황에 대한 적응력은 그 자체로 특정 유형의 탄성 회복력을 만들어낼 가능성이 있다. 지구 온난화의 가장 직접적 결과 가운데 하나인 찌는 듯한 무더위의 경우가 특히 더 그렇다. 따라서 예컨대 2003년 유럽을 덮친 혹서는 4만 6000명을 죽음에 이르게 했으며, 2010년 러시아에서 발생한 무더위는 약 5만 6000명의 목숨을 앗아갔다.[72] 이는 2015년 남아시아와 페르시아만 지역에 몰아닥친 열파(heatwave)—체감 온도가 자그마치 섭씨 72.8도를 기록했다—가 초래한 사망자 수치를 훌쩍 뛰어넘는다. 그런가 하면 글로벌 사우스 전역에서는 공동체의 유대 관계가 여전히 끈 끈하므로 다른 사람들로부터 완전히 단절된 이는 상대적으로 드물다. 이역시 일종의 안전망이 되어준다. 최근의 경험은 공동체 네트워크의 부재가 기상 이변 현상의 파급력을 크게 증폭할 수 있음을 보여준다. 일례로 2003년 유럽에 열파가 덮친 뒤 사망한 사람 상당수가 고립된 채 살아가는 독거노인이었던 것으로 드러났다.[73]

요컨대 부자는 잃을 게 많고 빈자는 그렇지 않다. 이것은 국제 관계에 뿐 아니라 개발도상국의 국내 체제에도 고스란히 해당하는 말이다. 이들 나라에서 도시에 거주하는 중산층의 탄소 발자국은 평균적인 유럽인의 그것보다 훨씬 적다. 하지만 미래에 고통의 예봉을 견뎌야 할 이들은 글로벌 사우스의 중산층이나 정치 지도자가 아니라 그들 나라에 사는, 권리를 박탈당한 가난한 사람들이다. 이 역시 타협하고자 하는 유인(incentive)를 낮춘다는 점에서 기후 협상의 효과적 진척을 가로막는 걸림돌이다. 그들이 목숨 건 도박을 하고 있지 않다는 믿음은 분명 서구의 정치 엘리트들에게와 마찬가지로 개발도상국의 정치 엘리트들에게도 중요한 요소다. 따라서 가난한 나라들이 어떠한 대가를 치르더라도 그저 기후변화의 영향을 흡수함으로써, 부자 나라들로 하여금 더 크게 양보하도록 강요할 가능성이 있다고 가정하는 것은 전혀 무리가 아니다.

앞서 지적한 바와 같이 이러한 견해는 '무장한 구명보트 정치'를 기반으로 하는 견해만큼이나 냉소적이다. 하지만 인도 같은 가난한 나라들이 어떤 윤리적 전략을 취해야 할지 결정하는 것 역시 어려운 문제다. 불확실한 미래에 더 많은 사람이 살아남아서 정의를 위한 싸움을 치르도록 우리는 서구식 번영 추구를 그만두어야 하는가? 하지만 이는 흔히 탈식민지 속에 내포된 '근대화' 프로젝트를 포기하도록 요구할 텐데, 그렇게 되면 식민지 유의 불평등 체제가 고착화할 것이다.

좌우간 부자들이 그들 부의 과실을 내내 누릴 수 있도록 가난한 사람들이 희생해야 한다고 대체 누가 보란 듯이 주장할 수 있겠는가? 그런 주장은 지배적인 정치 체제가 그 합법성의 토대로 삼고 있는 평등·정의 이념이 공언한 것과 정반대 목적을 보장하도록 설계된 터무니없는 허구임을 자인하는 꼴이다. 이것이 아마도 그와 같은 주장을 결코 공개적으로는 펼치지 못하고 오직 가난한 나라들에 '다른 발전의 길'을 걷도록 촉구하는 완곡어법적 호소를 통해 넌지시 암시할 수밖에 없었던 이유일 것이다.

석탄의 사용을 예로 들어보자. 서구에서는 인도의 석탄 공장에 대해 적잖은 우려를 표명해왔다. 하지만 분석가들은 "2014년에 평균적인 인도인의 석탄 소비량은 평균적인 미국인의 20퍼센트, 평균적인 OECD 회원국 국민의 34퍼센트에 그쳤다"고 추산했다.[74] 따라서 그에 대한 논리적이고 공평한 반응은, 이산화탄소 배출량에서 수렴이 일어나는 시점까지(즉 미국과 인도의 이산화탄소 배출량이 같아지는 시점까지─옮긴이) 인도에 새로운 석탄 공장 하나가 들어설 때마다 미국 혹은 OECD 회원국의 석탄 공장 하나를 폐쇄하는 조치였을 것이다. 그러나 당연히 그런 일이 일어날 가능성은 매우 희박하다.

따라서 이것은 자본주의에 의해서뿐 아니라 제국에 의해서 지구 온난화라는 지형이 만들어지는 또 한 가지 방법이다. 세계의 상당 지역에서 산업화를 위한 추동력은 탈식민화라는 궤적의 일부였으며, 이러한 갈등의 역사적 유산도 기후변화 협상이라는 정황 속에 내포되어 있다.[75] 그 궁극적 결과로서 오늘날 기후변화 협상은 판돈이 큰 도박 꼴을 하고 있다. 즉 재난은 다른 모든 패를 능가할 것으로 기대되는 으뜸 패다.

08

기후변화의 연대기에서 2015년은 중요한 해다. 기상 이변이 빈발한 해였기 때문이다. "지구 온난화라는 램프"[76] 위에서 홰를 치는 강력한 엘니뇨가 지구에 커다란 혼란을 안겨주었다. 수백만 명이 파괴적인 홍수와 가뭄

대혼란의 시대

에 속수무책이 되어버린 스스로의 모습을 발견했다. 기이한 토네이도와 사이클론이 전에 한 번도 그랬던 적 없는 지역을 쑥대밭으로 만들어놓았다. 북극에서 한겨울 기온이 전례 없이 상승한 현상을 포함해 전 세계적으로 이례적인 이상 기온이 보고되었다. 그해가 저물 무렵 기후과학자들은 2015년을 기록을 시작한 이래 가장 따뜻한 해라고 선언했다. 2015년은 기후과학자들의 음울한 예측이 예언자의 어조를 띤 해이기도 했다.

이러한 혼란은 무시하기가 거의 불가능하다. 전통 매체에서와 마찬가지로 인터넷 웹상에서도 '기후변화'라는 구절을 어디서나 흔히 볼 수 있었다. 실제로 동요하지 않은 채 남아 있는 영역은 극소수였는데, 문학 소설과 예술이 거기에 속해 있는 것 같았다. 최종 수상 후보자, 비평 등에서 기후변화에 적극적으로 관심을 기울이고 있음을 보여주는 흔적은 없었다.

하지만 2015년에 기후변화를 다룬 대단히 중요한 출간물 두 편이 세상에 나왔다. 하나는 5월에 발표된 프란치스코 교황의 회칙 《찬미받으소서 (Laudato Si)》(더불어 사는 집, 즉 지구를 돌보는 것에 관한 내용으로 6장 246항에 걸쳐 환경 문제를 가톨릭 신앙의 관점에서 성찰하며 회개와 행동을 촉구한다. 특히 프란치스코 교황은 이 회칙에서 인간이 초래한 생태 위기의 근원으로 기술만능주의와 인간중심주의를 고발하며, 온전한 발전을 위한 접근법으로서 다양한 차원의 대화와 생태 교육을 촉구한다―옮긴이)이고, 다른 하나는 12월에 나온 기후변화에 관한 파리 협정문(Paris Agreement)이다.[77]

두 문서는 텍스트가 거의 뜻을 둘 수 없는 영역을 차지하고 있다. 단어가 현실 세계의 변화에 영향을 끼치는 영역 말이다. 하지만 그것들 역시 형식, 어휘, 심지어 활판술에 이르기까지 세심하게 주의를 기울인 집필이라는 활동을 통해 등장한 **텍스트**다.[78] 그것을 텍스트로 읽는 것은 여러 면에서 흥미로운 일이다.

당연한 일이지만 두 문서—하나는 전직 문학 교사(프란치스코 교황에게 문학 교사의 전력이 있다—옮긴이)가 썼고, 다른 하나는 수많은 외교관과 각국 대표단의 합작품이다—는 다수의 동일한 자료에 의존하고 동일한 주제들 가운데 일부를 다루고 있음에도 전혀 비슷하지 않다. 하지만 둘은 공통점도 몇 가지 있다. 아마도 그중 가장 중요한 것은 둘 다 기후과학이 산출한 연구 결과를 수용하는 데서 출발하고 있다는 점일 터이다. 이런 의미에서 두 문서는 모두 획기적인 역사적 사건이다. 즉 그 문서들의 출간은 지구의 기후가 변화하고 있는 중이며, 이러한 변화를 일으킨 장본인은 바로 인간이라는 것을 전 세계가 보편적으로 인식하게 되었음을 말해준다. 따라서 두 문서는 기후과학을 지지하는 것으로 보는 게 옳다.

이 점을 제외하면 두 문서는 예측 가능한 방식으로는 아닐지 몰라도 크게 다르다. 예를 들어 기본적으로 종교 문서인 교황의 회칙은 암시적이고 화려한 문체로 쓰였을 거라고 생각하기 쉽다. 반면 파리 협정문은 [가령 교토 의정서(Kyoto Protocol)처럼] 간결하고 능숙한 문체로 집필되었을 거라고 기대할 법하다. 하지만 실상은 정확히 그 반대였다. 교황의 회칙은 사용한 언어가 명징하고 구성이 단순하다는 점에서 두드러진다. 언어가 고도로 양식화되어 있고 구조가 복잡한 것은 도리어 파리 협정문 쪽이다.

파리 협정문은 2부로 이뤄져 있다. 좀더 긴 1부는 '의장의 제안'이라는 제목을 달고 있으며, 협정 자체를 담은 2부는 '부록'이라고 표현되어 있다. 조약에서 으레 그렇게 하듯 1·2부는 앞에 모두 전문(前文)을 달고 있다. 그 점만 빼면 파리 협정문은 관례보다 훨씬 더 길고 내용도 정교하다.

예를 들어 교토 의정서의 전문은 오직 5개의 간명한 선언적 구절로 이루어져 있는 데 반해, 파리 협정문의 텍스트는 31개나 되는 호소력 있는 선언적 구절을 포함한다. 이들 중 15개는 그 문서의 1부(즉 '의장의 제안') 앞부분에 배치되어 있다. 그 일부는 아래와 같다. (우리말로 옮겼을 때 어순이 달라지면서 파리 협정문 텍스트의 구성이 머릿속에 잘 그려지지 않으므로 원문을 병기했다―옮긴이.)

~의 설립에 대한 결정 1/CP.17을 **상기하고**(*Recalling* decision 1/CP.17 on the establishment……),

~2, 3, 4조도 **상기하고**(*Also recalling* Articles……),

~의 관련 결정 **또한 상기하고**(*Further recalling* relevant decisions……),

~의 채택을 **환영하고**(*Welcoming* the adoption……),

~를 **인식하고**(*Recognizing* that……),

~를 **인정하고**(*Acknowledging* that……),

~를 지지하고 촉진하는 데 **동의하고**(*Agreeing* to uphold and promote……),

이런 동명사 구절이 쪽마다 폭포처럼 쏟아져 내린다. 그것들은 저자가 마치 기어라도 바꾼 것처럼 문장이 채 마무리되지도 않은 채 번호를 매긴 다음과 같은 조항들로 바뀐다.

1. ~를 채택하기로 **결정하고**(1. *Decides* to adopt……),

2. 유엔 사무총장에게 ~를 **요청하고**(2. *Requests* the Secretary-General……),

제안은 이렇게 이어지면서 빽빽하게 인쇄된 페이지를 18쪽이나 채운다. 하지만 140개에 달하는 번호를 매긴 조항과 6개 섹션으로 구성된 이 거대한 텍스트 덩어리는 오직 2개의 문장으로 이루어져 있을 따름이다. 그중 한 문장은 자그마치 15쪽에 걸쳐 있다! 실제로 파리 협정문의 이 부분은 이례적일 정도로 한껏 기교를 부린 집필의 결과다. 수천 개의 단어가 셀 수도 없는 콜론·세미콜론·콤마로 쪼개져 있으며 마침표는 단 2개 뿐이다.

이 텍스트의 어지러운 기교는 협상 이후 파리에서 흘러나온 이미지들—서로 끌어안는 각국 지도자와 기업 총수들의 이미지, 눈물을 글썽이는 협상가들의 이미지, 사진을 찍기 위해 즐겁게 함께 모여 있는 각국 대표단의 이미지—의 배경이 되어준다. 이런 풍경은 기쁨만큼이나 놀라움의 분위기를 자아낸다. 각국 대표단은 자기네가 그토록 중요한 협상을 끝내 타결했다는 게 믿기지 않는 듯한 모습이었다. 그로 인한 희열은 사진들에서처럼 협상의 텍스트에도 더없이 분명하게 드러난다. 작문의 기교에는 협상이 타결된 것을 축하하는 의미가 담겨 있다.

《찬미받으소서》에는 그러한 충일감이 없다. 대신 회칙은 복잡한 문제를 냉철하고 명료하게 다루는 것이 특징이다. 파리 협정문의 전문이 산문과 운문 사이 어디쯤, 즉 저만의 운율 영역을 차지하고 있다면,《찬미받으소서》는 오직 책 말미의 글을 맺는 두 기도문에서만 운문을 사용한다.

여기서 다시금 두 문서 간의 예기치 못한 차이를 발견할 수 있다. 《찬미받으소서》는 기도문으로 마무리되어 있으므로 파리 협정문보다 소망적 사고와 추측이 더 많으리라 여겨질지도 모른다. 하지만 그 역시 전혀 사실이 아니다. 불가능한 것—지구의 평균 기온 상승폭을 섭씨 1.5도로 제한하는 희망 섞인 목표가 한 가지 예인데, 이는 진즉에 달성 불가능한 것으로 판명 난 목표다―을 거듭 소환하는 쪽은 도리어 파리 협정문이다.[79]

파리 협정문은 그 목표가 기반을 두고 있는 가정에 대해서는 언급하지 않는다. 하지만 일반적인 생각에 따르면, 파리 협정문의 목표는 기술 발전에 힘입어 대기 중의 온실가스를 거둔 다음 지하 깊이 묻을 수 있다는 믿음에 기반을 두고 있다. 그러나 그러한 기술은 이제 막 태동한 상태일 따름이고, 그중 가장 유망한 기술인 '바이오 에너지 탄소 포집 저장 기술 (biomass energy carbon capture and storage, BECCS)'은 규모 면에서 성공하려면 인도보다 더 큰 면적에 걸쳐 바이오 에너지 작물을 심어야 한다.[80] 아직 희박한 가능성에 그토록 커다란 신뢰를 보낸다는 것은 신앙적 행위에 지나지 않는다. 종교적 신념과 다를 바 없는 것이다.

반면 《찬미받으소서》는 어느 대목에서도 기적적 관여가 기후변화에 해법을 제시해줄 수 있다고 암시하지 않는다. 회칙은 그러는 대신 탄소 경제 이전 시대의 전통에서 지혜를 구함으로써 오늘의 인류가 처한 곤경을 이해하고자 안간힘을 쓴다. 하지만 《찬미받으소서》는 (가령 생태적 양심을 인간이 자연을 통제한다는 기독교적 교리와 화해시키는 문제에서처럼) 과거 교회가 취한 입장에 단호하게 의문을 제기한다. 회칙은 우리 시대에 만연한 패러다임을 비난하는 데도 망설임이 없다. 무엇보다 《찬미받으소서》는 "경제학자, 금융업자, 기술 전문가들이 더없이 매력적으로 여기는 '제한 없는 성장(unlimited growth: 다양한 인류의 위기를 극복하고 관리하기 위한 활동의 일환으로, 1972년 로마클럽(Club of Rome)이 제출한 기념비적 보고서 《성장의 한계(The Limits to Growth)》는 지구라는 한정된 공간에서 급격한 성장을 무한정 지속할 수는 없다고 경고한다. 그에 대한 반론이 바로 '제한 없는 성장'이다―옮긴이)' 개념"을 신랄하게 비판한다.[81] 회칙은 이 주제로 거듭 돌아가서 "오늘날 우리가 겪고 있는 실패의 근본 원인을 찾아내지 못하는 이유"는 바로 "기술주의적 패러다임" 때문이라고, "그것은 기술 발전의 지향, 목적, 의미, 그리고 사회적 함의와 관련이 있다"고 주장한다.[82]

반면 파리 협정문의 텍스트는 우리의 주요 패러다임에 뭔가 문제가 있다는 것을 털끝만큼도 인정하지 않는다. 파리 협정문에는 그 협정이 다루고자 애쓰는 바로 그 상황을 야기했다고 알려진 관례에 대한 비판으로 해석할 만한 구절이나 조항이 담겨 있지 않다. 항구적 발전이라는 오늘날의 패러다임은 그 텍스트의 중앙에 잘 모셔져 있다.

그렇다면 본시 비판은 협정의 몫이 아닌가? 천만의 말씀이다. 예를 들어 국제적 마약 협정은 '약물 중독 등의 해악'을 비판하기 위해 꽤나 강도 높은 언어를 구사한다.[83] 비판적 언어는 심지어 '시장의 불완전성'에 대해 언급한 교토 의정서 같은 초기의 기후 협약에도 등장했다.[84] 그럼에도 파리 협정문에는 그러한 비판적 구절을 어디서도 찾아볼 수 없다. 파리 협정문은 그저 '기후변화는 인류 공통의 관심사'라고만 다소곳이 인정할 따름이다.[85]

파리 협정문은 그것이 치유하고자 의도하는 질환을 명명하는 데서도 마찬가지로 미온적이다. 《찬미받으소서》에는 **재앙**이나 **재난** 같은 단어가 수차례 등장하지만, 파리 협정문은 오직 기후변화의 **부작용**과 **악영향**에 대해서만 언급한다. **재앙**이라는 단어는 결코 사용하지 않는다. 심지어 **재난**조차 딱 한 번밖에 등장하지 않는데, 그것도 어느 대목에선가 언급한 과거의 회의 제목에서다. 마치 협상이 '다소' 골치 아픈 문제를 다루기 위해 소집되었던 것만 같다. 그러므로 파리 협정문의 조항들이 실천적 행동을 위한 기회의 창이 바늘구멍 크기로 작아질 2020년에야 '효력을 발생할 〔come into force: 'force'라는 단어를 자발적 실천에 대해서도 사용할 수 있다면('효력을 발생한다'는 게 '강제력을 띤다'는 의미일 텐데, 본시 '강제력'이라는 뜻의 'force'는 '자발적', 즉 'voluntary'라는 말과 모순되어 보이므로 저자가 이렇게 부연한 듯하다―옮긴이)〕' 거라는 사실은 놀라울 게 없다.[86]

파리 협정문이 파괴적인 용어의 사용을 조심스레 피하는 것과 반대로, 《찬미받으소서》는 언어의 선택뿐 아니라 양식의 단순 명쾌함에 있어서도 오늘날의 관례에 도전한다. 회칙은 기후변화에 관한 공적 담론을 둘러싼 모호함과 전문 용어를 배제하고, '교황에게 영감을 불어넣고 그를 안내하는' 성인의 영향을 명확히 인정하면서 열린 자세를 취하고자 노력한다. "아시시(Assisi: 이탈리아 중세 도시―옮긴이)의 성 프란체스코(Saint Francesco: 1182?~1226―옮긴이)는 우리로 하여금 중요한 생태는 수학이나 생물학 언어를 초월하는 범주에 대해 개방적 태도를 촉구함을 깨닫도록, 그리고 인간이 된다는 것이 어떤 의미인지 분명하게 이해하도록 도와주신다."[87]

《찬미받으소서》가 열린 자세를 취하려 애쓰는 것과 마찬가지 정도로 파리 협정문은 그와 정반대 방향, 즉 제한과 폐쇄를 향해 나아간다. 파리 협정문의 어휘뿐 아니라 양식은 은폐와 철회의 도구로 쓰이는 언어라는 인상을 풍긴다. 심지어 그것이 드러내고 있는 희열조차 통과 의례를 찬미하는 소수 입회자 집단의 의기양양한 기쁨을 암시할 따름이다. 파리 협정문은 구절구절 신비로운 구조, 메커니즘, 그리고 이상하고 새로운 관료체제의 화신들을 소환한다. 그것이 "두 고위급 챔피언을 임명하기로 **결정할 때**", 그리고 "모든 이해 당사자에게 …… 그 챔피언들의 작업을 지원하도록 **요청할 때**"(우리는 두 챔피언이 '최고위급'으로 올라가기 위해 결투를 벌이는 콜

로세움이 과연 어디인지 궁금하다) 등이 그러한 예다.[88]

챔피언이라는 단어가 무엇인지 적시하지 않은 채 남아 있는 것을 보면 분명하게 알 수 있다. 그것은 문서의 저자들이 암묵적으로 자기네가 누구를 지칭하고 있는지 잘 알고 있음을 암시한다. 즉 자신들 같은 부류가 그 챔피언이 될 수 있음을 말이다. 요컨대 파리 협정문은 동류의 사람들이 저자로 참여해 동류의 사람들을 위해 집필한 챔피언들의 문서다.

희한하게도 《찬미받으소서》는 이런 가능성을 미리 점친 것 같다. "국제 차원의 정치적·경제적 논의"를 통해 의사 결정이 이루어지는 방식을 언급하는 대목에서 회칙은 "전문가, 여론 주도자, 의사소통 관련 미디어의 역할"에 대해 밝힌다. 그리고 "부유한 도시 지역에 자리한 권력 중심부는 가난한 사람들과 멀리 동떨어져 있으며, 그들이 겪는 문제와 직접적 접촉이 거의 없다"고 지적한다. "그들은 세계 대다수 인구를 훌쩍 뛰어넘는 높은 수준의 발전과 삶의 질이라는 편안한 위치에서 살아가고 판단한다."[89] 정확히 이 점을 유념하고 있는 《찬미받으소서》의 표현 양식은 회칙이 거듭 "배제된 사람들(the excluded)"이라고 부른 이들을 제대로 다루려는 시도로서 채택한 것 같다.

반면 파리 협정문의 모호함은 그와 정반대 의도를 지녔음을 암시한다. 그것의 수사는 마치 암묵적 거래, 무언의 합의, 사정에 밝은 사람들 눈에만 보이는 법적 허점 따위를 은폐하는 데 맞추어진 번쩍거리는 화면 같다. 다양한 억만장자, 기업, '기후 기업가(climate entrepreneur)'들이 파리 협정에서 중요한 역할을 담당했다는 것은 딱히 비밀도 아니다. 그러나 공식적으로 알려진 것은 아니지만, 파리 협정문이 신자유주의 시대의 자유 무역 협정으로부터 곧바로 빌려온 용어를 선택하고 있다는 사실을 통해 그 점을 짐작할 수 있다. 자유무역 협정은 파리 협정문이 언급하고 있는 "가속화하는, 유망한, 권능을 부여하는 혁신"의 출처이자 그 문서가 의존하고 있는 수많은 용어—이를테면 **이해 당사자, 좋은 관례, 예방적 해법, 공적·사적 참여, 기술 발전** 등—의 출처임이 분명하다.

텍스트와 관련해서 흔히 그렇듯 파리 협정문의 수사는 그것이 언급하지 않은 채 남겨놓은 많은 것들을 분명히 하는 데 기여한다. 즉 그것의 목적, 그것이 성취한 바의 본질은 또 하나의 신자유주의적 최전방을 창조한다는 것이다. 거기서 기업, 기업가, 그리고 관료들은 서로를 살찌우기 위해 힘을 모을 수 있다.

만약 12월 2일의 테러리스트 공격이 프랑스 정부에 시위·행진·데모를 금지하도록 빌미를 제공함으로써 파리 협정(11월 30일부터 12월 11일까지 열렸다—옮긴이)의 정황을 극적으로 바꿔놓지 않았다면 그 협정은 실제로 전개된 것과 다른 양상을 띠었을까? 만약 각국 대표단이 기후 활동가들이 애초 계획한 대로 도도한 대중의 압박 물결을 다루도록 강요받았다면 어떤 일이 벌어졌을까? 이러한 질문은 다가오는 몇 년 동안 사가들을 괴롭힐 테지만, 당연히 답은 절대 알려지지 않을 것이다. 그러나 프랑스 당국이 기후 활동가들에 맞서 민첩하게 공세를 취했다는 사실, 그리고 그중 수십 명을 효율적으로 가택 연금시켰다는 사실로 미루어볼 때, 지난 20년 동안 개최된 다른 수많은 국제 협상에서와 마찬가지로, 그들 역시 심지어 공격이 없었더라도 어떻게든 시위자들을 울타리 안으로 몰아넣을 수단을 강구했을 것임을 알 수 있다. 이는 전 세계의 정부와 기업들이 비상할 정도로 능란해진 영역이다. 그들은 이번에도 협상의 텍스트에 암시된 배제 (exclusion)를 위해 환경 활동가들을 감시하는 데 투자하면 보답을 받을 거라고 믿었다.

배제는 《찬미받으소서》에도 등장하는 주제인데, 이 경우에는 정확히 파리 협정문과 정반대 이유에서다. 빈곤과 정의가 회칙의 주요 관심사이기 때문이다. 그 문서는 거듭해서 "자연에 대한 관심, 빈자들을 위한 정의, 사회에 대한 헌신과 내적 평화 간의 결합은 결코 분리할 수 없다"는 주제로 돌아온다.[90]

《찬미받으소서》에서 **빈곤**과 **정의**는 서로 긴밀하게 연결되어 있다. 여기서는 빈곤을 다른 요소들로부터 분리된 상태로 관리하거나 개선할 수 있는 현상으로 그리지 않는다. 또한 모종의 보존주의가 흔히 암시하듯 이 생태적 이슈들에 대해 사회 불평등을 고려하지 않은 채 해결할 수 있는 문제라고 여기지도 않는다. 《찬미받으소서》는 이런 유의 '그린 레토릭(green rhetoric)'을 맹공격하며, "진정한 생태적 접근은 **언제나** 사회적 접근이어야 한다"고 주장한다. "정의의 문제를 환경에 관한 논쟁에 포함함으로써, **지구의 외침과 가난한 자들의 외침을 동시에 경청해야 한다**"는 것이다.[91] 이는 다시 "특히 글로벌 노스와 글로벌 사우스 사이에는 진정한 '생태적 채무 관계'가 존재한다"는 직설적인 주장으로 귀결된다.[92]

이 대목에서도 파리 협정문과 극명한 차이가 드러난다. 파리 협정문에 빈곤이 언급되는 경우는 언제나 그 자체로 재정적 메커니즘 등을 통해 개선할 수 있는 상태로서다. 빈곤이라는 단어가 **정의**와의 관련성 속에서 등장하는 경우는 단 한 차례도 없다. 딱히 놀랄 일도 아니다. 파리 협정문에서 정의를 언급한 것은 딱 한 번인데, 이번에도 그 단어가 대단히 조심스럽게 쓰였다는 점이 특징적이다. 그것은 바로 부록의 전문(前文)에서 "기후변화를 본격적으로 다루기 위해 조치를 취할 때 일부 사람들에게는 '기

후 정의(climate justice)' 개념이 중요하다"고 지적한 대목이다.[93]

기후 정의라는 구(句)를 주의 환기용 인용 부호로 처리한 것과 그 개념을 오직 '일부 사람들에게'만 중요하다고 기술하는 것은 기실 그 개념에 대한 '노골적인(explicit)' 부인이다. 하지만 그 개념에 대한 '암묵적인(implicit)' 부인은 그보다 훨씬 더 앞부분의, 텍스트에서 얼마 안 되는 간명하고 명백한 구절들 가운데 하나에 잘 드러나 있다. 바로 "이 협정은 그어떤 법적 책임 및 보상의 기초를 제공하거나 그와 관련되지 않는다"고 밝힌 구절이다.[94] 이런 말을 통해 파리 협정은 끝까지 기후변화 피해자들이 자기네가 입은 손실에 대한 법적 보상을 요구하지 못하도록 막는다. 그들은 대신 선진국이 조성하는 데 합의한 투명한 기금에 의존해야 할 것이다.

두 텍스트 간의 차이가 가장 극명하게 드러나는 지점은 바로 글을 마무리하는 방식이다. 파리 협정문은 가맹국의 의지를 통해 협정의 목표가 구현되도록 기원하고, 협정이 효력을 발휘하는 날을 2015년 12월 12일이라고 못 박으면서 끝맺는다. 이 구문은 인간의 주권과 미래에 영향을 미치는 인간의 능력에 대한 믿음을 담고 있다.

반면 《찬미받으소서》는 도움과 지도를 호소하는 기도문으로 글을 마무리한다. 그러므로 그 기도문은 인류가 얼마나 심각하게 길을 잃었는지, 그리고 인간의 행위 주체성을 제한하는 한계가 무엇인지 인식한 결과이기도 하다. 이렇게 기도문은 프란치스코 교황의 시대 비판—그는 우리 시대를 "진보와 인간의 능력에 대해 비합리적 확신을 품은 시대"라고 표현한다—을 이루는 가장 급진적 요소 가운데 하나를 되풀이한다.[95] 바로 '인간의 자유는 무한하다'는 생각에 대한 문제 제기다.[96] 그 텍스트는 이렇게 말을 잇는다. "우리는 인간이 그 자신을 위해 창조한 자유일 뿐 아니라 …… 정신이자 의지이기도 하고, 자연이기도 하다는 사실을 잊어버렸다."[97]

나는 이 같은 《찬미받으소서》의 주제 의식에 힘입어, 앞서 보았듯이 기후변화가 오늘날의 문학과 예술에 저항하는 전선들을 찾아내고자 노력하면서 탐구를 진행해왔다. 인간 자유의 무한함이라는 개념이 우리 시대 예술의 핵심으로 남아 있는 한 인류세는 절대 그 예술에 굴복하지 않을 것이다.

09

기후변화라는 영역이 제아무리 척박하다 할지라도 그 안에는 희망의 조짐으로서 도드라지는 특성도 얼마간 존재한다. 각국 정부와 대중 사이에 널리 퍼져 있는 긴박감, 현실적 대안 에너지 해법의 출현, 세계 전역에서의 활동주의 확산, 그리고 환경 운동에서 거둔 몇 가지 소중한 승리 등이 그것이다. 하지만 내가 보기에 가장 유망한 상황 전개는 종교 집단과 종교 지도자들이 기후변화 정책에 개입하는 현상의 증가다.[98] 당연히 프란치스코 교황이 가장 저명한 예지만 최근 몇몇 힌두교, 이슬람교, 불교, 기타 종교 집단과 기관도 저마다 우려의 목소리를 내고 있다.[99]

나는 이것이 희망의 신호탄이라고 생각한다. 우리 시대의 공식적 정치 체제가 제힘만으로는 위기에 대처할 수 없다는 사실이 점차 분명해 보이는 탓이다.[100] 그 이유는 간단하다. 정치 체제를 이루는 기본적 구성 요소는 국민 국가인데, 그 국민 국가의 고유한 특성이 특정 인구 집단의 이익을 추구하는 것이기 때문이다.[101] 이러한 요구는 너무나 강력해서 심지어 유엔 같은 초국가적인 국민 국가들의 모임조차 그것을 무시할 수 없는 듯 보인다. 이는 물론 부분적으로 지정학 및 권력의 경쟁 관계에 기인한다. 하지만 기후변화가 그 본성상 근대 국가의 생명 정치적 임무, 그에 따른 통치 관례와 관련해 근대 국가로서는 해결할 수 없는 문제라서 그런 것 같기도 하다.

나는 전 세계적으로 급증하고 있는 세속적 저항 운동이 교착 상태를 깨뜨리고 근본적 변화를 가져올 수 있다고 믿고 싶다. 다만 관건은 시간이다. 기후변화가 '정상적인(normal) 문제'가 아니라 '사악한(wicked) 문제'인 것은 효과적 행동을 취할 수 있는 시계(時界)가 대단히 좁기 때문이기도 하다. 만약 우리가 과감한 세계 차원의 탄소 배출 감축 없이 한 해 한 해를 그저 흘러보낸다면 재앙은 점점 더 심각해질 것이다.

대중의 저항 운동이 이처럼 좁은 시계 내에서 어떻게 충분한 추동력을 얻어낼 수 있을지 알아내기란 어렵다. 이러한 운동이 일어나기까지는 대체로 몇 년, 심지어 몇십 년이 걸릴 것이다. 오늘날 상황에서 그런 운동을 구축하는 것은 한층 더 어렵다. 세계 전역의 안보 기관이 진즉부터 활동주의를 감시하는 작업에 광범위하게 착수해왔기 때문이다.

의미 있는 진전을 이루려면, 즉 기후변화의 안보화와 기업화를 막으려면, 이미 존재하는 공동체와 대중 조직이 투쟁의 최전선에 나서야 한다. 이러한 조직 가운데 종교적 연결 고리가 있는 기관은 다른 기관보다 훨씬 더 많은 인원을 동원할 수 있다. 더욱이 종교적 세계관은 기후변화를 현존하는 통치 기관에 심각한 도전으로 만들어준 제약의 영향을 받지 않는다. 그러한 세계관은 국민 국가를 초월하며 세대를 뛰어넘는 장기적 책무를 인식한다. 게다가 경제학자 같은 사고방식을 취하지 않으며, 따라서 오늘날의 국민 국가가 사용하는 추론 형식을 허락지 않는 식으로 비선형적 변화—즉 재앙—를 상상해볼 수 있다. 마지막으로, 만약 한계와 제약을 받아들이지 않는다면, 이러한 위기에서 벗어나는 방법을 찾아내는 것은 불가능하다. 그리고 내가 생각하기에 이는 다시 신성함이라는 개념과 긴밀하게 연관된다. 사람들이 신성함을 두고 저마다 무엇을 떠올리고 싶어 하든 간에 말이다.

세계 각지의 종교 집단은 만약 대중 운동을 통해 서로 협력한다면 당연히 세계가 평등에 대한 고려를 희생하지 않고도 과감하게 탄소 배출량을 줄이는 길로 나아가는 데 필요한 추동력을 제공할 수 있다. 수많은 기후 활동가들이 이미 그 방향으로 나아가고 있다는 사실은 내게 또 한 가지 희망의 조짐이다.

점차 줄어드는 기후 위기의 시계(時界) 자체는 적어도 한 가지 의미에서는 희망의 원천이다. 지난 수십 년 동안 '거대한 가속'의 호(arc)는 근대성의 궤적과 완벽하게 일치했다. 즉 그 호는 공동체 파괴, 점점 더 심화하는 개인화와 아노미(anomie: 행위를 규제하는 공통 가치나 도덕 기준이 없는 혼돈 상태—옮긴이), 농업의 산업화, 유통 체제의 집중화 등으로 귀결되었다. 그런가 하면 그것은 또한 착각을 불러일으킬 정도로까지 심신이원론(mind-body dualism)을 강화해왔다. 심신이원론은 사이버 공간에서 적극적으로 선전되고 있어 인간이 자신의 물리적 환경으로부터 분리되는, 즉 '몸에서 떨어져 나온' 부유하는 개체가 되는 수준으로까지 나아갔다.[102] 그것들이 모여서 빚어내는 결과는 정확하게 전통적인 여러 형태의 지식, 물리적 기술, 예술의 절멸이다. 또한 공동체가 누려온 유대 관계(그 효과가 커짐에 따라 세계의 수많은 사람들, 특히 여전히 땅에 매여 사는 사람들에게 도움을 줄 수 있는 공동체의 유대 관계)의 파괴다. 지금 위기가 펼쳐지는 바로 그 속도는 이들 자원 가운데 일부를 보존해줄 하나의 요인이 될 수도 있다.

실천을 위한 투쟁은 분명 지난하고 벅찰 것이며, 그 투쟁을 통해 무엇을 성취하든 기후변화로 인한 몇몇 심각하고 파괴적인 결과는 돌이키기에 이미 너무 늦을 것이다. 하지만 나는 그러한 투쟁을 통해 이전 세대보다 더 밝은 눈으로 세상을 바라볼 줄 아는 세대가 출현하리라고 믿고 싶다. 또한 그들이 지금 인류가 빠져 있는 '대혼란'을 뛰어넘으리라고, 다른 비인간 존재들과의 유대 관계를 재발견하게 되리라고, 마지막으로 이처럼 새롭고도 유구한 전망을 달라진 예술과 문학 속에 담아내리라고 믿고 싶다.

이 책은 2015년 가을 시카고 대학에서 진행한 네 차례의 강연 내용을 담아낸 결과다. 내 강연은 Randy L. Berlin과 Melvin R. Berlin 가족의 이름을 딴 강연 시리즈의 두 번째였다. 베를린 가족, 그리고 이 시리즈를 추진한 관리자들에게 기후변화에 관한 생각을 펼쳐나갈 기회를 제공해준 데 대해 깊이 감사드린다.

이런 생각을 펼쳐 보이는 데 인류세 연구에서 세계를 선도하고 있는 시카고 대학보다 더 적절한 환경은 없었을 것이다. 강연에 참석한 이들의 논평과 질문은 대학 공동체에서의 교류만큼이나 내게 많은 생각거리를 던져주었다. 특히 Dipesh Chakrabarty, Julia Adeney Thomas, 그리고 Kenneth Pomeranz에게 감사드린다. 그들은 하나같이 먼저 자신의 작업을 통해, 그리고 내 강연에 대한 코멘트를 통해 이 책을 풍성하게 해주었다.

Prasenjit Duara와 Tansen Sen은 중국 자료와 관련해 더없이 소중한 지도와 조언을 제공해주었다. 또한 그들과 Liang Yonjia는 이 책에서 인용한 몇몇 구절을 번역해주기도 했다. 정말이지 감사하다.

　이 책을 집필하고 편집한 대부분 시간 동안 포드 재단(Ford Foundation)의 방문 연구원(Visiting Fellow)으로 지냈다. 포드 재단의 지원에 진심으로 감사드린다.

　나의 아내 Deborah Baker, 그리고 Adam Sobel, Rahul Srivastava, Mukul Kesavan은 이 책 원고의 초안을 읽어주었다. Lucano Alvares와 Raghu Kesavan은 몇몇 중요한 출처를 알려주었다. 그들 모두에게 큰 도움을 받았다.

　여러 조사를 통해, 저녁 식사 시간에 지구 온난화에 대해 언급하면 이내 화제가 바뀌는 게 거의 확실하다는 것이 드러났다. 나의 아이들 Lila와 Nayan은 자랄 때 늘 그런 선택지를 가지고 있었던 것은 아니다. 아빠의 이야기를 잘 참아준 데 대해 고맙게 생각한다.

　마지막으로 이 책의 편집자 Alan Thomas와 Meru Gokhale, 그리고 시카고 대학 출판사에 송고한 원고에 대해 서평을 들려준 익명의 세 독자에게 감사드린다. 그들의 코멘트는 더할 나위 없이 소중했다.

1부 문학

1. "인식한다는 것은 …… 두드러질 정도의 행운 혹은 불운을 겪는 사람들 입장에서 밀접한 관계나 원한을 드러내주는, 모름에서 앎으로의 변화다." Aristotle, *Poetics*, trans. Malcolm Heath (London: Penguin, 1996), 18.

2. 조르조 아감벤(Giorgio Agamben)의 표현에 따르면, 이는 잠재성이 "스스로에게 자신을 주기 위해 자신에게 되돌아가는" 순간이다. (*Homo Sacer: Sovereign Power and Bare Life*, trans. Daniel Heller-Roazen〔Stanford, CA: Stanford University Press, 1998〕, 46).

3. 여러 문학 잡지에서 광범위한 서평을 실은 두 권의 책, 바버라 킹솔버의《비행 행동》과 이언 매큐언의《솔라》는 드문 예외다.

4. 개빈 슈미트(Gavin Schmidt)와 조슈아 울프(Joshua Wolfe)의 정의에 따르면, "피드백 개념은 기후 체제의 핵심에 놓여 있으며 그 체제가 지닌 복잡성의 상당 부분을 설명해준다. 기후에서는 모든 것이 다른 모든 것들과 연결되어 있다. 따라서 한 가지 요인이 변화하면 다른 구성 요소들의 연쇄적 변화가 초래되고, 이는 더 많은 변화로 이어진다. 이런 과정이 내내 계속된다. 이러한 변화는 급기야 처음 변화를 촉발한 요인에까지 영향을 미치는 결과로 귀결된다. 만약 이 피드백이 처음의 변화를

증폭하면 정적(positive) 피드백, 약화하면 부적(negative) 피드백이라고 표현한다. *Climate Change: Picturing the Science*, ed. Gavin Schmidt and Joshua Wolfe (New York: W. W. Norton, 2008), 11을 참조하라.

5. 레스터 브라운(Lester R. Brown)은 "기후의 불안정성이 '새 기준'이 되어가고 있다" 고 적었다. *World on the Edge: How to Prevent Environmental and Economic Collapse* (New York: W. W. Norton, 2011), 47을 참조하라.

6. darkmountain. net을 참조하라. 그리고 John H. Richardson, "When the End of Human Civilization Is Your Day Job," *Esquire*, July 7, 2015도 참조하라.

7. Dipesh Chakrabarty, "The Climate of History: Four Theses," *Critical Inquiry* 35 (Winter 2009).

8. 이 인용문은 Naomi Oreskes, "The Scientific Consensus on Climate Change: How Do We Know We're Not Wrong," in *Climate Change: What It Means for Us, Our Children and Our Grandchildren*, ed. Joseph F.C. DiMento and Pamela Doughman (Cambridge, MA: MIT Press, 2007)에서 따온 것이다. 인류 세 개념의 계보에 관한 논의로는 Paul J. Crutzen, "Geology of Mankind," *Nature* 415 (January 2002), 23; Will Steffen, Jacques Grinevald, Paul Crutzen and John McNeill, "The Anthropocene: Conceptual and Historical Perspectives," *Philosophical Transactions of the Royal Society* 369 (2011), 842~867을 참조 하라.

9. 스테파니 러메나거(Stephanie LeMenager)는 *Living Oil: Petroleum Culture in the American Century* (Oxford: Oxford University Press, 2014), 81에서 이를 '도로- 즐거움 집합체(road-pleasure complex)'라 부른다.

10. James Hansen: "Parts of [our coastal cities] would still be sticking above the water, but you couldn't live there." http:www.thedailybeast.com/articles/2015/ 07/20/climate-seerjames-hansen-issues-his-direst-forecast-yet.html을 참조하라.

11. 역사가 프레드리크 알브리톤 욘손(Fredrik Albritton Jonsson)은 이렇게 지적했다. "만약 우리가 '홀로세 같은 상태로' 지구 시스템을 유지하는 데 필요한 지구 경계를 침해하는 상황에 대해 생각해보면, 화석 연료가 풍부한 우리 시대는 인간 재능의 항 구적 성취보다는 아찔한 흥청망청 쪽을 더 닮았다." ("The Origins of Cornucopia-

nism: A Preliminary Genealogy," *Critical Historical Studies*, Spring 2014, 151).

12. 인도 아대륙에서 토네이도가 자주 발생하는 유일한 지역은 벵골 삼각주, 특히 방글라데시다. Someshwar Das, U. C. Mohanty, Ajit Tyagi, et al., "The SAARC Storm: A Coordinated Field Experiment on Severe Thunderstorm Observations and Regional Modeling over the South Asian Region," *American Meteorological Society*, April 2014, 606을 참조하라.

13. Ian Hacking, *The Emergence of Probability* (Cambridge: Cambridge University Press, 1975), Kindle edition, loc. 194.

14. Franco Moretti, "Serious Century: From Vermeer to Austen," in *The Novel, Volume 1*, ed. Franco Moretti (Princeton, NJ: Princeton University Press, 2006), 372.

15. Giorgio Agamben on Carl Schmitt, "the true life of the rule is the exception," in *Homo Sacer*, tr. Daniel Heller-Roazen, 137을 참조하라.

16. *Calcutta Review* 104 (1871)에 익명으로 처음 출간된 Bankim Chandra Chatterjee, "Bengali Literature"를 참조하라. Digital Library of India: http://en.wikisource. org/wiki/Bengali_Literature.

17. 내가 쓴 에세이 Amitav Ghosh, "The March of the Novel through History: The Testimony of My Grandfather's Bookcase," in *The Imam and the Indian* (New Delhi: Ravi Dayal, 2002)도 참조하라.

18. Gustave Flaubert, *Madame Bovary*, tr. Eleanor Marx-Aveling (London: Wordsworth Classics, 1993), 53.

19. Franco Moretti, *The Bourgeois* (London: Verso, 2013), 381. 여기서는 카를 슈미트(Carl Schmitt)의 말이 반복된다. "근대 법치 국가 이념은 세상으로부터 기적을 사라지게 만든 신학이자 형이상학인 이신론(deism, 理神論: 하느님이 우주를 창조하긴 했지만 관여는 하지 않고 우주가 자체의 법칙에 따라 움직인다고 보는 사상—옮긴이)과 함께 승리를 거두었다. ……계몽주의 시대의 합리주의는 모든 형태의 예외를 거부했다." (*Political Theology: Four Chapters on the Concept of Sovereignty*, 〔University of Chicago Press, 2005〕, 36~37).

20. Spencer R. Weart, *The Discovery of Global Warming* (Cambridge, MA:

Harvard University Press, 2003), 9.

21. Stephen Jay Gould, *Time's Arrow, Time's Cycle: Myth and Metaphor in the Discovery of Geological Time* (Cambridge, MA: Harvard University Press, 1987), 173.

22. 스티븐 제이 굴드(Stephen Jay Gould)와 나일스 엘드리지(Niles Eldredge)가 정립한 단속평형설(punctuated equilibrium: 유성생식을 하는 생물 종의 진화 양상은 대부분 기간 동안 큰 변화 없는 안정기와 비교적 짧은 기간에 급속한 종 분화가 이루어지는 분화기로 나뉜다고 주장하는 진화생물학 이론—옮긴이)은 "새로운 종의 출현은 지속적 과정이 아니라 하다 말다 하는 단절적 과정이다. 즉 그것은 점진적이 아니라 단속적이다"라고 주장했다. John L. Brooke, *Climate Change and the Course of Global History: A Rough Journey* (New York: Cambridge University Press, 2014), 29를 참조하라.

23. Gould, *Time's Arrow, Time's Cycle*, 191.

24. http://geography.about.com/od/physicalgeography/a/uniformitarian.htm.

25. Gould, *Time's Arrow, Time's Cycle*, 108~109.

26. Chatterjee, "Bengali Literature."

27. Flaubert, *Madame Bovary*, 28.

28. Chatterjee, "Bengali Literature."

29. Brooke, *Climate Change and the Course of Global History*.

30. Gould, *Time's Arrow, Time's Cycle*, 176에서 인용.

31. Elizabeth Kolbert, *The Sixth Extinction: An Unnatural History* (New York: Henry Holt, 2014), 76. Jan Zalasiewicz and Mark Williams, *The Goldilocks Planet: The Four Billion Year Story of Earth's Climate* (Oxford: Oxford University Press, 2012), Kindle edition, loc. 3042, 그리고 Gwynne Dyer, *Climate Wars: The Fight for Survival as the World Overheats* (Oxford: Oneworld Books, 2010), Kindle edition, loc. 3902도 참조하라.

32. Gould, *Time's Arrow, Time's Cycle*, 10.

33. Flaubert, *Madame Bovary*, 172~173.

34. Adam Sobel, *Storm Surge: Hurricane Sandy, Our Changing Climate, and*

Extreme Weather of the Past and Future (New York: HarperCollins, 2014), Kindle edition, locs. 91~105.

35. Ibid., locs. 120, 617~621.

36. Ibid., loc. 105.

37. Mark Lynas, *Six Degrees: Our Future on a Hotter Planet* (New York: HarperCollins, 2008), 41.

38. Kolbert, *The Sixth Extinction*, 107.

39. David Orr, *Down to the Wire: Confronting Climate Collapse* (Oxford: Oxford University Press, 2009), 27~32; Naomi Oreskes and Erik M. Conway, *The Collapse of Western Civilization: A View from the Future* (New York: Columbia University Press, 2014), 4.

40. Geoffrey Parker, *Global Crisis: War, Climate Change, and Catastrophe in the Seventeenth Century* (New Haven, CT: Yale University Press, 2013), Kindle edition, loc. 17574.

41. 조지프 페이러(Joseph Fayrer: 1824~1907. 영국의 내과 의사—옮긴이)는 자신이 쓴 책, *The Royal Tiger of Bengal: His Life and Death* (London: J. and A. Churchill, 1875)에서 1860~1866년 서부 뱅골(Lower Bengal)에서 자그마치 4218명이 호랑이에게 목숨을 잃었다고 보고한다.

42. Amitav Ghosh, *The Hungry Tide* (New York: Houghton Mifflin Harcourt, 2005).

43. Martin Heidegger, *Existence and Being*, intro. Werner Brock, trans. R. F. C. Hall and Alan Crick, (Washington D. C.: Gateway Editions, 1949), 336.

44. Timothy Morton, *Hyperobjects* (Minneapolis: University of Minnesota Press, 2013), Kindle edition, loc. 554.

45. George Marshall, *Don't Even Think about It: Why Our Brains Are Wired to Ignore Climate Change* (New York: Bloomsbury, 2014), 95.

46. Eduardo Kohn, *How Forests Think: Toward an Anthropology beyond the Human* (Berkeley: University of California Press, 2013)을 참조하라.

47. Michael Shellenberger and Ted Nordhaus, "The Death of Environmentalism:

Global Warming Politics in a Post-Environmental World" (Oakland, CA: Breakthrough Institute, 2007)를 참조하라. "'자연'과 '환경'의 개념은 완전히 해체되었다. 하지만 그 개념들은 환경 운동과 대중 사이에서 여전히 쇠약해지긴 했어도 신화적인 힘을 유지하고 있다."(12쪽)

48. Bill McKibben, *The End of Nature* (New York: Random House, 1989), 49.

49. 아누라다 마투르(Anuradha Mathur)와 딜립 다 쿤하(Dilip da Cunha)는 그들이 집필한 빼어난 책, *SOAK: Mumbai in an Estuary* (New Delhi: Rupa Publications, 2009)에서 이 주장을 상당히 소상하게 펼쳐놓는다.

50. 이러한 통찰에 이르도록 도와준 도시 이론가이자 URBZ(http://urbz.net)의 공동 창립자 라훌 스리바스타바(Rahul Srivastava)에게 감사드린다.

51. Bennett Alan Weinberg and Bonnie K. Bealer, *The World of Caffeine: The Science and Culture of the World's Most Popular Drug* (New York: Routledge, 2000), 161.

52. Anuradha Mathur and Dilip da Cunha, *SOAK*, 47.

53. 영국 지리학자 제임스 던컨(James Duncan)은 이렇게 표현한다. "식민지 도시는 돌에 새기고 공간에 내용을 담아낸 정치 기구다. 그 도시의 풍광은 권력의 실재를 보여주는 한 부분이다." Karen Piper, *The Price of Thirst: Global Water Inequality and the Coming Chaos* (Minneapolis: University of Minnesota Press, 2014), Kindle edition, loc. 3168에서 인용.

54. Govind Narayan, *Govind Narayan's Mumbai: An Urban Biography from 1863*, tr. Murali Ranganathan (London: Anthem Press, 2009), 256. 뭄바이의 지형과 관련한 수많은 이슈를 명료화해준 무랄리 랑가나탄에게 감사드린다.

55. Aromar Revi, "Lessons from the Deluge," *Economic and Political Weekly* 40, no. 36 (September 3-8, 2005): 3911~3916, 3912를 참조하라.

56. 2010년 인도기상청과 국립재난관리청(National Disaster Management Authority)이 함께 출간한 보고서는 인도 서부 주의 해안 지역을 사이클론의 피해를 입기 쉬운 지역 목록에서 최하위 범주에 포함시키고 있다.(표 9)

57. 2013년 10월 2일과 2014년 11월 12일에 오웬(Owen) 단열대에서 각각 5.8 규모와 5.0 규모의 지진이 발생한 것으로 기록되었다. 자세한 사항은 http://dynamic.

pdc.org/snc/prod/40358/rr.html과 http://www.emsc-csem.org/Earthquake/earthquake.php?id=408320을 참조하라.

58. M. Fournier, M. N. Chamot-Rooke, M. Rodriguez, et al., "Owen Fracture Zone: The Arabia-India Plate Boundary Unveiled," *Earth and Planetary Science Letters* 302 nos. 1-2 (February 1, 2011): 247~252.

59. Hiroyuki Murakami et al., "Future Changes in Tropical Cyclone Activity in the North Indian Ocean Projected by High Resolution MRI-AGCMs," *Climate Dynamics* 40 (2013): 1949~1968, 1949.

60. Amato T. Evan, James P. Kossin, et al., "Arabian Sea Tropical Cyclones Intensified by Emissions of Black Carbon and Aerosols," *Nature* 479 (2011): 94~98.

61. *Gazetteer of Bombay City and Island*, Vol. I (1909), 96. 이 자료를 제공해준 무랄리 랑가나탄에게 감사드린다.

62. *Gazetteer of Bombay City and Island*, Vol. I (1909), 97에서 인용.

63. Ibid., 98.

64. Ibid., 99.

65. Ibid.

66. '사피어심슨 허리케인 강도' 등급에서는 시간당 75마일(즉 시속 120킬로미터)의 풍속이 카테고리 1등급 허리케인의 기준이다. 인도기상청이 사용하는 열대성 사이클론 강도 등급에서는 풍속이 시간당 39킬로미터 이상인 폭풍우를 '사이클론 폭풍우'로 간주한다. 따라서 이 폭풍우에는 사이클론 파이안(Phyan)이라는 이름이 붙었다.

67. R.B. Bhagat et al., "Mumbai after 26/7 Deluge: Issues and Concerns in Urban Planning," *Population and Environment* 27, no. 4 (March 2006): 337~349, 340.

68. 이 부분에 관한 조사에 도움을 준 Rahul Srivastava, Manasvini Hariharan, Apoorva Tadepalli, 그리고 URBZ 소속 팀에게 깊이 감사드린다.

69. B. Arunachalam은 "Drainage Problems of Brihan Mumbai"라는 글에서 뭄바이의 수문학 체계가 시간이 가면서 어떻게 변화했는지 간략하게 설명하고 있다. (*Economic and Political Weekly* 40, no. 36 [September 3-9, 2005]: 3909~3911, 3909).

70. Vidyadhar Date, "Mumbai Floods: The Blame Game Begins," *Economic and Political Weekly* 40, no. 34 (August 20-26, 2005): 3714~3716, 3716, 그리고 Ranger et al., "An Assessment of the Potential Impact of Climate Change on Flood Risk in Mumbai," *Climate Change* 104 (2011): 139~167, 142, 146을 참조하라. R. B. Bhagat et al., "Mumbai after 26/7 Deluge," 342도 참조하라.

71. P. C. Sehgal and Teki Surayya, "Innovative Strategic Management: The Case of Mumbai Suburban Railway System," *Vikalpa* 36, no. 1 (January-March 2011): 63.

72. Aromar Revi, "Lessons from the Deluge," 3913.

73. 위의 문단들은 주로 *Fact Finding Committee on Mumbai Floods, Final Report*, vol. 1, 2006, 13~15를 참고해 재구성한 것이다.

74. Vidyadhar Date, "Mumbai Floods," 3714.

75. Aromar Revi, "Lessons from the Deluge," 3913.

76. Carsten Butsch et al., "Risk Governance in the Megacity Mumbai/India—A Complex Adaptive System Perspective," *Habitat International* (2016), http://dx.doi.org/10.1016/j.habitatint.2015.12.017, 5를 참조하라.

77. Aromar Revi, "Lessons from the Deluge," 3912.

78. Ranger et al., "An Assessment of the Potential Impact of Climate Change on Flood Risk in Mumbai," 156을 참조하라.

79. Carsten Butsch et al.은 뭄바이의 경보 체제와 재난 관리 관례에 상당한 진척이 이루어졌지만 "뭄바이의 재난 준비도에 대해서는 여전히 의구심이 남는다"고 지적한다. "첫째, 구축된 하부 구조 일부가 관례적 요구에 따라 제대로 관리되고 있지 않으며 둘째, 발표된 조치 가운데 상당수를 제대로 마무리하지 않았으며(특히 그 도시의 급수 제도 혁신이 한 예다) 셋째, 비공식적 관례가 조치를 기획하고 적용하는 데 방해 요소로 작용한다"는 것이다. ("Risk Governance in the Megacity Mumbai/India," 9~10).

80. 비상조치 덕분에 2013년 발생한 카테고리 5등급 폭풍우 사이클론 파일린(Phailin)에 따른 사망자 수는 불과 몇십 명에 그쳤다. 2013년 10월 14일 CNN 기사 "Cyclone Phailin: India Relieved at Low Death Toll"을 참조하라.

81. Ranger et al.은 뭄바이 당국의 위험 저감 조치는 칭찬할 만하지만 "기후변화가 장기간에 걸쳐 영향을 미칠 가능성에 대해서는 고려하고 있는 것 같지 않다"고 지적한다. ("An Assessment of the Potential Impact of Climate Change on Flood Risk in Mumbai," 156).

82. Friedemann Wenzel et al., "Megacities—Megarisks," *Natural Hazards* 42 (2007): 481~491, 486.

83. The Municipal Corporation of Great Mumbai's booklet *Standard Operating Procedures for Disaster Management Control* (http://www.mcgm.gov.in/irj/ portalapps/com.mcgm.aDisasterMgmt/docs/MCGM_SOP.pdf에서 볼 수 있다) 은 분명하게 홍수에 집중하며 사이클론에 대해서는 전혀 언급하지 않는다. 사이클론은 그저 Municipal Corporation이 2010년 발간한 *Disaster Risk Management Master Plan: Legal and Institutional Arrangements; Disaster Risk Management in Greater Mumbai*에서 개략적으로만 다루고 있는데, 이 역시 주로는 2005년 인도의 재난관리법(Disaster Mangagement Act)에 의해 설립된 국립재난관리청이 발표한 훈령의 맥락에서다. *Maharashtra State Disaster Management Plan* (초안)은 훨씬 더 구체적으로, 사이클론에 대해 길게 다루고 있으며(section 10.4), "불안한 구조물로부터 사람들을 소개한 뒤 안전한 장소로 옮기라"고 권고한다. 하지만 그 문건은 주로 시골 지역에 집중하는지라 뭄바이에서 가능한 소개에 대해서는 전혀 언급하지 않는다. (분명 사법적 이유들 때문일 것이다.) 그 문건은 https:// rfd.maharashtra.gov.in/sites/default/files/DM%20Plan%20final_State.pdf에서 볼 수 있다. *Greater Mumbai Disaster Management Action Plan: Risk Assessment and Response Plan*, vol. 1은 사이클론의 위험을 인식하고 있으며, 심지어 소개할 필요가 생길지도 모를 지역을 열거해놓았다.(section 2.8) 하지만 이 목록은 오직 그 도시 인구의 일부분에만 해당한다. 문서는 훨씬 더 큰 규모의 소개—그 도시에서 살아가는 시민 대부분을 포함하는—가 필요할지도 모를 가능성은 염두에 두지 않는다. http://www.mcgm.gov.in/irj/portalapps/com.mcgm.aDisasterMgmt/ docs/Volume%201%20(Final).pdf에서 볼 수 있다.

84. 2015년 4월 30일 *Indian Express*가 발표한 기사에 의하면 "뭄바이 해안 지대를 따라" 추진 중인 "대개 초호화 주택 중심의 '60 해안 지구 프로젝트(60 sea-front

projects)'"가 승인을 기다리고 있었다. http://indianexpress.com/article/cities/
mumbai/govt-forms-new-panel-fresh-hopefor-117-stalled-crz-projects/. 마하
라슈트라주 정부도 뭄바이의 옛 염전 같은 미개발 해안 지역 상당 부분에서 건설
사업을 추진하고 있다. The Hindu's Business Line of 22 August 2015: http://
m.thehindubusinessline.com/news/national/salt-pan-lands-in-mumbai-to-be-
used-fordevelopment-projects/article7569641.ece를 참조하라.

85. Carsten Butsch et al., "Risk Governance in the Megacity Mumbai/India," 5.

86. C. W. B. Normand, Storm Tracks in the Arabian Sea, India Meteorological
Department, 1926을 참조하라. 이 자료를 소개해준 애덤 소벨에게 감사드린다.

87. 2005년의 대홍수 기간 동안 "교외 지역 일부에서 침수 상태가 이레 넘게 이어졌고,
수많은 시가지에서 홍수 물 수위가 수미터를 기록했다". B. Arunachalam, "Drainage
Problems of Brihan Mumbai," 3909.

88. Carsten Butsch et al., "Risk Governance in the Megacity Mumbai/India," 4를
참조하라.

89. Municipal Corporation of Greater Mumbai's City Development Plan, section
on "Health" (9.1; http://www.mcgm.gov.in/irj/go/km/docs/documents/
MCGM%20Department%20List/City%20Engineer/Deputy%20City%20
Engineer%20(Planning%20and%20Design)/City%20Development%20Plan/
Health.pdf에서 볼 수 있다)를 참조하라.

90. Aromar Revi, "Lessons from the Deluge," 3912.

91. Natalie Kopytko, "Uncertain Seas, Uncertain Future for Nuclear Power," Bulletin
of the Atomic Scientists 71, no. 2 (2015): 29~38.

92. Ibid., 30~31.

93. "모든 모델은 하나같이 연간 평균 강우량이 1936년 관측된 같은 수치에 비해 증
가할 것임을 보여주며, 2071~2099년에는 모든 모델의 평균치가 2350밀리미터
를 가리키고 있다." Arun Rana et al., "Impact of Climate Change on Rainfall
over Mumbai using Distribution-Based Scaling of Global Climate Model
Projections," Journal of Hydrology: Regional Studies 1 (2014): 107~128,
118. Dim Coumou and Stefan Rahmstorf, "A Decade of Weather Extremes,"

Nature Climate Change 2 (July 2012): 491~496도 참조하라. "수많은 증거는 …… 기후가 따뜻해짐에 따라 일부 유형의 기상 이변 사건들—가장 주목할 만한 것은 극심한 무더위와 이상 강우다—이 크게 늘어났고, 앞으로도 그런 추세가 이어질 것임을 분명하게 보여준다."(494)

94. 아로마르 레비(Aromar Revi)는 이렇게 지적한다. "그레이터뭄바이는 필시 토지 피복(land cover)과 토지 이용을 이성적인 생태적 고려 및 공정한 경제적 고려와 발맞추면서 합리화할 필요가 있다. ……여기서 가장 중요한 관심사는 개발업자의 이익이 '대중의 이익'을 압도하지 않도록 하는 것, 가난한 이들의 권리를 보장하는 것이다. 만약 그러지 않으면 그들은 제가 살던 장소에서 쫓겨날 경우 또 다른, 흔히 더 위험한 지역으로 내몰리는 사태에 처할 것이다." ("Lessons from the Deluge," 3914).

95. *Climate Risks and Adaptation in Asian Coastal Megacities: A Synthesis Report*, World Bank, 2010 (http://documents1.worldbank.org/curated/en/866821468339644916/pdf/571100WP0REPLA1egacities01019110web.pdf에서 볼 수 있다.) 이 보고서에는 콜카타에서 기후변화에 가장 취약한 지역들을 열거해 놓은 구별(區別) 목록이 포함되어 있다.(88)

96. http://www.nytimes.com/2011/04/21/world/asia/21stones.html.

97. William Cronon "The Trouble with Wilderness; or Getting Back to the Wrong Nature," in *Uncommon Ground: Rethinking the Human Place in Nature*, ed. William Cronon (New York: W.W. Norton, 1995), 69~90을 참조하라. "19세기 하반기에 워즈워스와 소로가 자신들이 섬기는 산꼭대기 신의 존재에게 신앙심을 보여주기에 적절한 태도라 여긴 깊은 경외와 두려움은 훨씬 더 편안한, 거의 감상적이라 할 만한 태도에 자리를 내주기 시작했다."(6)

98. A. K. Sen Sarma, "Henry Piddington (1797-1858): A Bicentennial Tribute," in *Weather* 52, no. 6 (1997): 187~193을 참조하라.

99. Henry Piddington, "A letter to the most noble James Andrew, Marquis of Dalhousie, Governor-General of India, on the storm wave of the cyclones in the Bay of Bengal and their effects in the Sunderbunds, Baptist Mission Press" (Calcutta, 1853). A.K. Sen Sarma, "Henry Piddington (1797-1858): A

Bicentennial Tribute"에서 인용.

100. Adwaita Mallabarman, *A River Called Titash*, tr. Kalpana Bardhan (Berkeley: University of California Press, 1993), 16~17.

101. Ibid., 12.

102. *The Journey to the West*, tr. and ed. Anthony C. Yu (Chicago: University of Chicago Press, 1977).

103. David Lipset, "Place in the Anthropocene: A Mangrove Lagoon in Papua New Guinea in the Time of Rising Sea-Levels," *Hau:Journal of Ethnographic Theory* 4, no. 3 (2014): 215~243, 233.

104. Henry David Thoreau, *In the Maine Woods* (1864).

105. Julie Cruikshank, *Do Glaciers Listen? Local Knowledge, Colonial Encounters and Social Imagination* (Vancouver: University of British Columbia Press, 2005), 8.

106. Julia Adeney Thomas, "The Japanese Critique of History's Suppression of Nature," *Historical Consciousness, Historiography and Modern Japanese Values*, International Symposium in North America, International Research Center for Japanese Studies, Kyoto, Japan, 2002, 234.

107. Giorgio Agamben in *The Open: Man and Animal*, tr. Kevin Attell (Stanford, CA: Stanford University Press, 2004), Kindle edition, loc. 230에서 인용.

108. Michael S. Northcott, *A Political Theology of Climate Change* (Cambridge: Wm. B. Eerdmans Publishing, 2013), 34. 또한 Lynn White, "The Historical Roots of Our Ecological Crisis," *Science* 155 (1967): "Christianity is the most anthropocentric religion the world has seen" (1205)도 참조하라.

109. Alexander M. Stoner and Andony Melathopoulos, *Freedom in the Anthropocene: Twentieth-Century Helplessness in the Face of Climate Change* (New York: Palgrave, 2015), 10.

110. Michael E. Mann, *The Hockey Stick and the Climate Wars* (New York: Columbia University Press, 2012), 39; Gillen D'Arcy Wood, "1816, The Year without a Summer," *BRANCH: Britain, Representation and Nineteenth-*

Century History, ed. Dino Franco Felluga, extension of Romanticism and Victorianism on the Net (http://www.branchcollective.org/); Gillen D'Arcy Wood, Tambora: The Eruption That Changed the World (Princeton, NJ: Princeton University Press, 2015)를 참조하라.

111. Fiona MacCarthy, Byron: Life and Legend (New York: Farrar, Strauss and Giroux, 2002), 292.

112. Gillen D'Arcy Wood, "1816, The Year without a Summer"에서 인용. John Buxton, Byron and Shelley: The History of a Friendship (London: Macmillan, 1968), 10도 참조하라.

113. Fiona MacCarthy, Byron, 292.

114. John Buxton, Byron and Shelley, 14에서 인용.

115. Geoffrey Parker, Global Crisis, loc. 17871.

116. Margaret Atwood, In Other Worlds: SF and the Human Imagination (New York: Nan A. Talese/Doubleday, 2011).

117. Timothy Mitchell, Carbon Democracy: Political Power in the Age of Oil (London: Verso, 2011), Kindle edition, loc. 474.

118. Ibid., locs. 430, 578.

119. Ibid., locs. 680~797. "석탄의 이동은 끝에서 가지들이 뻗지만 채널은 단 하나인 수상(樹狀: 나무처럼 가지가 있는 형상─옮긴이)의 네트워크를 따르는 경향을 띰으로써 여러 접합부에서 잠재적 요충지가 조성되었다. 반면 석유는 마치 전력망─여기서는 하나 이상의 경로가 있을 수 있으며, 봉쇄를 피하거나 고장을 극복하도록 에너지 흐름이 달라질 수도 있다─처럼 격자 꼴을 띠는 네트워크를 통해 흘러 다녔다."(797쪽)

120. Ibid., loc. 653.

121. Ibid., loc. 645.

122. 스테파니 러메나거가 Living Oil: "Oil has been shit and sex, the essence of entertainment" (92)에서 적절하게 요약해놓은 내용이다.

123. 하지만 수많은 예외가 존재한다. 충분한 내용을 위해서는 스테파니 러메나거가 쓴 책 Living Oil에 나오는 "The Aesthetics of Petroleum"을 참조하라.

124. 이 글은 각각 *The Imam and the Indian* (New Delhi: Penguin India, 2002), *Incendiary Circumstances* (Boston: Houghton Mifflin, 2004)라는 제목으로 출간한 논픽션 모음집에 재게재되어 있다.

125. Leo Tolstoy, "A Few Words Apropos of the Book *War and Peace*."

126. Donna Tussing Orwin, "Introduction," in *Tolstoy on War: Narrative Art and Historical Truth in "War and Peace*," ed. Rick McPeak and Donna Tussing Orwin (Ithaca, NY: Cornell University Press, 2012), 3.

127. *Eight Letters from Charlotte Brontë to George Henry Lewes*, November 1847-October 1850: http://www.bl.uk/collection-items/eight-letters-from-charlotte-bront-to-george-henry-lewesnovember-1847-october-1850.

128. Rob Nixon, *Slow Violence and the Environmentalism of the Poor* (Cambridge, MA: Harvard University Press, 2011), 87~88.

129. Will Steffen, Jacques Grinevald, et al., "The Anthropocene: Conceptual and Historical Perspectives," *Philosophical Transactions of the Royal Society* 369 (2011): 842~867을 참조하라.

130. Guy Debord, *The Society of the Spectacle*, 3rd ed., tr. Donald Nicholson-Smith (New York: Zone Books, 1994), thesis 28.

131. Bruno Latour, *We Have Never Been Modern*, tr. Catherine Porter (Cambridge, MA: Harvard University Press, 1993), Kindle edition, loc. 1412.

132. 라투르가 지적한 대로 "'근대'라는 단어는 언제나 싸움의 한복판으로 내던져진다. 그리고 그 싸움에는 승자와 패자가 있다". Ibid., loc. 269.

133. 존 바스(John Barth)가 언젠가 *The Friday Book: Essays and Other Nonfiction* (Baltimore: John Hopkins University Press, 1984)에 실린 "The Literature of Exhaustion"이라는 제목의 글에서 밝힌 내용이다.

134. 따라서 예를 들면 과학자이자 물 전문가 피터 글릭(Peter Gleick)은 캘리포니아주의 가뭄과 관련해 이렇게 쓰고 있다. "'하지만 이게 내가 두려워하는 것이다'라고 존 스타인벡은 《에덴의 동쪽》에서 가장 적절하게 말했다. '그리고 여지없이 사람들은 건조한 해에는 풍요로운 해에 관해 잊어버렸고, 습윤한 해에는 건조한 해에 대한 기억을 깡그리 잊어버렸다. 언제나 말이다.'" (*Learning from Drought: Five*

Priorities for California, 10 February 2014; https://www.californiadrought. org/learning-from-drought-five-priorities-for-california/에서 찾아볼 수 있다.)

135. John L. Brooke, *Climate Change and the Course of Global History*, 551.

136. "우리는 사고가 꼭 언어, 상징, 혹은 인간에 의해 제약받는 것은 아님을 깨닫기 위해 '사고를 탈식민화'할 필요가 있다." Eduardo Kohn, *How Forests Think: Toward an Anthropology beyond the Human* (Berkeley: University of California Press, 2013), Kindle edition, loc. 949. John Zerzan, *Running on Emptiness: The Pathology of Civilization* (Los Angeles: Feral House, 2002), 11도 참조하라. ("언어는 흔히 경험에 개방적이 되도록 돕기는커녕 외려 그에 폐쇄적이 되도록 내모는 것 같다.")

137. Sergio Fava, *Environmental Apocalypse in Science and Art: Designing Nightmares* (London: Routledge, 2013)는 기후변화를 본격적으로 다룬 시각예술가 몇 명에 대해 논의한다.

138. Arran E. Gare, *Postmodernism and the Environmental Crisis* (London: Routledge, 1995), 21에서 인용.

139. 프랑코 모레티가 *The Bourgeois* (London: Verso, 2013), 89에서 사용한 구절.

2부 역사

1. George Monbiot, *Heat: How to Stop the Planet from Burning* (Cambridge, MA: South End Press, 2007), 21을 참조하라.

2. Varsha Joshi, "Climate Change in South Asia: Gender and Health Concerns," in *Climate Change: An Asian Perspective*, ed. Surjit Singh et al. (Jaipur: Rawat Publications, 2012), 209~226, 213.

3. Anwar Ali, "Impacts of Climate Change on Tropical Cyclones and Storm Surges in Bangladesh," in *Proceedings of the SAARC Seminar on Climate Variability in the South Asian Region and Its Impacts* (Dhaka: SAARC Meteorological Research Centre, 2003), 130~136, 133. M. J. B. Alam and F. Ahmed, "Modeling

Climate Change: Perspective and Applications in the Context of Bangladesh,"
in *Indian Ocean Tropical Cyclones and Climate Change*, ed. Yassine Charabi
(London: Springer, 2010), 15~23도 참조하라.

4. "World's River Deltas Sinking Due to Human Activity, Says New Study," http://
www.sciencedaily.com/releases/2009/09/090920204459.htm를 참조하라. "Land
Subsidence at Aquaculture Facilities in the Yellow River Delta, China," http://
onlinelibrary.wiley.com/doi/10.1002/grl.50758/abstract도 참조하라. 인도의 일부
지역에서는 땅이 9미터 넘게 물에 잠겼다. Karen Piper, *The Price of Thirst*, loc.
581을 참조하라.

5. "Retreating Coastlines," https://www.straitstimes.com/asia/retreating-coastlines.

6. "South Asia's Sinking Deltas," http://poleshift.ning.com/profiles/blogs/south-
asia-s-sinking-deltas를 참조하라. "InSAR Measurements of Compaction and
Subsidence in the Ganges-Brahmaputra Delta, Bangladesh," http://onlinelibrary.
wiley.com/doi/10.1002/2014JF003117/abstract, 그리고 'The Quiet Sinking of
the World's Deltas', https://futureearth.org/2014/04/04/the-quiet-sinking-of-the-
worlds-deltas도 참조하라.

7. Andrew T. Guzman, *Overheated: The Human Cost of Climate Change* (Oxford:
Oxford University Press, 2013), 156.

8. P. S. Roy, "Human Dimensions of Climate Change: Geospatial Perspective," in
Climate Change, Biodiversity, and Food Security in the South Asian Region,
ed. Neelima Jerath et al. (New Delhi: Macmillan, 2010), 18~40, 32.

9. Pradosh Kishan Nath, "Impact of Climate Change on Indian Economy: A
Critical Review," in *Climate Change: An Asian Perspective*, ed. Surjit Singh
et al., 78~105, 91. 환경 난민과 관련해 더 많은 자료를 보고 싶으면 Fred Pearce,
When the Rivers Run Dry: Water—The Defining Crisis of the Twentieth Century
(Boston: Beacon Press, 2006), Kindle edition, chap. 4도 참조하라.

10. Carlyle A. Thayer, "Vietnam," in *Climate Change and National Security: A
Country-Level Analysis*, ed. Daniel Moran (Washington, DC: Georgetown
University Press, 2011) 29~41, 30.

11. Lester R. Brown, *World on the Edge: How to Prevent Environmental and Economic Collapse* (New York: W. W. Norton, 2011), 40.

12. Gwynne Dyer, *Climate Wars*, loc. 987.

13. Fred Pearce, *When the Rivers Run Dry*, loc. 356.

14. Joanna I. Lewis, "China," in *Climate Change and National Security: A Country Level Analysis*, 9~26, 13~14. Kenneth Pomeranz, *Water, Energy, and Politics: Chinese Industrial Revolutions in Global Environmental Perspective* (New York: Bloomsbury, forthcoming), 5도 참조하라.

15. Kenneth Pomeranz, "The Great Himalayan Watershed: Water Shortages, Mega-Projects, and Environmental Politics in China, India, and Southeast Asia," *Revue d'histoire modern et contemporaine* 62, no. 1 (January-March, 2015): 1, 6~47. *New Left Review* 58 (2009)을 비롯해 여러 곳에 좀더 간략한 형태로 실린 이 글 영어판을 제공해준 저자께 감사드린다.

16. Kenneth Pomeranz, "The Great Himalayan Watershed," 32.

17. *Climate Change: An Asian Perspective*, ed. Surjit Singh et al.에 실린 Varsha Joshi, "Climate Change in South Asia: Gender and Health Concerns," 209~206, 215, 그리고 Pradosh Kishan Nath, "Impact of Climate Change on Indian Economy: A Critical Review," 78~105, 88을 참조하라. 또한 *Proceedings of the SAARC Seminar on Climate Variability in the South Asian Region and its Impacts* (Dhaka: SAARC Meteorological Research Centre, 2003)에 실린 두 논문, Dewan Abdul Quadir et al., "Climate Change and Its Impacts on Bangladesh Floods over the Past Decades"와 Anwar Ali, "Climate Change Impacts and Adaption Assessment in Bangladesh," 165~177, 169, 그리고 Wen Stephenson, *What We're Fighting for Now Is Each Other: Dispatches from the Front Lines of Climate Justice* (Boston: Beacon Press, 2015), Kindle edition, loc. 391도 참조하라.

18. Johan Rockström et al., "Planetary Boundaries: Exploring the Safe Operating Space for Humanity," *Ecology and Society* 14, no. 2 (2009): 32를 참조하라.

19. Surjit Singh, "Mainstreaming Gender in Climate Change Discourse," in

Climate Change: An Asian Perspective, ed. Surjit Singh et al., 180~208, 184.

20. Kenneth Pomeranz, "The Great Himalayan Watershed," 6~47, 7.

21. 따라서 2015년 현재, 미국과 독일의 1인당 이산화탄소 배출량은 각각 17.6미터톤
과 9.1미터톤이었던 데 반해, 중국과 인도의 수치는 각각 6.2미터톤과 1.7미터톤
이었다. "World Bank: CO$_2$ Emissions (Metric Tons Per Capita)," http://data.
worldbank.org/indicator/EN.ATM.CO2E.PC/countries를 참조하라.

22. Spencer R. Weart, *The Discovery of Global Warming* (Cambridge, MA: Harvard
University Press, 2003), 1~2.

23. Charles D. Keeling, "Rewards and Penalties of Monitoring the Earth," *Annual
Review of Energy and the Environment* 23 (1998): 25~82, 39~42.

24. "The History of Carbon Dioxide Emissions," http://www.wri.org/blog/2014/05/
history-carbon-dioxide-emissions. 아시아의 네 호랑이는 한국·대만·홍콩·싱가
포르였다. (John L. Brooke, *Climate Change and the Course of Global History*,
536). 동남아시아 국가들이 이내 경제적으로 네 호랑이를 바짝 추격하게 된다.

25. 폴 해리스(Paul G. Harris)는 "만약 모든 사람이 미국인처럼 살려고 한다면 세계
는 오늘날 사용하는 에너지의 10배가 필요할 것"이라고 주장한다. Paul G. Harris,
What's Wrong with Climate Politics and How to Fix It (Cambridge: Polity
Press, 2013), 109를 참조하라.

26. 따라서 예를 들어 화산학자 빌 맥과이어(Bill McGuire)는 서기 1769년을 인류세의
역사에서 대단히 중요한 해로 언급한다. 리처드 아크라이트(Richard Arkwright)가
탄소 집약적 생산 방식으로 이행하는 데 결정적 역할을 하는 다축방적기를 발명한
해이기 때문이다. 맥과이어는 "아크라이트의 유산은 다름 아니라 세계의 산업화"
라고 말한다. Bill McGuire, *Waking the Giant*, Kindle edition, loc. 363을 참조
하라. 그런가 하면 티머시 모턴이 중요한 순간으로 꼽은 것은 1784년 4월이다. 그
는 "우리가 그때를 기막히도록 정확하게 기억할 수 있는 것은 바로 제임스 와트가
증기 기관에 대한 특허를 획득한 때이기 때문"이라고 주장한다. Timothy Morton,
Hyperobjects, loc. 210을 참조하라.

27. Anil Agarwal and Sunita Narain, *Global Warming in an Unequal World:
A Case of Environmental Colonialism* (New Delhi: Centre for Science and

Environment, 1991), 1.

28. 이러한 관련성과 과정에 대해 소상히 탐구한 자료로는 Jack Goody in *The Eurasian Miracle* (Cambridge: Polity Press, 2010)을 참조하라.

29. Sheldon Pollock, *The Language of the Gods in the World of Men: Sanskrit, Culture, and Power in Premodern India* (Berkeley: University of California Press, 2009), 437~452.

30. Ibid., 489~494.

31. John L. Brooke, *Climate Change and the Course of Global History*, 413, 418 을 참조하라.

32. Geoffery Parker, *Global Crisis*, loc. 17565: "The return of a warmer climate [in the eighteenth century] had broken the 'fatal synergy'"; 특히 John L. Brooke, *Climate Change and the Course of Global History*, 413~467을 참조하라.

33. Richard M. Eaton and Philip S. Wagoner, "Warfare on the Deccan Plateau, 1450-1600: A Military Revolution in Early Modern India?" *Journal of World History* 25, no. 1 (March 2014): 5~50을 참조하라.

34. Prasannan Parthasarathi, *Why Europe Grew Rich and Asia Did Not: Global Economic Divergence, 1600-1850* (Cambridge: Cambridge University Press, 2011), 191, 그리고 Richard Grove, "The Transfer of Botanical Knowledge between Europe and Asia, 1498-1800," *Journal of the Japan-Netherlands Institute* 3 (1991): 160~176을 참조하라.

35. George Gheverghese Joseph, *The Crest of the Peacock: Non-European Roots of Mathematics*, 3rd ed. (Princeton, NJ: Princeton University Press, 2011), 439.

36. Jonardon Ganeri, *Indian Logic: A Reader* (London: Routledge, 2001), 7.

37. Jonardon Ganeri, "Philosophical Modernities: Polycentricity and Early Modernity in India," *Royal Institute of Philosophy Supplement* 74 (2014): 75~ 94, 87.

38. Jonardon Ganeri, "Philosophical Modernities," 86.

39. Sanjay Subrahmanyam, "Hearing Voices: Vignettes of Early Modernity in South Asia, 1400-1750," *Daedalus* 127, no. 3 (1998): 75~104.

40. 이에 대해 더 많은 자료를 원한다면 Jack Goody, *The Theft of History* (Cambridge: Cambridge University Pres, 2006)를 참조하라.

41. 이 일은 그 자체로 기후변화와 복잡한 관련성을 지녀왔다. Mark Elvin, *The Retreat of the Elephants: An Environmental History of China* (New Haven, CT: Yale University Press, 2004) 6, 56을 참조하라.

42. Ibid., 23.

43. Ibid., 20~21에서 인용.

44. Kenneth Pomeranz, *The Great Divergence: China, Europe, and the Making of the Modern World Economy* (Princeton, NJ: Princeton University Press, 2000), 46.

45. Mark Elvin, *The Retreat of the Elephants*, 68~69에서 인용.

46. Ibid., 69.

47. Amitav Ghosh, *The Glass Palace* (New Delhi: Penguin India, 2000), 130~131.

48. Marilyn V. Longmuir, *Oil in Burma: The Extraction of "Earth-Oil" to 1914* (Banglamung, Thailand: White Lotus Press, 2001). 롱뮤어의 책을 소개해준 루퍼트 애로스미스(Rupert Arrowsmith) 박사에게 감사드린다. Khin Maung Gyi, *Memoirs of the Oil Industry in Burma, 905 A.D.-1980 A.D.* (1989)도 참조하라.

49. Marilyn V. Longmuir, *Oil in Burma*, 8.

50. Ibid., 9~10에서 인용.

51. Ibid., 24.

52. Ibid., 46.

53. Thant Myint-U, *The Making of Modern Burma* (Cambridge: Cambridge University Press, 2001), 181.

54. Ibid., 112~115.

55. Ibid., 149.

56. Marilyn V. Longmuir, *Oil in Burma*, 7.

57. Blair B. Kling, *Partner in Empire: Dwarkanath Tagore and the Age of Enterprise*

in Eastern India (Berkeley: University of California Press, 1977), 65를 참조하라. 클링에 따르면, 인도에 도착한 최초의 증기 기관은 1817년 아니면 1818년에 버밍엄에서 캘커타로 보내진 것으로, 정부가 구입했다.

58. Prasannan Parthasarathi, *Why Europe Grew Rich and Asia Did Not*, 229.

59. Saroj Ghose, "Technology: What Is It?," in *Science, Technology, Imperialism, and War*, ed. Jyoti Bhusan Das Gupta (New Delhi: Pearson, 2007), 197~260, 233에서 인용한 Henry T. Bernstein, *Steamboats on the Ganges: An Exploration in the History of India's Modernization Through Science and Technology* (Calcutta: Orient Longmans, 1960).

60. Arnold van Beverhoudt, *These Are the Voyages: A History of Ships, Aircraft, and Spacecraft Named Enterprise* (자비 출판, 1990), 52.

61. Ibid.

62. Amitav Ghosh, *Flood of Fire* (New York: Farrar, Straus and Giroux).

63. Blair B. Kling, *Partner in Empire*, 61.

64. Prasannan Parthasarathi, *Why Europe Grew Rich and Asia Did Not*, 231.

65. Ibid., 233.

66. Saroj Ghose, "Technology: What Is It?," 225에서 인용한 R. A. Wadia, *The Bombay Dockyard and the Wadia Master Builders* (Bombay, 1955), 126~127.

67. Prasannan Parthasarathi, *Why Europe Grew Rich and Asia Did Not*, 211을 참조하라.

68. Saroj Ghose, "Technology: What Is It?," 225에서 인용한 Satpal Sangwan, "The Sinking Ships: Colonial Policy and the Decline of Indian Shipping, 1735-1835," in *Technology and the Raj: Western Technology and Technical Transfers to India, 1700-1947*, ed. Rory MacLeod and Deepak Kumar (New Delhi: Sage Publications, 1995), 137~152.

69. Anne Bulley in *The Bombay Country Ships, 1790-1833* (Richmond: Curzon Press, 2000), 246에서 인용.

70. Timothy Mitchell, *Carbon Democracy*, loc. 404.

71. Prasannan Parthasarathi, *Why Europe Grew Rich and Asia Did Not*, 225, 244를

참조하라. "18~19세기에 인도에서 산업 발전에 대한 국가의 지원 부재는 유럽에서 찾아볼 수 있는 정책과 극명한 대조를 이룬다."

72. Ibid., 258~263을 참조하라.

73. Dipesh Chakrabarty, "Climate and Capital: On Conjoined Histories," *Critical Inquiry* 41 (Autumn 2014), 15.

74. David Archer, *The Long Thaw: How Humans Are Changing the Next 100,000 Years of Earth's Climate* (Princeton, NJ: Princeton University Press, 2009), 172.

75. *Young India*, December 20, 1928, 422.

76. 이 부분과 관련해 도움을 준 리앙 용지아(Liang Yongjia), 프라센지트 두아라 (Prasenjit Duara), 그리고 탄센 센(Tansen Sen)에게 감사드린다.

77. Prasenjit Duara, *The Crisis of Global Modernity: Asian Traditions and a Sustainable Future* (Cambridge: Cambridge University Press, 2015), 236.

78. Kaoru Sugihara, "East Asian Path," *Economic and Political Weekly* 39, no. 34 (2004): 3855~3858을 참조하라.

79. Julia Adeney Thomas, "The Japanese Critique of History's Suppression of Nature," *Historical Consciousness, Historiography and Modern Japanese Values*, International Symposium in North America, International Research Center for Japanese Studies, Kyoto, Japan, 2002, 234. (강조는 저자)

80. A. Walter Dorn, "U Thant: Buddhism in Action," in *The UN Secretary-General and Moral Authority: Ethics and Religion in International Leadership*, ed. Kent J. Kille (Washington, D. C.: Georgetown University Press, 2007), 143~186을 참조하라. 이 논문은 http://walterdorn.net/pdf/UThant-BuddhismInAction_Dorn_SG-MoralAuthority_2007.pdf에서 pdf 파일 형태로도 이용할 수 있다.

81. Dipesh Chakrabarty, "The Human Condition in the Anthropocene," The Tanner Lectures on Human Values, Yale University, 2015.

82. Watsuji Tetsuro, *A Climate: A Philosophical Study*, tr. Geoffrey Bownas (Ministry of Education, Printing Bureau, Japanese Government, 1961), 30. 이 책에 관심을 갖도록 도와준 조르조 아감벤에게 감사드린다.

3부 정치

1. Dipesh Chakrabarty, "The Climate of History: Four Theses," *Critical Inquiry* 35 (Winter 2009), 208.

2. Julia Adeney Thomas, "The Present Climate of Economics and History," in *Economic Development and Environmental History in the Anthropocene: Perspectives on Asia and Africa*, ed. Gareth Austin (London: Bloomsbury Academic, forthcoming), 4를 참조하라.

3. Frances Stonor Saunders, "Modern Art Was CIA 'Weapon,'" *The Independent*, October 21, 1995. Joel Whitney, *FINKS: How the CIA Tricked the World's Best Writers* (London: OR Book, 2016), chap. 2도 참조하라.

4. Roger Shattuck, *The Banquet Years: The Origins of the Avant-Garde in France, 1885 to World War I* (New York: Vintage, 1968), 326.

5. Kenneth Pomeranz, "The Great Himalayan Watershed: Water Shortages, Mega-Projects, and Environmental Politics in China, India, and Southeast Asia," 19 (프랑스어판으로 출간된 것은 "Les eaux de l'Himalaya: Barrages géants et risques environnementaux en Asia contemporaine," in *Revue d'histoire modern et contemporaine* 62, no. 1 〔January-March 2015〕: 6~47이다)를 참조하라. 마오쩌둥이 벌인 '자연과의 전쟁'에 관해서는 Judith Shapiro, *Mao's War against Nature: Politics and the Environment in Revolutionary China* (Cambridge: Cambridge University Press, 2001)를 참조하라.

6. Franco Moretti, *The Bourgeois*, 89.

7. Arran E. Gare, *Postmodernism and the Environmental Crisis* (London: Routledge, 1995), 16.

8. 스테파니 러메나거가 지적한 바와 같이, 헌신적인 사회주의자이자 "가장 이데올로기 지향적인 미국 소설가 가운데 하나인" 업튼 싱클레어조차 결국에는 가솔린을 동력으로 삼는 자동차 문화를 낭만적으로 묘사한다. Stephanie LeMenager, *Living Oil*, 69를 참조하라.

9. Guy Debord, *The Society of the Spectacle*, 3rd ed. (New York: Zone Books,

1994), 59.

10. Roger Shattuck, *The Banquet Years*, 25.

11. Bruno Latour, *We Have Never Been Modern*, loc. 1412.

12. http://www.slate.com/blogs/lexicon_valley/2014/04/17/the_phrase_the_wrong_side_of_history_around_for_more_than_a_century_is_getting.html.

13. *IPCC's Fifth Assessment Report: What's in It for South Asia, Executive Summary* (http://cdkn.org/wp-content/uploads/2014/04/CDKN-IPCC-Whats-in-it-for-South-Asia-AR5.pdf에서 이용할 수 있다)를 참조하라.

14. Friedrich Nietzsche, *On the Genealogy of Morals* (1887), trans. Carol Diethe, ed. Keith Ansell-Pearson (Cambridge: Cambridge University Press, 2006).

15. "이처럼 개인의 양심에 대한 강조와 그것이 다른 모든 주장을 '압도해버리는' 능력은 실상 1960년대 이후 미국에서 급진적인(즉 혁명적인) 정치로 통한 것, 그것의 상당 부분을 규정하는 특징 같다. ……각 개인이 느끼고 경험하는 바를 집단적 목적의 정의·정당성·실천의 궁극적 기준을 제공하는 것으로서 강조하는 풍조가 만연해 있다." Adam B. Seligman, Robert P. Weller, Michael J. Puett and Bennett Simon, *Ritual and Its Consequences: An Essay on the Limits of Sincerity* (New York: Oxford University Press, 2008), Kindle edition, loc. 1946을 참조하라.

16. https://electricliterature.com/knausgaard-and-the-meaning-of-fiction/.

17. Adam B. Seligman et al., *Ritual and Its Consequences*, loc. 1526.

18. 여기서 나는 *Ritual and Its Consequences*에서 애덤 셀리그먼(Adam Seligman) 연구진이 사용한 가정법 개념을 따르고 있다.

19. "대기 중 이산화탄소 농도가 400ppm일 때 당신은 어디에 있었나요?"라는 질문은 조슈아 하우(Joshua P. Howe)가 "This Is Nature; This Is Un-Nature: Reading the Keeling Curve," *Environmental History* 20, no. 2 (2015): 286~293, 290에서 던진 것이다.

20. Ingolfur Blühdorn, "Sustaining the Unsustainable: Symbolic Politics and the Politics of Simulation," *Environmental Politics* 16, no. 2 (2007): 251~275, 264~265.

21. Timothy Mitchell, *Carbon Democracy*, loc. 2998.

22. Roy Scranton, *Learning to Die in the Anthropocene: Reflections on the End of a Civilization* (San Francisco: City Lights Books, 2015), Kindle edition, loc. 640.

23. Ibid.

24. Adam B. Seligman et al., *Ritual and Its Consequences*, loc. 171.

25. Guy Debord, *The Society of the Spectacle*, thesis 1.

26. Ibid, thesis 18. (강조는 저자)

27. 기후변화를 도덕적 이슈라는 틀에 집어넣은 가장 강력한 예는 나오미 클라인이다. 이 점은 권위 있는 그녀의 책 *This Changes Everything: Capitalism vs. the Climate* (New York: Knopf, 2014)에 잘 드러나 있다.

28. '**진지함**(sincerity)'이라는 단어는 Adam B. Seligman et al., *Ritual and Its Consequences*에서 빌려왔다.

29. 레이철 다이어(Rachel Dyer)의 말마따나 "친환경적인 전구로 교체하거나 운전을 덜 하는 행위는, 비록 사람들의 의식을 고양하고 그들에게 제 운명을 통제한다는 느낌을 얼마간 안겨줄 수는 있으나 기실 이러한 위기의 결과와는 무관하다". *Climate Wars*, loc. 118을 참조하라.

30. John Maynard Keynes, *The End of Laissez-Faire* (London: Hogarth Press, 1926).

31. 나오미 오레스케스와 에릭 콘웨이의 표현에 의하면, 이는 "유사 종교적 신념이다. 따라서 **시장근원주의**(market fundamentalism)라고 이름 붙일 수 있다". (*The Collapse of Western Civilization: A View from the Future* [New York: Columbia University Press, 2014], 37).

32. Mike Hulme, *Why We Disagree about Climate Change: Understanding Controversy, Inaction and Opportunity* (Cambridge: Cambridge University Press, 2009), 334의 정의에 따르면 "사악한 문제들이란 기본적으로 유일하고 분명하게 표현하기 어려우며 다른 문제의 증상으로 간주될 수 있는 것들이다".

33. 이와 관련해 팀 플래너리(Tim Flannery)는 "미국과 오스트레일리아는 변경에서 건설되었고, 따라서 두 나라 시민들은 부단한 성장과 확장의 이익에 관해 깊은 믿음을 지니고 있다"고 말한다. *The Weather Makers: How Man Is Changing the Climate and What It Means for Life on Earth* (New York: Atlantic Monthly

Press, 2006), 237을 참조하라.

34. 기후 부인론 현상이 영어 사용국들 내에서 특별한 위상을 차지하고 있음을 많은 사람이 인식하고 있다. 조지 몬바이엇(George Monbiot)과 조지 마셜이 나눈 다음 대화를 참조하라. https://www.youtube.com/watch?v=0cCCanfgZ4A(29분). 또한 "The Strange Relationship between Global Warming Denial and ⋯⋯ Speaking English," *Mother Jones*, http://www.motherjones.com/environment/2014/07/climate-denial-us-uk-australia-canada-english도 참조하라. 반면 대부분의 산업화한 유럽 국가에서는 대중들 사이에서는 물론 공식적 차원에서도 기후 부인론적 입장을 찾아보기 어렵다. 엘리자베스 콜버트는 자신이 쓴 책 *Field Notes from a Catastrophe: Man, Nature, and Climate Change* (New York: Bloomsbury, 2006) 8장에서 이렇게 말한다. "네덜란드의 환경부 장관 피터르 판헤일(Pieter van Geel)은 유럽의 관점에 대해 이렇게 들려주었다. '우리가 "글쎄요, 우리는 지난 300년 동안 화석 연료 사용을 기반으로 부를 구축했어요. 이제 당신네 나라들이 성장하고 있는데, 당신들은 이 속도로 성장해선 안 됩니다. 우리에겐 기후변화 문제가 있기 때문이에요." 이렇게 말할 수는 없죠.'"

35. 앤서니 기든스(Anthony Giddens)는 "오늘날 미국에서는 다른 어떤 나라보다 기후변화에 관한 의견이 첨예하게 갈린다"고 지적한다. 그의 책 *The Politics of Climate Change*, 2nd ed. (Cambridge: Polity Press, 2011), 89를 참조하라.

36. 마이클 셸렌버거(Michael Shellenberger)와 테드 노드하우스(Ted Nordhaus)는 "The Death of Environmentalism"에서 "우리가 좋아하든 그렇지 않든 좌우간 환경주의자들은 문화 전쟁을 치르고 있다"(10쪽)고 말한다. 그와 비슷하게 앤드루 호프먼(Andrew J. Hoffman)은 이렇게 지적한다. "미국에서 (그리고 기타 나라들에서) 기후변화에 관한 논쟁은 이산화탄소나 온실가스 모델에 관한 게 아니다. 과학을 바라보는 상이한 문화적 가치와 세계관에 관한 것이다." (*How Culture Shapes the Climate Change Debate* [Stanford, CA: Stanford University Press, 2015], Kindle edition, loc. 139).

37. Raymond S. Bradley, *Global Warming and Political Intimidation: How Politicians Cracked Down on Scientists as the Earth Heated Up* (Boston: University of Massachusetts Press, 2011), 128.

38. George Marshall, *Don't Even Think about It*, 37을 참조하라. "러시 림보(Rush Limbaugh: 1951~. 미국의 보수적인 방송인, 정치 평론가—옮긴이)가 말한 바와 같이 '기후과학은 고향 잃은 사회주의자와 공산주의자들의 고향이 되었다.'"

39. Naomi Oreskes and Erik M. Conway, *Merchants of Doubt: How a Handful of Scientists Obscured the Truth on Issues from Tobacco Smoke to Global Warming* (New York: Bloomsbury, 2010), 214.

40. 마이클 만은 *The Hockey Stick and the Climate Wars* (New York: Columbia University Press, 2012)에서 자신이 기후변화 부인론자들과 치르는 전쟁에 대해 상세히 기술해놓았다. Raymond S. Bradley, *Global Warming and Political Intimidation*, 125, 145~148도 참조하라.

41. Oreskes and Conway, *Merchants of Doubt*.

42. 엘리자베스 콜버트는 자신의 책 *Field Notes from a Catastrophe* 8장에서 일부 로비 집단을 나열했다. 그중 하나가 "무엇보다 셰브론(Chevron), 엑손(Exxon), 포드(Ford), 제너럴모터스(General Motors), 모빌(Mobil), 셸(Shell), 텍사코(Texaco) 등이 후원하는 지구기후연합(Global Climate Coalition)"이다. 또한 Tim Flannery, *The Weather Makers*, 239도 참조하라.

43. 좌우간 케빈 리스터(Kevin Lister)의 말마따나 "〈가디언(Guardian)〉이나 〈인디펜던트(Independent)〉를 비롯해 기후변화에 가장 적극적인 매체들조차 변함없이 기후변화에 대해 보도하는 것보다 해외에서 보내는 고탄소 휴일을 광고하고 포뮬러원[Formula 1: 공식 명칭은 'FIA 포뮬러 1 월드 챔피언십(FIA Formula 1 World Championship)'으로, 운전석 하나에 바퀴가 겉으로 드러난 오픈 휠 형식의 포뮬러 자동차 경주 중 가장 급이 높은 대회—옮긴이]의 더없이 복잡한 사항을 시시콜콜 보도하는 데 더 많은 지면을 할애하고 있다". (*The Vortex of Violence and Why We Are Losing the Battle on Climate Change* [CreateSpace Independent Publishing Platform, 2014]), 21.

44. 앤서니 기든스가 《기후변화의 정치학(The Politics of Climate Change)》에서 지적했다. "세계 차원의 연구들은 개발도상국의 국민이 기후변화에 가장 관심이 많음을 말해준다. 선진국과 개발도상에 있는 9개국을 대상으로 한 어느 비교 문화 연구는 중국·인도·멕시코·브라질에서 인터뷰 대상의 약 60퍼센트가 '높은 수준의 관심'

을 가지고 있음을 보여주었다."(104쪽) 이렇듯 '부인'은 세계 대다수 나라에서 주된 추세가 아니다.

45. 여기에 대해 더 자세히 알고 싶으면, Joshua P. Howe's review of Oreskes and Conway, *Merchants of Doubt*, in his article "The Stories We Tell," *Historical Studies in the Natural Sciences* 42, no. 3 (June 2012): 244~254, 특히 253을 참조하라.

46. George Marshall, *Don't Even Think about It*, 75~76. 그윈 다이어(Gwynne Dyer: 1943~. 캐나다 출신의 독립 언론인—옮긴이)는 *Climate Wars*에서 이렇게 썼다. "미국육군참모대학교(US Army War College)는 2007년 이틀에 걸쳐 열린 '기후 변화가 국가 안보에 주는 함의(The National Security Implications of Climate Change)'라는 제목의 회의에 자금을 대주었다."(250쪽)

47. "Admiral Locklear: Climate Change the Biggest Long-Term Security Risk in the Pacific Region," http://climateandsecurity.org/2013/03/12/admiral-locklear-climate-change-the-biggest-long-term-security-threat-in-the-pacific-region/.

48. https://www.youtube.com/watch?v=ckjY-FW7-dc.

49. Sanjay Chaturvedi and Timothy Doyle, *Climate Terror: A Critical Geopolitics of Climate Change* (Basingstoke: Palgrave Macmillan, 2015), Kindle edition, locs. 3193~3215.

50. Ibid., loc. 3256.

51. 예컨대 Kurt Campbell et al., "The Age of Consequences: The Foreign Policy and National Security Implications of Global Climate Change" (Center for New American Security, 2007)를 참조하라. 그윈 다이어는 *Climate Wars*에서 이 연구에 대해 "주요 저자에는 …… 1998~2000년 빌 클린턴 대통령의 수석보좌관을 지낸 존 포데스타(John Podesta), 앨 고어 부통령의 국가안보 자문 리언 푸어스 (Leon Fuerth), ……그리고 1993년부터 1995년까지 CIA 국장을 지낸 제임스 울시 (R. James Woolsey)가 포함되어 있다"(304쪽)고 소개했다.

52. Roy Scranton, *Learning to Die in the Anthropocene*, loc. 80에서 인용.

53. 예를 들어 FBI는 '동물 권리 극단주의자와 에코 테러리즘'을 그 조직이 '최우선 관심을 두는 국내 테러리즘'으로 지목했다. Will Potter, *Green Is the New Red:*

An Insider's Account of a Social Movement under Siege (San Francisco: City Lights Books, 2011), 25, 44를 참조하라.

54. Giorgio Agamben, *State of Exception*, trans. Kevin Attell (Chicago: University of Chicago Press, 2005), Kindle edition, loc. 40.

55. Nafeez Ahmed, "Pentagon Bracing for Public Dissent Over Climate and Energy Shocks," *The Guardian*, June 14, 2013 (https://www.theguardian.com/environment/earth-insight/2013/jun/14/climate-change-energy-shocks-nsa-prism에서도 이용할 수 있다.)

56. Adam Federman, "We're Being Watched: How Corporations and Law Enforcement Are Spying on Environmentalists," *Earth Island Journal* (Summer 2013)을 참조하라. 이 자료는 http://www.earthisland.org/journal/index.php/eij/article/we_are_being_watched/에서도 이용할 수 있다. '회색 정보'는 포렌식 경영 실무(Forensic Business Studies: 네덜란드 Nyendore Business Universiteit의 산하 기관—옮긴이) 소속의 네덜란드인 교수 보프 호헨봄(Bob Hoogenboom)이 지어낸 용어다.

57. "Be Prepared: Climate Change Security and Australia's Defense Force," Climate Council: http://www.climatecouncil.org.au/uploads/fa8b3c7d4c6477720434d6d10897af18.pdf를 참조하라.

58. 로이 스크랜턴이 지적한 대로, "President Obama's 2010 *National Security Strategy*, the Pentagon's *2014 Quadrennial Defense Review*, 그리고 the Department of Homeland Security's *2014 Quadrennial Homeland Security Review*, 이 문서들은 기후변화를 심각하고 긴급한 위험이라고 본다". (*Learning to Die in the Anthropocene*, loc. 86.)

59. 루이스 고든(Lewis R. Gordon)은 *What Fanon Said: A Philosophical Introduction to His Life and Thought* (New York: Fordham University Press, 2015)에서 "식민지에서는 진실이 적나라하게 까발려졌다. '메트로폴'에서는 진실이 가려지는 쪽을 선호했다"(133쪽)고 말한다.

60. "식민지에서는 진실이 적나라하게 까발려졌다. '메트로폴(식민지 제국의 본국)'에서는 진실이 가려지는 쪽을 선호했다." ibid.를 참조하라.

61. 푸코의 정의에 따르면 생명 정치는 "18세기에 시작된 것으로, 인구를 형성하는 한 생명체 무리가 야기하는 특징적 현상—의료, 위생, 출생률, 평균 수명, 인종 등— 이 정치 전략에 제기하는 문제를 합리화하려는 시도다". (Michel Foucault, *The Birth of Biopolitics*, trans. Graham Burchell [New York: Picador, 2004], 317).

62. Timothy Mitchell, *Carbon Democracy*, loc. 136.

63. 그럼에도 존 롤스에 이어 몇몇 사람은 정의의 원칙을 "일국 내의 문제에만 적용할 뿐 국가 간 혹은 세계의 모든 개인 간에까지 적용하도록 확장할 수는 없다"고 주장 한다. (Steve Vanderheiden, *Atmospheric Justice: A Political Theory of Climate Change* [New York: Oxford University Press, 2008], 83).

64. Tom Athanasiou and Paul Baer, *Dead Heat: Global Justice and Global Warming* (New York: Seven Stories Press, 2002), 76~85를 참조하라.

65. Christian Parenti, *Tropic of Chaos: Climate Change and the New Geography of Violence* (New York: Nation Books, 2012), 225.

66. Sanjay Chaturdevi and Timothy Doyle, *Climate Terror*, loc. 2893.

67. Ibid., loc. 2984.

68. 따라서 조지 몬바이엇은 다음과 같이 쓰고 있다. (그리고 나는 그의 말이 사실이기 를 바란다.) "공정을 추구하는 데는 정치적으로 타당한 이유가 존재한다. 사람들은 다른 모든 사람이 행동하고 있다는 사실을 인지하면 자신도 좀더 기꺼이 행동하고 자 하기 때문이다." (*Heat: How to Stop the Planet from Burning* [Cambridge, MA: South End Press, 2007], 43).

69. David Archer, *The Long Thaw: How Humans Are Changing the Next 100,000 Years of Earth's Climate* (Princeton, NJ: Princeton University Press, 2009), 163.

70. 실제로 로런스 서머스(Lawrence Summers)는 이런 식의 생각을 은연중에 드러냈 다. 세계은행을 이끌어간 그가 오염 산업을 개발이 덜 된 국가로 떠넘겨야 한다며 이렇게 말한 것이다. "어쨌거나 제3세계에 사는 사람들은 '우리'만큼 그렇게 오래 살 거라고 기대할 수 없을 테니, 그들의 수명이 조금 줄어든다 한들 무슨 대수겠는 가?" David Palumbo-Liu, *The Deliverance of Others: Reading Literature in a Global Age* (Durham, NC: Duke University Press, 2012), vii~viii를 참조하라. 다른 경제학자들도 비슷한 논리를 펼쳤다. 조지 몬바이엇이 *Heat*에서 지적한 대로

"예를 들어 '정부간기후변화위원회'의 1996년 연구는 가난한 나라에서 손실된 인명은 150달러의 가치를 지니는 데 반해 부자 나라에서 손실된 인명은 150만 달러로 평가할 수 있다고 추정했다".(50쪽)

71. David Orr, *Down to the Wire*, 33.

72. James Lawrence Powell, *Rough Winds: Extreme Weather and Climate Change*, Kindle Single, 2011, locs. 212~237.

73. Ibid., loc. 210.

74. Samir Saran and Vivan Sharan, "Unbundling the Coal-Climate Equation," *The Hindu*, October 7, 2015를 참조하라.

75. 클라이브 해밀턴(Clive Hamilton)이 밝힌 바와 같이 개발도상국의 성장 강박은 "아마도 식민주의의 최후이자 가장 강력한 유산일 것"이다. (*Growth Fetish* 〔Crow's Nest: Allen & Unwin, 2003〕, Kindle edition, loc. 232).

76. 마이클 만의 표현이다.

77. 두 텍스트는 각각 *Encyclical Letter* Laudato Si' *of the Holy Father Francis on Care of Our Common Home* (https://laudatosi.com/watch에서 볼 수 있다), 그리고 유엔이 발표한 *Framework Convention on Climate Change* (http://unfccc.int/resource/docs/2015/cop21/eng/l09.pdf에서 이용할 수 있다)이다.

78. 파리 협정문은 기본적으로 영어로 작성해야 한다고 지정되어 있지만, 회칙의 경우 기본 언어가 정해져 있지 않으며 그 어떤 번역가 이름도 적시하고 있지 않다. 따라서 회칙은 그 텍스트에 대해 적어도 부분적으로는 공동 작업의 결과라고 가정해야 한다.

79. '위험한 한계들'과 공공 정책에 대한 더 심도 있는 논의를 위해서는 Christopher Shaw, *The Two Degree Dangerous Limit: Public Understanding and Decision Making* (London: Routledge, 2015)을 참조하라.

80. Kevin Anderson, *The Hidden Agenda: How Veiled Techno-Utopias Shore Up the Paris Agreement*, https://kevinanderson.info/blog/the-hidden-agenda-how-veiled-techno-utopias-shore-up-the-paris-agreement/를 참조하라. 또한 "COP21: Paris Deal Far Too Weak to Prevent Devastating Climate Change, Academics Warn," *The Independent*, January 8, 2016도 참조하라.

81. Encyclical, 79/106.

82. Ibid., 82/109.

83. 예컨대 *United Nations Single Convention on Narcotic Drugs* (https://www. unodc.org/pdf/convention_1961_en.pdf에서 이용할 수 있다), resolution 3을 참조하라.

84. *Kyoto Protocol to the United Nations Framework Convention on Climate Change* (available at http://unfccc.int/resource/docs/convkp/kpeng.pdf), article 2 a/v.

85. Agreement, 20.

86. 파리 협정이 타결된 직후 21명의 기후과학자가 공개 질의서를 발표했다. 그 협정은 오직 2020년에 논의할 수 있는 섭씨 1.5도의 기온 상승에 대한 새로운 탄소 예산 산정에 집중함으로써 그저 문제를 뒤로 미루는 데 성공했을 따름이라고 지적한 내용이다. "COP 21: Paris Deal Far Too Weak to Prevent Devastating Climate Change Academics Warn," *The Independent*, January 8, 2016을 참조하라.

87. Encyclical, 10/11.

88. Agreement, 17-18/ articles 122-123.

89. Encyclical, 35/50.

90. Ibid., 10/10.

91. Ibid., 35/49.

92. Ibid., 36/51.

93. Agreement, 20.

94. Ibid., 8/article 52.

95. Encyclical, 16/19.

96. Ibid., 7/6.

97. Ibid., 8/7.

98. 가령 "The Interfaith Declaration on Climate Change," http://www.interfaith declaration.org/를 참조하라.

99. "The Hindu Declaration on Climate Change," http://fore.yale.edu/news/item/ hindu-declaration-on-climate-change/; "The Muslim 7-Year Action Plan to

Deal with Climate Change," http://www.arcworld.org/downloads/Muslim-7YP.pdf를 참조하라.

100. 티머시 미첼은 *Carbon Democracy*에서 "현존하는 민주주의적 정부 형태들은 지구의 장기적 미래를 보호하는 데 필요한 예방 조치를 취할 만한 능력이 없어 보인다"(253쪽)고 지적했다.

101. 폴 해리스는 자신의 책 *What's Wrong with Climate Politics and How to Fix It* (Cambridge: Polity Press, 2013)의 "The Cancer of Westphalia: Climate Diplomacy and the International System"이라는 제목의 장에서 이 문제를 꽤나 상세히 다루고 있다.

102. Ruth Irwin, *Heidegger, Politics, and Climate Change: Risking It All* (New York: Bloomsbury, 2008), 158.

"생각할 수 없는 것을 생각하라"

'시나리오 플래닝'을 처음 생각해낸 미래학자 허먼 칸(Herman Kahn)은 1984년 자신이 쓴 동명의 책(《Thinking About the Unthinkable》)에서 이렇게 호소했다. 인도 출신 소설가 아미타브 고시가 쓴 이 책도 같은 말을 외친다. 그는 문학·역사·정치, 이 세 가지 문화 양식이 하나같이 기후변화를 '생각할 수 없는 것'이라 여김으로써 그것이 야기하는 위험을 보지 못하도록 막는 가정들을 공유하고 있다고, 따라서 기후 위기는 문화의 위기이자 상상력의 위기라고 주장한다. 그는 이 책에서 아직껏 다른 시대를 위해 주조된 녹슨 무기들로 무장해 있는 인문학과 인문과학을 향해 새로운 시대, 새로운 위기에 대처하는 새로운 방안을 고민하도록 촉구한다. 그리고 해법은 세계 차원의 집단적 실천에, 그리고 인간 존재를 새롭게 그리는 우리의 상상력 복원에 있다고 본다.

이는 이 책 1부에서 언급한 롭 닉슨의 《느린 폭력과 빈자의 환경주의》에 드러나 있는 문제의식과도 일맥상통한다. 닉슨이 책에서 강조한 작가–활동가의 역할이 바로 고시가 주장하려는 것이 아닌가 싶기 때문이다. 그의 책을 우리말로 옮긴 이 역시 나이므로, 그 책의 '옮긴이의 글'에서 관련 내용을 인용해보겠다.

"작가-활동가들은 자신의 기민한 상상력과 세상을 향한 열정에 힘입어 언론이 나 몰라라 하는 환경 불이익층의 대의를 확장하는 데 기여한다. 그들이 주목하는 주제는 석유 제국주의, 메가댐 산업, 독성 물질의 외주화, 신식민주의적 관광 산업, 반인간적인 보존 관행, 기업 및 환경의 탈규제, 상업의 군사화 같은 초국가적 현상, 즉 불균형하리만치 글로벌 사우스에 몰려 있는 빈자들의 생계와 전망과 기억 장치를 유독 위협하는 현상들이다. 알도 레오폴드는 '우리는 오직 스스로가 볼 수 있는 것에 대해서만 윤리적 태도를 취할 수 있다'고 했다. 우리의 감각 영역에서 벗어난 인간·생명 공동체를 향해 윤리적으로 행동하기란 어렵다. 따라서 느린 폭력을 가시화하고 기왕의 가시적인 것들이 누리는 특권에는 도전할 필요가 있다. 작가-활동가들이 활약하는 지점이 바로 여기다. 그들은 우리 감각으로는 인지하기 어려운 위험들(지리적으로 멀리 떨어져 있다든지 규모가 너무 미세하거나 방대하기 때문에, 또는 인간 관찰자의 관찰 기간 혹은 그의 생리적 생존 기간을 넘어서 발생하기 때문에)을 상상력에 힘입어 이해하게끔 이끈다. 그들의 내러티브적 상상력은 우리에게 전과는 다른 유의 증언, 즉 보이지 않는 풍경에 대한 증언을 제공한다."

나는 두 저자의 문제의식이 대단히 유사하다는 것을 깨달았고, 기후변화 문제를 가장 깊이 고민하는 우리 시대의 두 지성이 비슷한 결론에 도달했다는 사실에 적이 놀랐다. 롭 닉슨이 오늘날의 작가-활동가들에게 '눈에 보이지 않는 것(invisible)을 보이게끔(visible) 드러내주는 역할을 하도록' 요청하는 것과 아미타브 고시가 오늘날의 문화를 향해 '생각할 수 없는 것을 생각하라'고 호소하는 것은 결국 같은 게 아닌가.

우리는 정말로 '대혼란'의 시대를 살아가고 있는가? 고시는 미래 세대는 당연히 그렇게 여길 거라고 말한다. 그러지 않고서는 우리 시대의 문화가 지구 온난화에 맞서는 데 실패한 사실을 설명할 수 없다는 것이다. 이 책에서 그는 기후변화의 규모와 위력을 파악하지 못하는 우리의 무능을 문학·역사·정치 차원에서 탐구한다.

고시의 주장에 따르면 오늘날 볼 수 있는 기후 사건은 전례가 없는 특성 탓에 오늘날의 사고 체계나 상상 형식과 유별나다 할 정도로 불화한다. 이는 특히 진지한 문학 소설에 딱 들어맞는 말이다. 100년에 한 번 일어날까 말까 한 폭풍우나 기이한 토네이도는 오늘날 우리가 생각하는 주류 문학으로서 소설이 다루기에는 '대단히(highly) 있을 법하지 않은' 사건인 것이다. 따라서 그런 기후 사건은 자동적으로 판타지 소설, 공상과학 소설 혹은 기후 소설(cli-fi) 같은 장르의 몫으로 넘어간다. 이처럼 1부는 진지한 문학이 기후변화를 제대로 다루지 못하는 현상을 조명한다. 그런데 문학에 관심과 조예가 깊지 않은 독자들에게 보편적으로 호소하기에는 내용이 다소 문학 이론적이다. 하지만 저자는 역사와 정치를 다루는 2부와 3부에서 그 논의를 더욱 확장함으로써 한층 더 보편적인 설득력을 얻는다.

역사에 관한 글쓰기에서도 기후 위기는 이따금 지나치게 단순화되곤 한다. 2부에서 고시는 탄소 경제의 세계사는 더러 직관에 반할뿐더러 모순적인 수많은 요소와 뒤엉킨 복잡한 서사이기도 하다는 것을 보여준다. 특히 비서구인의 관점에서 화석 연료와 세계사의 관계를 조망하고 있는 점, 아시아가 기후변화의 주인공이자 피해자이면서 방조자이기도 하다고 밝힌 점 등에서 2부의 논의는 그 참신함이 단연 두드러진다.

고시는 3부에서 문학과 마찬가지로 공적 영역인 정치 역시 집단적 실천의 장이라기보다 개인적인 도덕적 심판의 장으로 달라졌다고 진단한다. 하지만 소설도 정치도 개인의 도덕적 모험으로만 시계를 좁히면 커다란 대가를 치르게 된다고 지적한다. 기후변화의 규모는 더없이 방대하므로 집단적 결정을 내리고 그를 행동화하지 않으면 개인의 선택은 거의 무용지물이라는 것이다. 저자는 개별화한 상상의 세계에서 벗어나는 방법을 찾아내야 한다며 이렇게 말한다.

"소설이라는 프로젝트가 군이 세계를 있는 그대로 재생하는 식이 될 필요는 없다. 픽션—소설뿐 아니라 서사시와 신화까지 포괄한다—이 할 수 있는 일이란 가정법으로 세상에 접근하는 것, 세상을 마치 그것이 아닌 다른 어떤 것인 양(as if) 그려내는 노력이다. 다시 말해, 대체할 수 없는 픽션의 빼어난 능력은 바로 여러 가능성을 상상해보는 능력이다. 다른 형태의 인간 생존을 상상해보는 것이야말로 정확히 기후 위기가 제기하는 과제다. 기후 위기는 세계를 오직 있는 그대로만 받아들이면 끝내 집단적 자멸로 치닫게 된다는 것을 우리에게 똑똑히 보여주기 때문이다. 따라서 우리는 그 대신 세계가 어떻게 될 가능성이 있는지 상상해볼 필요가 있다."

하지만 기후변화가 "다른 모든 패를 능가하는 으뜸 패"임에도 대중과 우리 지도자들은 대체로 그 이슈를 없는 것인 양 취급한다. 저자는 우리가 취하는 '부인론적'이고 '혼란한' 마음가짐의 원인을 탐구하며 산업화한 국가들이 한사코 인정하길 거부하는 진실에 대해 들려준다. 그리고 기후변화는 모두의 책임으로 누구도 그에 따른 비난에서 자유로울 수 없다고 지적한다.

"기후 위기가 서구에서 탄소 경제를 발달시킨 방식 탓에 초래된 거야 어김없는 사실이지만, 그 문제가 수많은 상이한 측면을 지니고 있다는 것 또한 사실이다. 따라서 우리는 기후 위기를 우리와는 완전히 동떨어진 '타자(他者)'가 야기한 문제라고 여길 수 없다. ……인류가 발생시킨 기후변화는 종으로서 인간 존재 자체가 빚어낸 의도치 않은 결과다. 상이한 인간 집단들이 더없이 다양한 방식으로 기후변화에 기여했음에도, 지구 온난화는 궁극적으로 오랜 기간에 걸쳐 모든 인간 행동이 이루어낸 총체적 결과물이다. 지구에서 살다 간 모든 이는 인간이 이 행성의 지배 종이 되도록 하는 데 일정한 역할을 담당해왔다. 그리고 그런 의미에서 모든 인간은 과거에 존재했든 지금 존재하든 오늘날의 기후변화에 기여하고 있다."

이 책은 서구의 기후변화 논의에서는 흔히 접하기 어려운 신선한 내용을 다양하게 다루고 있다. 자본주의에 대한 비판에 치여 제국 및 제국주의가 기후변화에 주는 함의를 도외시한 점, 석탄이 석유보다 노동자들의 연대에 기여함으로써 그들의 정치의식을 한껏 드높였다는 점 등이 그러한 예다. 고시는 또한 역사적으로 인도와 중국의 경제 발전이 억제됨으로써 의도치는 않았지만 전 세계의 탄소 배출량 증가세가—만약 그렇지 않았을 경우에 비해—한층 늦춰진 현상을 상기시킨다. 이미 우리 앞에 와 있는 새로운 시대로 나아갈 준비를 하는 아시아(특히 남아시아)에 주어진 숙제가 무엇인지에 대한 저자의 진단은 주목할 만하다. 그는 2부에서 "그 어떤 기후 전략도 아시아에서 효과를 보고 수많은 아시아인이 그것을 채택하지 않는 한 전 세계적으로 효력을 발휘할 수 없다"고 말한다. 전 지구적 위기를 서구적 관점에서만 이해하려 하면 안 된다는 측면에서 비서구적 관점을 담아낸 이 책은 우리의 시야를 넓혀주는 소중하고도 독보적인 저서다.

그런데 저자 소개에 실린 고시의 인생 이력을 보면 그가 이런 글을 쓰기에 최고 적임자였음을 인정하게 된다. 그는 자신이 작가로서 이력을 막 시작한 1980년대를 이렇게 표현한다. "이때는 역설적이게도 한편으로 탈식민화 과정, 그리고 다른 한편으로 영어라는 언어의 헤게모니 확대가 결합한 결과 나를 비롯한 작가들이 그 이전의 200년 동안에는 가능하지 않았던 방식으로 세계 차원의 문학 주류에 합류할 수 있었던 시기이기도 했다." 게다가 인도·영국·이집트·미국 등지를 오가는 여행자로서 삶과 사회인류학·비교문학·기후변화·지정학 등에 대한 남다른 관심은 그의 스토리텔링에 예사롭지 않은 힘과 다양성을 부여했다. 주로 인도양을 둘러싼 남아시아 국가들의 역사적 경험과 다양한 민족의 애환을 담은 그의 소설에는 세계시민적이고 인간애 넘치는 시선이 가득하다. 《고대의 땅에서》이후 가장 공들인 저자의 논픽션인 이 책 역시 그 연장선상에 놓여 있다.

저자가 책의 말미에서 2015년 나란히 출간된 파리 협정문과 프란치스코 교황의 회칙 《찬미받으소서》를 비교한 내용은 상당히 흥미롭다. 고시에 따르면, 두 문서는 기후변화가 실재하며 인간이 일으킨 것이라는 동일한 결론에서 출발하고 기후과학을 인정하고 있다는 공통점에도 불구하고 여러 면에서 크게 다르다.

먼저 그는 파리 협정과 관련해서는 획기적인 역사적 사건이라고 인정하면서도 신랄한 비판의 언어를 구사한다. 그리고 세계의 경제 기득 세력이 주도한 정치적 타협의 산물인 파리 협정은 화석 연료의 추출과 소비에 기반을 둔 근대 경제 체제의 지속 불가능성을 제대로 다룰 수 없다고 단언한다. 반면 교황의 회칙에 대해서는 한결 우호적이다. 그는 《찬미받으소서》를 효과적인 행동으로 나아가는 도덕적 이정표로, 희망의 근거로 삼는다.

정치가 기후변화 등의 거대 담론을 다루는 공론장으로서 기능을 상실했다는 저자의 진단, 그래서 종교적으로 동기화한 단체나 지도자들의 활동주의에 기대는 듯한 저자의 결론에는 견해를 달리하는 독자들도 있을 것이다. 커다란 절망과 미약한 희망처럼 보이기 때문이다. 다만 그가 마지막 문단에서 전하는 메시지에는 달리 이견이 없을 것이다. "실천을 위한 투쟁은 분명 지난하고 벅찰 것이며, 그 투쟁을 통해 무엇을 성취하든 기후변화로 인한 몇몇 심각하고 파괴적인 결과는 돌이키기에 이미 너무 늦을 것이다. 하지만 나는 그러한 투쟁을 통해 이전 세대보다 더 밝은 눈으로 세상을 바라볼 줄 아는 세대가 출현하리라고 믿고 싶다. 또한 그들이 지금 인류가 빠져 있는 '대혼란'을 뛰어넘으리라고, 다른 비인간 존재들과의 유대 관계를 재발견하게 되리라고, 마지막으로 이처럼 새롭고도 유구한 전망을 달라진 예술과 문학 속에 담아내리라고 믿고 싶다." 이 책은 그런 미래 세대의 출현을 앞당기기 위한 저자 나름의 분투다.

잘 알려져 있다시피 우리나라에서는 2020년 10월 말 문재인 대통령이 국회 시정 연설에서 "한국 정부는 2050년 탄소 중립을 이루겠다"고 선언했다. 혹자는 한 세대 이후를 목표 시점으로 삼는다는 점에서 당장의 효과를 중시하는 현실 정치에서는 그 목표를 적극적으로 추진하려는 유인이 약할 것이라며 지레 그 실효성에 의문을 제기할지도 모르겠다. 하지만 우리 역사상 최초로 탄소 중립을 국가의 공식 의제로 채택한 데는 상징적 의미가 있다고 생각한다. 그간 기후변화에 별 관심이 없었던 많은 국민들까지 적어도 '탄소 중립'이 무슨 말인지 정도는 알게 되었는데, 그것만으로도 뜻깊은 진전이기 때문이다. 이는 저자가 본문에서 지적한 대로 기후변화의 시급성이 어느 면에서는 희망의 원천이기도 하다는 역설을 잘 드러내준다. 이제 우리는 원하건 원하지 않건 그 문제를 외면하기 힘든 국면에 접어들었고, 문제에 대한 인식은 어떻게든 해법에 다가가는 시발점이 될 테니 말이다.

레이첼 카슨의 《침묵의 봄(Silent Spring)》을 비롯해 수많은 환경 문제작을 꾸준히 출간함으로써 국내 최대의 환경·생태 출판사로 굳건히 자리 잡은 에코리브르가 올해로 창립 20주년을 맞는다. 함께 축하하며, 이 책을 그 기념작으로 출간하게 된 것을 옮긴이로서 더없는 영광이요, 기쁨으로 생각한다. 긴 여정의 일부를 함께할 수 있도록 허락해주신 에코리브르 출판사에 진심으로 감사드린다.

2021년 4월

김홍옥